本书得到了盐城工学院校级科研启动基金项目的资助，项目名称为《社会责任与治理结构深度融合下林业上市公司投资效率研究》，项目编号为 xjr2021070。

林业上市公司政府补助、社会责任对投资效率的影响研究

LINYE SHANGSHI GONGSI ZHENGFU BUZHU、SHEHUI ZEREN
DUI TOUZI XIAOLÜ DE YINGXIANG YANJIU

关雪梅 著

LINYE SHANGSHI GONGSI ZHENGFU BUZHU、SHEHUI ZEREN
DUI TOUZI XIAOLÜ DE YINGXIANG YANJIU

吉林大学出版社

长春

图书在版编目（ＣＩＰ）数据

林业上市公司政府补助、社会责任对投资效率的影响
研究 / 关雪梅著 . —— 长春 : 吉林大学出版社 , 2022.9
ISBN 978-7-5768-0646-5

Ⅰ . ①林… Ⅱ . ①关… Ⅲ . ①林业—上市公司—政府
补贴—影响—投资效率—研究—中国②林业—上市公司—
企业责任—影响—投资效率—研究—中国 Ⅳ .
① F279.246

中国版本图书馆 CIP 数据核字 (2022) 第 176612 号

书　　名：林业上市公司政府补助、社会责任对投资效率的影响研究
　　　　　LINYE SHANGSHI GONGSI ZHENGFU BUZHU、SHEHUI ZEREN DUI
　　　　　TOUZI XIAOLÜ DE YINGXIANG YANJIU

作　　者：关雪梅 著
策划编辑：李承章
责任编辑：赵莹
责任校对：米司琪
装帧设计：百悦兰棠
出版发行：吉林大学出版社
社　　址：长春市人民大街 4059 号
邮政编码：130021
发行电话：0431–89580028/29/21
网　　址：http：//www.jlup.com.cn
电子邮箱：jldxcbs@sina.com
印　　刷：廊坊市海涛印刷有限公司
开　　本：787mm × 1092mm　1/16
印　　张：15.25
字　　数：240 千字
版　　次：2023 年 1 月　第 1 版
印　　次：2023 年 1 月　第 1 次
书　　号：ISBN 978-7-5768-0646-5
定　　价：68.00 元

前　言

　　林业兼具经济效益、社会效益和环境效益，在国民经济发展中发挥着至关重要的作用，作为林业行业的晴雨表和林业企业的中坚力量，林业上市公司的责任更加重大，应更大程度上考虑森林资源的外部性，承担更多的社会责任。如何保证在赚取经济利润的同时兼顾生态环境责任和社会责任，提高投入产出效率并实现可持续发展，是当前林业上市公司亟须解决的难题。林业产业作为我国的基础性产业，其生产经营依托森林资源，其投资兼具了生产周期长、投资风险相对较大和经济效益低等诸多特征，并且关系到林农问题、国民经济发展问题和生态安全问题。近年来政府加大对林业产业上市企业支持力度，代表政府直接意志的政府补助必然对其投资产生影响，也会对社会责任起到重要的支撑和驱动作用。而当前企业履行社会责任的管理层利己动机和战略动机越来越被社会各界所接纳与认同。在当今政府和社会各界对生态环境重视加大的背景下，对宏观的政府补助对微观林业产业这一特殊行业上市公司的经济和社会后果进行研究，重新认识其社会责任履行对投资效率的影响效果及作用路径提上日程。

　　本书在系统梳理国内外文献的基础上，以信息不对称理论、委托代理理论、利益相关者理论等为理论指导，采用定量和定性分析、规范研究与实证研究相结合的方法，利用我国沪深两市林业上市公司的面板数据，对林业上市公司政府补助、社会责任对投资效率的影响进行了深入的研究。首先，在分析林业上市公司政府补助、社会责任与投资效率现状的基础上，提出了林业上市公司政府补助、社会责任对投资效率的影响机理及假设；其次，从变量的测度、主要回归分析方法和模型构建三个方面设计了研究的方案；再次，利用 OLS、FE 和 Sys-GMM 三种回归分析方法对林业上市公司政府补助、社会责任对投资效率的影响进行实证检验；最后，提出了建立完善的政府补助驱动机制、积极履行企业社会责任和投资效率的内部提升策略三个方面的政策建议。

本书按照"政府补助—企业社会责任—投资效率"的逻辑思路，发现并证实了政府补助不仅正向影响林业上市公司投资效率，而且发挥了对林业上市公司社会责任的正向驱动作用，即政府补助产生的资源补给效果可以优化林业上市企业社会责任履行对投资效率的长期和短期积极影响，企业社会责任履行在政企关系之间这一"从外到内"、从宏观到微观的作用路径中发挥中介作用。本书丰富和发展了林业企业社会责任和投资效率的研究领域，为林业上市企业投资效率的提升提供对策，有助于促进环境效益、社会效益和经济效益的共同实现，在政府、社会和企业之间建立完善的互动机制，并为相关政府部门与微观企业提供一定政策指导与借鉴。

林业上市公司政府补助、社会责任对投资效率的影响研究

Contents 目录

1. 绪　论

1.1 研究背景

近几十年来，全球气候改变、水土流失、森林滥伐等环境问题从来没有像今天这样受到社会的高度关注。2017年党的十九大报告强调，"建设生态文明，是关系人民福祉、关乎民族未来的长远大计""坚持节约资源和保护环境的基本国策"。彰显了党和国家对林业建设前所未有的重视程度，开创了新时期林业产业发展的新格局。林业发挥着改善自然生态环境的基础作用，其基础性地位突出，林业建设事关经济社会可持续发展，承担绿色发展的历史重任[1]。这就要求林业建设要把提供高品质生态产品、保护生态自然环境、增加生态福祉作为出发点和落脚点，尽最大极限体现生态功能[2]。随着我国林业产业发展规模的持续扩大和全面限伐禁伐政策的实行，现有林业资源早已不能满足以投资为驱动的粗放型经济发展模式，深化林业供给侧结构性改革、优化林业产业结构、提升林业产业素质和林业生产效率，解决长期粗放式经济下的林业投资效率低下问题，进而促进林业产业生态、社会和经济三大效益的统一，已经成为林业产业发展所面临的重要课题和现阶段相关学者和政府关注的焦点。林业企业的原材料采购环节、森林资源的培育阶段以及生产加工方式等，直接影响森林资源的使用和林业发展进程。可以说，在经济社会发展过程中，林业企业承担着发展林业经济和改善生态环境的双重责任。作为林业行业的晴雨表和林业企业的中坚力量，林业上市公司的责任更加重大，应更大程度上考虑森林资源的外部性，承担更多的企业社会责任（Corporate Social Responsibility，简称CSR）[3]。如何保证在赚取经济利润的同时兼顾生态环境责任和社会责任，提高投入产出效率并实现可持续发展，是当前中国林业上市公司亟须解决的难题。

投资是公司价值创造的驱动力，投资活动是公司最具有能动性和持久影响力的资源配置行为，是企业利润的主要来源[4]，公司价值的高低从根本上取决于投资效率的高低。在完美的资本市场中，资源的优化配置完全可以由自由竞争的市场机制来完成。如果不能满足一定的假设条件出现，时常会出现市场失灵。而林业上市公司投资决策行为受到诸多因素影响，除企业自身经营活动和内部治理等因素外，外部经济环境、行业发展状况以及政府干预等外部治理因素也是重要的制约和影响因素。在我国经济转型进程中，还存在分权化制度改革和市场经济规则等制度不够完善的问题，政府干预经济行为普遍存在[5-6]。投资作为经济发展的三大驱动力之一，政府长期以来通过对基础建设投资和辖区内企业投资进行一定程度的干预，以实现投资促进增长目标。林业产业作为我国的基础性产业，具有一定的外部性和公共品性质，其投资兼具了生产周期长、投资风险相对较大和经济效益低等诸多特征，并且关系到林农问题、国民经济发展问题和生态安全问题，世界各国对林业发展历来都是实施较多的扶持政策和优惠条款。政府补助就是典型的政府干预手段，它属于通过资源配置方式来干预公司经营决策的行为。政府有权利更有义务通过政府补助资金的直接注入并利用其信号机制干预林业类产业，尤其是作为行业龙头的林业上市公司，以把握行业的整体发展方向。我国政府近年来不断加大对林业建设的投入，据统计，林业上市公司 2013 年接受政府补助合计约为 77071.37 万元，到 2018 年接受政府补助合计值约达到 127183.04 万元，约是 2013 年的二倍，增长了 64.98%。2018 年林业上市公司政府补助均值 4385.62 万元也大于整体上市公司的均值 4099.15 万元。政府对林业上市公司补助范围全面覆盖且补助力度大，对其生产经营活动必然产生重要影响。近年来学者对投资效率的外部制度、市场环境等影响因素的研究增多，社会各界和学者对政府补助效果的关注程度加大。因此，宏观因素的政府补助对微观林业上市企业的经济和社会后果的研究提上日程。

企业社会责任是企业在追求绩效目标的同时，兼顾到投资者、债权人、社区、员工、客户和消费者、供应商、生态环境和政府监管机构的责任承担。林业上市公司社会责任的积极履行能够向外界证实企业的实力，传递企业经营业绩良好和发展潜力较大的信号。企业社会责任履行还能够带来"声誉效应"，增强竞争优势，为企业塑造良好形象，从而外部利益相关者回馈更多的优质资源、优质的投资机会和消费者的信任，使企业的投资投入产出效率更高[7]，对林业上市公司来说具有长远的战略意义。当前企业履行社会责任的管理层利己动机和战略动机越来越被社会各界所接纳与认同。而履行社会责任的成本问题是企业的主要顾虑，但政府对林业上市企业的大力扶持和资金补助正好可以解决这个后顾之忧，政府起到对社会责任的重要驱动作用。

那么，宏观经济政策对微观林业上市企业行为到底会产生怎样的影响？林业产业所特有的经济现象背后的运行规律是怎样的？在当今林业肩负改善生态环境的历史重任，政府和社会各界比以往任何时期都更加关注并寄予众望的背景下，对林业产业上市企业政府补助的经济和社会后果进行研究，探讨林业企业社会责任的政府驱动作用，并在政府、社会和企业之间建立完善的互动机制，已迫在眉睫。本研究试图对企业社会责任履行在政企关系之间这一"从外到内"、从宏观到微观的作用路径中的关键纽带作用进行探讨，以期丰富和发展企业社会责任和投资效率研究领域，进而依据政府补助和企业社会责任影响因素提出林业上市公司投资效率的提升策略，最终促进环境效益、社会效益和经济效益的共同实现。

1.2 研究目的及意义

1.2.1 研究目的

本书旨在以政府补助、社会责任和投资效率的文献梳理和理论基础作为指导，对政府补助、社会责任与投资效率的影响机理进行分析，结合林业上市公司政府补助、社会责任与投资效率的现状与关系的特殊性，提出"政府补助—企业社会责任—投资效率"的逻辑思路，试图证实政府补助产生的资源补给效果可以优化林业企业社会责任履行对投资效率的积极影响，即在林业企业政府补助直接影响投资效率受限的情况下，企业社会责任履行对政府补助影响投资效率发挥中介效应。希望发现并证实林业产业所特有的经济现象背后的运行规律，进而依据政府补助和企业社会责任影响因素提出投资效率的提升策略，以期实现林业企业社会效益和经济效益最大化，在政府、社会和企业之间建立完善的互动机制，达到为相关政府部门和微观林业上市企业提供一定政策指导与借鉴的目的。

1.2.2 研究意义

（1）理论意义

①拓宽林业企业社会责任驱动因素的研究视角。

理解和解释企业为什么以及如何被驱动参与企业社会责任承担仍然是理论和实证研究中最具挑战性的课题之一。由文献梳理可知，政府补助的动机及社会后果的关注由来已久，而大量研究已经证实政府作用与企业社会责任履行的相关性，但当前的研究文献对政府补助与企业社会责任的研究较少，尚无对林业企业的相关研究。林业企业社会责任可能受到包括政府在内的多方面内外部因素的驱动，政府补助这一社会资源配置的方式是政府意志的最直接体现，相对于其他行业来说，政府补助的影响可能更加重大，有着其特有的驱动机制。本文的研究将拓展林业企业社会责任驱动因素的研究视角，凸显政府补助的社会后果，有助于国家政府、相关学者和林业企业经营管理者理解林业企业社会责任所特有的驱动机制，以及政府补助是通过怎样的路径影响微观林业上市企业投资效率的。

②丰富和发展林业企业社会责任和投资效率研究领域。

现有研究对投资效率的影响因素、政府补助的动机及经济后果的关注由来已久，大量研究已经证实企业社会责任与投资效率的相关性，但尚无对林业企业社会责任与投资效率的相关文献，因此，揭示政府补助和企业社会责任二维因素协同对林业上市企业投资效率的影响将更有意义。本书开创性地对我国林业上市企业从投资效率的角度研究企业社会责任，其意义在于不仅对林业上市公司是否应该履行企业社会责任、如何履行企业社会责任等问题提供全新的理论支持，更加清楚林业企业社会责任的经济后果——对投资效率的治理效应，而且也对林业上市公司如何通过履行企业社会责任进一步完善政府补助影响投资效率的作用路径，即政府干预和补贴可以通过改善林业企业社会责任来提升投资效率提供了有效的理论证据。因此，本书是对林业企业社会责任和投资效率研究理论体系的丰富和发展，将为林业企业履行和报告社会责任提供理论依据，丰富林业企业投资效率的研究领域和内容。

③有助于多理论融合交叉，拓宽利益相关者治理理论在林业企业的应用范围。

信息不对称理论、委托代理理论和信号传递理论是投资效率问题的主要理论依据，本研究将利益相关者理论、资源依赖理论、交易成本理论、市场失灵理论和外部性理论等理论也引入进来。当前的研究多数是针对政府补助、企业社会责任与投资效率两两关系进行的研究，未能置三者于同一框架体系之中，而本研究将三者有关的理论基础融合交叉在一起。本研究不仅分析林业产业上市企业政府补助对投资效率的直接影响，还分析政府补助通过企业社会责任对投资效率的中介作用路径，因此，本研究将上述理论的应用范围实现拓展，借鉴政府作为外部因素的公司治理作用，在一定程度上，从公司外部治理环境角度充实和拓展了林业企业社会责任和投资效率的研究。

（2）现实意义

①有助于优化林业上市公司及林业企业投资决策，遏制非效率投资行为，实现公司全要素投入产出效率提升和可持续发展。本研究针对我国林业上市公司投资效率现状进行评价和非效率投资影响因素的研究，能够引导林业上市公司进行科学的、理性的投资。通过实证分析直接代表政府意志的政府补助和直接代表利益相关者意志的企业社会责任协同对投资效率的影响，提出基于投资效率的政府补助和企业社会责任履行外部影响因素的具体对策，使企业有效地运用利益相关者投入的内外部投资资金，实现嵌入利益相关者的内部投资策略的优化，为控制企业低效率投资行为提供相应的政策和建议，有助于林业上市公司提升企业价值和实现可持续发展。

②有助于林业上市公司的社会责任的履行，取得可持续发展。本研究构建林业上市公司社会责任评价指标体系并进行系统评价，深入分析林业上市公司社会责任与投资效率之间的影响机理，并构建模型作为实证，分析当期和前期社会责任履行对于投资效率的影响，以及林业上市公司企业社会责任承担对政府社会目的和企业经济目的之间的关键中介作用，能够使林业上市公司及其利益相关方意识到积极履行社会责任具有战略意义，增强企业社会责任意识，为林业企业本身履行和报告企业社会责任提供实践指导，还可以为政府管理部门开展企业社会责任实践提供有益的应对策略。

③有助于建立和完善有效的政府补助驱动机制，实现政府、社会和企业的良性互动。本研究不仅实证分析政府补助对林业上市公司投资效率产生的直接影响，还对其是否通过企业社会责任履行间接对投资效率发挥正

效应进行探讨，对政府部门协同社会各界建立和完善其补助机制具有指导作用，使林业上市公司探寻到真正的企业自身利益和其利益相关方之间关系的正确处理途径和解决方法，增强企业竞争力，实现可持续发展。

1.3 国内外研究现状及评述

本书根据政府补助与投资效率的关系、政府补助与企业社会责任的关系、企业社会责任与投资效率之间的关系以及三者之间的关系的研究现状，对国内外学者以往的研究成果进行梳理，厘清观点与思路，为后文的实证研究打下基础。

1.3.1 政府补助与投资效率的研究现状

1.3.1.1 投资效率的影响因素

投资效率（Investment Efficiency）与企业价值创造有直接关系，由于计量方式的不同，微观企业基于效率视角的企业价值问题逐渐成为人们关注的热点[8]。现有文献研究普遍关注上市公司的非效率投资产生的原因（在第四章介绍）、投资效率的评价（在第五章介绍）以及投资效率的制约因素。投资效率的影响因素有很多，目前学者对于投资效率影响因素的研究可以总结为内部治理因素和外部环境因素两个方面。

（1）内部治理因素

内部治理因素主要包括公司治理（Corporate governance）、企业产权性质（Nature of property rights）、股权结构（Ownership structure）、资本结构（Capital structure）、负债结构（Debt structure）、内部控制（Internal controls）、会计稳健性（Accounting conservatism）、自由现金流（Free cash flow）、信息披露（information disclosure）、生命周期（Life cycle）等。有关投资效率内部治理影响因素研究的国外研究进展，利用谷歌学术数据库，以"Investment efficiency"和上述各因素为检索词进行文献的搜集和整理（按照文章任意处出现检索），如表1–1所示，发现西方学者的相关研究非常丰富。在各个领域的研究均呈现上升趋势，其中最多的是生命周期、公司治理等方面的研究，而产权性质、会计稳健性以及大股东占款的研究相对较少。

表 1-1　投资效率内部治理因素时间序列外文文献检索结果

年份	2010 年	2011 年	2012 年	2013 年	2014 年	2015 年	2016 年	2017 年	2018 年	2019 年
公司治理	14400	15600	17700	18900	20500	20300	21100	21900	22900	21400
产权性质	97	122	115	135	129	115	99	117	106	156
股权结构	6310	7120	8130	8910	9290	9600	10200	11000	9350	10700
资本结构	5530	5920	6890	7630	8150	8570	8870	8880	9450	10600
负债结构	516	472	602	649	589	670	723	765	822	818
内部控制	2640	2730	3060	3320	3120	3300	3570	3340	3270	3510
会计稳健性	371	442	527	615	737	793	758	1120	954	1090
自由现金流	2040	2220	2520	2720	3960	3080	3060	3310	3210	3200
信息披露	2470	2720	3200	3380	3800	4020	3830	4410	5070	5850
生命周期	30800	32600	36200	37300	37400	33800	37200	37300	33800	31700

　　国内以主题词"投资效率"和上述内部治理因素为主题词在期刊网（www.cnki.net）进行检索，按数量由高至低排序如图 1-1 所示。可见在国内对于投资效率影响因素的研究中，除了公司治理外，对产权性质和股权结构的研究也较多。

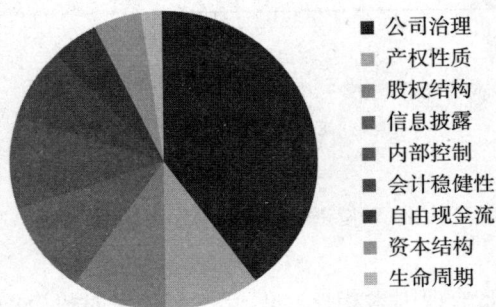

图 1-1　截至 2020 年投资效率内部治理因素中文文献检索结果

（2）外部治理因素

投资效率的外部环境影响因素主要包括政府干预（Government intervention）、政府补助或补贴（Government subsidy/grants）、政府投资（Government investment）、政治关联（Political connection）、预算软约束（Budget soft restriction）、银行关联（Bank connection）、企业社会责任（Corporate social responsibility）、区域软环境（Regional soft environment）、市场化进程（Marketization process）、行业/产品竞争程度（Industry/Product competition）、金融环境（Financial environment）、融资约束（Financing restriction）、机构投资者及其异质性（Institutional investors）、媒体监督（Media supervision）等 [9]。有关投资效率外部治理影响因素研究的国外进展，利用 SCIENCE DIRECT 数据库，以 "Investment efficiency" 为主题词和上述各因素为检索词进行文献的搜集和整理（按标题、摘要或作者指定的关键字检索），如图 1-2 所示（按国内和国外顺序先后对比排列）。可见国外主要集中在市场化程度、行业或产品竞争程度以及外部金融环境等方面，而融资约束、政府干预（包括政府补贴、政府投资和政治关联等）等方面是国内关注较多的领域，企业社会责任的相关研究也是国内文献较多。

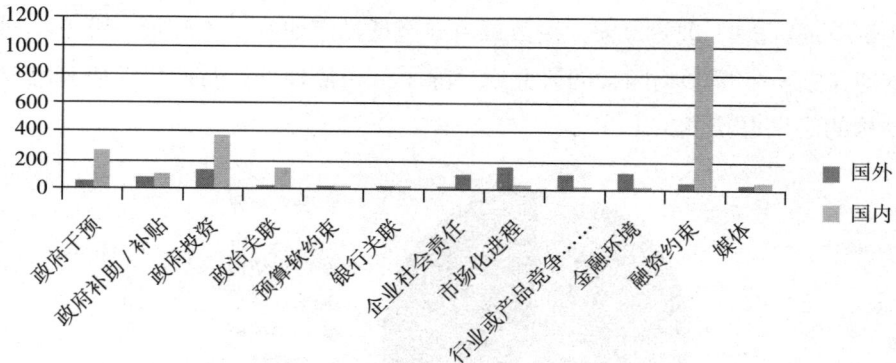

图 1-2   截至 2020 年投资效率外部治理因素国内外文献检索结果

虽无法与内部治理因素相比，但近年来学者对投资效率的外部制度、市场环境影响因素的研究增多，政府补助就属于重要的外部因素。

1.3.1.2 政府补助的动机和影响因素

（1）政府补助的动机

政府补助是政府宏观调控的工具和财政资助政策的重要组成部分，是我国政府调节经济的杠杆，具有特定的动机，相关研究中学者的结论不一。经过文献梳理，国内外学者的研究结论主要集中在扶持行业发展和鼓励创新、促进环境和环保投入、就业及维持社会稳定以及盈余管理等几方面。

①扶持行业发展和鼓励创新

部分行业或产业由于市场难以发挥有效作用，政府根据一定的标准以政府补助的形式对企业进行扶持，矫正市场失灵，鼓励和培育其发展[10]。王燕娜和王娟（2007）通过对我国 A 股市场上市公司进行研究发现，不同行业间获得政府补助的多寡有很大差异，农林牧渔和信息技术产业是我国政府补助覆盖面最大的行业；而交通运输仓储业、社会服务性行业以及基础电、煤、水生产及供应行业政府补助均值最大[11]。王蓉（2011）的研究也发现，一些特定的行业能够获得更多的补贴，如农林牧渔和畜牧业等基础型行业、信息技术等高新技术行业以及医药健康等涉及民生的行业[12]。而吕久琴（2010）和陆琦林（2014）均发现涉及基础民生行业的企业获得政府补助金额较高[13]。可见，政府补助存在行业倾向性，并且是影响政府补助分配的一个重要因素。

对企业技术创新和研发予以鼓励和支持也是政府补助动机之一。Almus（2003）研究发现政府补助可增加企业的研发投入[14]。Yu F 等（2016）发现政府补贴对增加企业研发投资的效果表现出倒 U 型关系[15]。吕久琴（2011）研究发现政府给予企业的补助能够激励其研发行为[13]。邹彩芬（2014）研究发现创业板上市公司的研发投入强度与政府补助显著正相关[16]。李小娟和张倩（2019）也认为高新技术企业财税扶持政策能够加速成果转化、增加企业研发投入[17]。江新峰（2017）研究发现政府补助可以显著增加企业研发投入，但是寻租活动可降低其正向作用，同时导致政府补助对投资效率的提升程度降低[18]。

②促进环境和环保投入

企业的生态环境责任和环保投入也是政府补助的主要动机。政府补助最为关键的一种考虑就是环保方面的社会责任，环保投资项目的政府补贴资金也更容易获得政府的批准，公司获得环保补贴的概率会因政治关联而增大，反之，获得环保补贴后企业一般环境绩效的表现会更好，重视自身的污染治理和环境绩效的提升[19]。Cherry T. L. 等（2012）发现，企业污染物排放和处理以及环境投入水平受到经济手段刺激的间接管控，如政府的财政拨款、税收优惠、贷款补贴以及碳排放交易等[20]，Dawkins C. 等（2011）认为这种政府经济刺激可对企业清洁生产形成诱导，并主动付出精力进行环境监控，提高绿色经营认同感和披露环境责任的积极性[21]。政府对企业生态责任行为的有效监管能有效地促进企业承担生态责任[22]。政府补助能促进企业加大环保投入，王鹏（2014）的研究也发现政府补助不仅能使企业有效降污减排，而且还能提升企业为改善生态环境做出贡献的积极性[23]，李小娟和张倩（2019）则认为高新技术企业财税扶持政策能够加大环保支出，树立良好企业形象等[17]。

③就业及维持社会稳定

政府非常重要的政治目标之一就是解决就业问题，政府会为了应对失业问题而采用财政补贴政策，会重点扶持能带来大量就业的企业。Shleifer和 Vishny（1994）的研究证实政府会因为企业承担了超额的雇员，而采用政府补助的形式对其损失进行弥补，进而使得多种政治目标实现[25]。一个地区的就业往往与经济增长紧密联系，特别是我国人口众多，就业就是政府重点考虑的因素。在特殊时期或者经济发展遭遇困难之时，政府补助就是一项经常采用的刺激经济的手段。政府会因上市公司就业容量大而产生先天的好感度，进而更多的扶持和补贴政策会向其倾斜[26]。唐清泉和罗党论（2007）发现政府在给上市公司发放政府补助时，就业是其最关注的因素[27]。Jenkins 等（2006）对美国高科技产业的研究证实，政府财政补贴对其就业促进方面作用显著，使就业压力得到缓解[28]。Eckaus（2006）对中国出口企业的研究也证实，政府所给予的补助在一定意义上是防止企业倒闭进而带来大规模失业的一个手段[29]。Koski H et al.（2012）的研究结果显示，芬兰政府财税补贴能创造就业机会，大幅提高当地的就业率[108]。吴成颂和黄送钦（2015）也发现了政府通过财政补贴的社会性效果包括吸纳更多就业人数[30]。黄翔和黄鹏翔（2017）以 2007 年至 2015 年我国上市公司为研究样本的实证结果表明：政府补助企业的主要动机在于扩大就业，最终目的是促进经济的增长[26]。

④盈余管理

进行资源再分配是政府补助的主要经济目标，但是同时，政府补助也具有一定的政治性目的。由于我国特殊的制度背景，地方政府与上市公司在很多方面具有利益上的共生性，比如税收贡献、吸引相关产业进入和结构调整、提升地方知名度，甚至是地方政府官员政绩考核的体现[10]。Aharony et al. （2000）指出地方政府出于自身利益考虑会采取减免税赋、税收返还等渠道来提高辖区内企业业绩水平[24]。地方政府的利益与上市公司有着直接联系，对地方政府来说，对资源的争夺也包含上市公司在资本市场上融资。为实现本地企业上市、获得增发和配股权，与上市公司合谋进行盈余管理是各级地方政府经常采用的手段，而其主要方式就是对企业进行补贴[27]。同时，若上市公司发生亏损，面临退市险境，为了保住地方政府所在地宝贵的"壳资源"，常常会不遗余力提供补助[24]。我国学者王蓉（2011）研究认为政府通常不会向处在保牌边界的公司发放财政补助，如果处在保牌边界的公司得到财政补助，金额会比较大[12]。以及黄翔和黄鹏翔（2017）同样证明政府补助企业的主要动机不仅在于扩大就业，还有帮助上市公司"保牌"[26]。

可见，政府补助动机多数为正面的，少数为负面的，由于我国证券市场及其制度建设落后于发达经济体，早期研究大多认为我国政府补助企业的动机是负面的。学者对政府补助的争议和质疑，主要来自政府补助的理由、性质等的不公开透明[42]，以及上述盈余管理、粉饰业绩等情况。

我国政府补贴也引起西方国家和发展中国家的反补贴调查，我国是连续13年全球遭遇反补贴调查最多的国家，加拿大自2004年开始，至2019年7月31日，专门针对我国的反补贴调查共计170起，主要集中于轻工业制造、化工、机电与高新制造业等产业，涵盖纸、纸板及其制品，木材及木制品以及纺织原料和纺织制品等，涉及从劳动密集型到资本密集型企业领域范围。其原因当然有我国地方政府不合法的补贴、与WTO《补贴与反补贴措施协议》（简称《SCM协定》）规则相悖的禁止性补贴、出口性补贴以及专项性补贴等主观因素，但更多的原因在于发达国家不合理的"替代国标准"、全球经济复苏乏力引起的贸易保护、各国不同动机的对华贸易摩擦，在加入WTO后约定的2016年承认我国的市场经济地位之后，随着市场经济的普遍认可，也必然遭遇越来越多的反补贴调查。

面对这一相对敏感且饱受质疑的政府补贴政策，证监会于 2001 年修订配股规定，连续盈利标准为扣除非经常性损益贡献，致使上市公司通过政府补贴获得配股资格的难度提升；近年来我国政府也根据 WTO《SCM协定》的规定，调整各级政府补贴政策，逐步取消出口补贴和进口替代补贴等禁止性补贴，减少可诉性补贴。因此，后来的学者的研究表明，我国政府补助的主要动机不再是帮助上市公司在资本市场配股融资，而主要是基于扶持行业发展和鼓励创新、促进环境和环保投入以及就业及维持社会稳定等社会性目标 [26-27]。

（2）政府补助的影响因素

企业能否获得政府补助、获得数量的多少，受很多因素的影响。经过文献梳理，政府补助影响因素主要包括企业的产权性质、企业的政府关系以及企业特征和行业特征等方面。

①企业的产权性质

在我国，稀缺资源的核心配置权掌握在政府手中，市场经济下我国各级政府仍然以较大的力度干预和管理着主要国民经济领域。由于与政府之间的天然政治关联，国有上市公司获取外部融资和投资机会更加便利。国有属性的公司由于直接受到政府管理，是政府给予补助较多的公司。

亚诺什·科尔奈（1980）在《短缺经济学》中提出了"预算软约束"理论，他认为社会主义经济中国有企业在发生亏损时，政府常常采用增加银行贷款、提供补贴和追加投资等方式的"父爱主义"，使国有企业得以被救助而继续存活下去。Lin YF（1998）在其研究的基础上引入"内生预算软约束"的概念，认为国有企业能够承担一定的政策性负担，是政府补助国有企业的真实原因。在这一思想之下，政府补助更像是一种责任性的补偿方式 [31]。Eckaus（2006）研究认为，为了避免企业倒闭和大规模失业是中国政府对亏损企业进行补贴的重要原因 [29]。Girma 等（2007）的研究也证实，出于稳定地方就业的考虑，中国政府补助资金有近一半是用来补亏的 [32]。

我国学者步丹璐、郁智（2010）对政府补助进行统计，发现 2007 年到 2010 年间国有企业比民营企业获得了更高比例的政府补助总额。邵敏和包群（2011）采用 Heckman 选择模型研究政府补贴行为发现，与非国有企业相比，地方政府补贴行为更加倾向于国有企业 [93]。王蓉（2011）基于 ST 的国有企业、张天舒等（2014）以新增 ST 公司为研究样本均得出国有企业相比民营企业更容易获得政府补贴[12, 33]。冯韵竹（2015）以企业性质作为控制变量，实证研究发现，国有股东属性正向影响政府补助[34]。张力群（2016）的研究结果表明，政府补贴明显地带有国有企业偏好，同等条件下有政治关联的企业获得政府补助的程度要明显高于没有政治关联的企业[35]。此外，国有企业往往规模较大，当国有企业面临退市风险时，对当地的经济影响比较大，容易受到政府的关注，相较于民营企业，国有企业因保牌动机获得补助的力度更大[36]。孔东民和李天赏（2014）的研究也证实，总体上政府对国有企业的补助比民营企业更多[87]。

部分学者关于政府补助的产权性质偏好的研究得出了相反的结论，按照政治成本理论，韩超（2014）的研究表明，地方政府更倾向于向非中央国有企业进行补贴[41]。黄翔（2017）研究发现，缺少明显的证据证明政府对国有企业的补助要大于民营企业[26]。

一些学者的研究观点则处于折中状态，如肖兴志和王伊攀（2014）的研究表明，政府补助我国战略性新兴产业上市公司的动机，兼有促进创新和协助盈余管理两种目的，政府选择补助对象和程度时并非单一目的[42]。王红建等（2014）对我国循环再造业政府补助的研究同样表明，各种补贴的目标和特点不一[43]。

②企业的政府关系

大量研究表明企业是否获得政府补助以及所获政府补助的程度受到与政府关系密切程度的影响。尤其是民营企业政府关系将可能获得更多的政府支持。企业的政府关系一般也会使其优先获得政府的资助，为企业带来更多的银行贷款支持，进而拥有与同类企业相比更高的资产负债水平[5]。政企关系主要是指企业高管人员拥有政治背景、企业排名靠前的大股东为政府部门的官员等情况。郭剑花和杜兴强（2011）的实证研究表明，在非国有企业中政治关联可以使其获得更多的政府补助[46]，余明桂等（2010）的研究也得出二者正相关的结论[45]。胡旭阳（2020）研究证实民营企业政治关联与政府补助水平显著相关[44]。因此，相对于国有企业具有政治关联的民营企业倾向于获得更多的补助[12]。

③企业特征和行业特征

政府由于希望借助企业来促进当地经济发展，扩大地方就业，因此更愿意补贴规模相对较大且具有良好成长性的企业[5]。Faccio et al.（2006）

提出，盈余状况是影响政府判断的标准之一，陷入困境或濒临破产的上市公司更容易获得政府补助 [5]。李炜等（2011）的研究证实，不考虑企业所在行业等因素影响，企业所获得的政府补助与盈利能力、规模和雇员人数呈正相关关系。刘亚莉等（2010）的研究则发现，沪深两市房地产企业规模越大、销售收入越多，政府补助水平也越高。吕久琴（2010）的研究则表明，大规模的公司职工人数、资产总额和销售收入等对政府补助影响显著，而资本结构和员工生产效率等因素不能显著影响政府补助 [13]。

正如前文所述，政府补助具有资源分配的目的，政府对不同行业的支持力度不同，决定了对其补助力度存在区别。出于维护社会稳定，促进经济增长的目的，政府还会大力支持关系经济命脉、国计民生的行业发展。

1.3.1.3 政府补助与投资效率

国内外学者对政府补助与企业绩效的研究较为成熟，涉及经济领域的各个层面，但对政府补助和投资效率的研究相对较少，其起到了"帮助之手"还是"掠夺之手"的作用，尚未对政府补助的经济后果得出明确结论。

在国外，站在地方政府和企业的角度上来看，早先的国外学者 Stulz（1981）认为，在国有经济占比中较大的市场机制之下，政府出于自身利益考虑，为实现一定目标会利用政治权力对资本市场的资源分配进行干预，进而对市场效率和投资者利益造成损害。Shleifer（1994）也并不赞成政府为了实现自身政治利益目标对企业投资效率的干预，认为这容易导致盲目的重复建设、投资的低效甚至产能过剩 [25]。之后，部分国外学者得出了相似的结论，Lee（1996）对韩国制造行业进行研究发现，政府补贴资金对制造业企业间资源配置产生影响，然而并没有发挥对整个国家经济的正向影响效果 [47]。Wallsten（2004）和 Gorg&Strobl（2007）对 68 家美国和 67 家爱尔兰上市公司的研究证实，多数公司获得用于创新活动的政府补贴后，用于购买与创新无关的不动产等其他方面，也导致企业过分依赖政府补助资金 [54, 55]。Liu et al.（2005）通过对中国企业的研究发现，政府补助会刺激短期投资支出的增加，同时导致了在宏观层面整体资源配置效率的降低 [53]。Butle 和 Neuhoff（2008）对不同类型政府补助对企业投资绩效的影响进行对比分析，发现政府扶持中税收优惠可以显著提升投资绩效，相对于税收优惠而言政府资金补助作用效果较小 [57]。Bernini C 和 Pellegrini G

（2011）研究发现，政府补贴对意大利企业的产出、就业率和固定资产投资等方面产生显著正向影响，但是却无法提高企业的全要素生产效率[56]。

但是也有一部分学者证实了政府补助的积极作用。Sasson Bar-Yosrf 和 Yoram Lands Kroner（1981）研究了宏观经济层面的政府补助与公司价值的关系，发现政府补助使得公司投资支出增加，提升投资绩效并增加企业价值。Tongeren（1998）以在荷兰获得投资补贴的公司为研究样本，证实政府投资补贴使得公司偿债能力显著提高并对公司投资决策产生一定影响[48]。TzelePis 和 Skuras（2004）的研究同样证实公司获得的政府补助收入使现金流入增加，削弱现金流束缚，在一定程度上提升投资绩效[50]。而 Duch-Brown 等（2009）对美国上市企业的研究表明，获得政府补助的公司财务绩效更高[51]。Colombo 等（2013）采用 ECM 模型与 GMM 估计方法对成长期的高科技公司（NTBF）进行研究发现，政府补贴使公司缓解融资约束且投资效率提升，但对下一年投资效率无显著影响[49]。

近年来国内学者对政府补助与投资效率关系的研究比较丰富。多数学者采用理查德森非效率投资残差模型对投资效率度量进行研究，部分学者证实政府补助与投资效率负相关。许罡（2014）对 2007 年至 2012 年 A 股上市公司采用 OLS 回归分析的研究则证实政府补助可以产生非效率投资，对过度投资影响显著[58]。吴静（2017）对文化相关产业、杨昭远（2015）对战略新兴产业以及王婷（2018）对农业上市企业均采用 OLS 回归分析得出政府补助与投资效率负相关的结论[59, 60, 61]。王艳丽（2019）以 2007 年至 2017 年 A 股新能源上市公司为研究样本，结果表明财政补贴政策会引发新能源企业投资过度行为，进而导致新能源企业投资效率低下，在非国有企业中和中西部市场化程度低的地区更为显著[62]。余珍（2017）以 2010 年至 2015 年在沪深 A 股上市的新疆公司为研究样本，发现建立"丝绸之路核心区"区后直接的财政补贴与企业投资效率显著负相关，而税收优惠作用显著，说明两种财税政策在对企业投资效率的影响作用上呈现显著差异[63]。李传宪（2015）的研究证实，2008 年至 2011 年亏损 A 股上市公司政府补助引发投资过度，造成了非效率投资问题[64]。王克敏等（2017）采用 Biddle 等非效率投资残差模型度量投资效率，对我国 1998 年至 2013 年 A 股非金融上市公司采用 OLS 估计方法实证分析，证实政府补助、长期负债越多，公司投资支出水平越高，但是投资效率越低且过度投资越严重[65]。

而吴训彬（2017）同样基于 FHP 投资—现金流敏感模型采用 OLS 回归分析，也发现我国上市公司获得政府补助后不能够提升投资效率，这一负向作用在民营公司更为严重[83]。

一些研究进一步显示政府补助引发投资过度，不能缓解投资不足。赵栓文（2016）采用 OLS 回归分析证实我国上市公司获得政府补助后能够引发投资过度，不能缓解投资不足，外部环境差的地区更加敏感[66]。周玲芝（2018）对我国战略新兴产业上市公司采用 OLS、固定效应、随机效应模型进行回归分析，发现政府补助扭曲了投资行为，加剧投资过度现象，不能缓解投资不足[67]。张中华等（2014）和管纯一（2018）对战略性新兴产业上市公司的研究结论相同，管纯一（2018）进一步认为在国有公司中该负向作用更加严重[68-69]，和胡诗仪（2019）对电力企业上市公司的研究结论也相同[19]。叶宏庆（2015）也证实了地方政府补助与我国 A 股 24个行业上市公司投资效率负相关，导致过度投资问题[70]。徐震等（2017）同样发现政府补助引发 2000 年至 2015 年沪深两市制造业上市公司的投资过度行为，盈利公司比亏损公司、亏损非国有公司比亏损国有公司更易于产生投资过度[71]。

但也一些学者证实上市公司获得政府补助后能够产生投资过度的同时缓解投资不足。黄新建（2014）对我国 2007 年至 2011 年 A 股民营上市公司采用 OLS 回归分析证实，政府补助会产生投资过度，也能够缓解投资不足[72]。随后，蒋丽迁（2016）同样以民营上市公司为研究对象研究得出相同的结论，而且政府补助与总体投资效率负相关[73]。柯润润（2016）证实政府补助在我国中小板上市企业也能够产生同样的作用[74]。刘进（2019）对我国 2007 年至 2016 年 A 股上市公司的研究得出相同的结论[75]。汪健和汤畅（2019）采用同样的方法对我国 2012 年至 2016 年 A 股上市公司进行研究，认为政府补助在滞后期也可显著加重过度投资和缓解投资不足[76]。李刚（2017）采用 Biddle 等非效率投资残差模型度量投资效率，对我国 2007 年至 2010 年 A 股非金融上市公司采用 MLogit 的回归分析发现，政府补助对市场化高的地区的国有企业可以缓解投资不足，而对市场化低的地区的民营企业起到加剧投资过度的作用[77]。

政府补助缓解融资约束的明显作用也被证实，申香华（2010）的研究表明，政府补助受到公司成长能力和投资机会的影响，补贴收入的获得可有效缓解融资约束问题，防止出现投资不足，最终实现投资效率提升和价值实现[78]。随后，李燃（2018）和徐卓亚（2018）采用基于 FHP 投资—现金流敏感模型采用 OLS 回归分析方法证实，政府补助能够缓解我国上市公司融资约束，提高投资效率，在国有和民营公司中均正相关[82, 85]。

部分学者证实了政府补助对抑制过度投资和投资效率的积极作用，黄志雄等（2015）基于中国 A 股上市公司、吴春雅等（2015）基于新能源上市公司的研究均证实政府补助有利于遏制公司投资过度行为[79-80]。还有学者在实证回归分析方法上进行了创新，也得到类似的结论，刘进等（2019）采用 OLS、2SLS、LIML（有限信息最大似然法）对我国 2011 年至 2015 年 A 股上市公司进行研究发现，政府补助可以有效缓解投资不足，政府补贴与投资效率的关系受到独立型机构投资者的正向调节，而非独立型机构投资者则起负向调节效应，这一效应在民营公司中作用更明显[75]。唐安宝（2018）以 823 家战略性新兴产业上市公司 2010 年至 2016 年的平衡面板数据为对象，采用 Baron and Kenny（1986）三阶段中介效应回归和双边随机前沿模型进行实证分析证实，政府补助可以抑制非效率投资，融资约束在这一过程中起到部分中介效应[10]。陈静（2017）基于异质性随机前沿分析方法研究的结论也是政府补贴收入可在某种程度上提升技术研发活动中的投资效率[81]。

综上，对政府补助与投资效率的关系研究较丰富，不仅单纯研究了二者之间的关系，还结合地区经济发展水平和市场化程度等外部环境[58, 66, 77]、政治关联[35, 76]以及融资约束[10, 67, 85]等因素进行了研究，并分企业产权性质进行了探讨[35, 68, 83-85]。多数学者采用理查德森投资模型度量投资效率，在研究方法上多采用 OLS 回归分析，少数学者采用 2SLS、LIML、MLogit 等回归方法，得出的结论也有所不同。

1.3.1.4 政府补助与资源配置效率

目前在对政府补助和公司绩效间的相关性进行研究时取得大量成果，然而若在补助金额本身对公司绩效造成重大影响的情况下，依旧采用受补贴后的整体绩效考察补贴与绩效之间的关系，则结果的可靠性可能受到测度误差的影响。因此一些学者在公司层面上计算不同企业的全要素生产率或资源配置效率，考察二者间的关系[87-88]。

Harris 和 Trainor（2005）以北爱尔兰企业作为研究对象，就政府补助和全要素生产率之间的相关性进行深入探讨，证实政府补贴有助于提升生产率[86]。Nicolini 和 Tavoni（2017）对欧盟可再生能源电力政府补贴的政策效果进行研究，认为补助与激励关税长期和短期均可以有效提升利用再生能源发电所获得的发电量[89]。徐文超等（2019）的研究表明，政府对新能源公司扶持的过程中，下拨科技研发的专项补助是运用最普遍的一个方式，公司在获得补贴后的技术效率得到显著提高，所以技术专项补助具备效率[91]。董淑兰等（2018）就政府对不同产权性质的新能源公司获得补助取得的政策效果进行探讨，结果显示尽管从补贴金额方面国企占有优势，而就边际回报率方面而言，民营企业使用补贴资金具有更高的效率[92]。

也有学者认为，政府补助对生产效率不具有积极作用或者微乎其微。C Wang 等（2017）学者研究发现，研发补贴无法如预期那样提高研发技术效率，也不能有效提高企业的生产效率[90]。余明桂等（2010）对上市企业政府补助的有效性也提出质疑，认为其无法提升社会资源配置效率以及社会公平[45]。任优生和邱晓东（2017）则认为我国战略性新兴产业公司 R&D 投资、财政补助和全要素生产率变化率相互间具有负向相关性，公司 R&D 投资与财政补助都无法有效提高全要素生产率，财政补助甚至具有非常显著的抑制效果[199]。

还有学者认为政府补贴对生产效率的影响不具有长期性，Bergstrom（2000）研究后证实，公司在取得财政补贴以后的第一个会计年度将会促使全要素生产率大幅增长，然而从长期角度进行分析，财政补贴会对全要素生产率造成不利影响[52]。曾繁荣（2018）以 2010 年至 2016 年政府补助的 A 股制造业上市公司为对象，采用双向固定效应模型进行多元回归和两阶段最小二乘法回归，政府补助在短期内提高了企业绩效，对反映企业长期收益的全要素生产率却产生负向作用[40]。

另有学者认为，只有在特定的范围内政府补助才能发挥其积极作用，邵敏等（2012）运用广义视角的倾向评分匹配方法，探讨了企业生产效率受到不同补贴金额水平的影响差异，指出因政企之间本身具有信息不对称，从而导致财政补贴的扶强助优的初衷没有得到显著体现，反而体现出扶贫护弱的特征，所以必须对财政补贴力度进行科学管控，避免造成低效率的补贴[93]。胡雯君（2019）采用 DEA-Malmquist 指数度量 2007

年至 2017 年 A 股能源类 134 家上市公司生产效率后，运用面板 Tobit 模型和门槛模型进行回归分析，发现政府补助与投资效率正相关，且滞后期显著，在国有属性组表现更为显著，最后证实政府补助在合理的范围内会促进生产效率[84]。

对于林业产业相关的研究，我国学者周春应和张红燕（2019）对林业上市公司政府补助与公司绩效进行了研究，李敬轩（2018）研究了政府补贴对农业上市公司投资策略的影响，发现政府补贴对固定资产投入有显著正向影响，尤其是经济增长速度较慢的地区，而对无形资产投入有显著负向影响[94]。此外，王景欣（2014）和范亚东（2019）等只是单纯地对我国林业上市公司投资效率的评价进行了研究。

综上，对政府补助与全要素生产效率的关系研究较丰富，不仅单纯研究了二者之间的关系，还发现了政府补助的滞后效应[40, 52]和分析了门槛效应[84, 93]，并分企业产权性质进行了探讨[84]。学者们得出的结论不一，但是政府对林业补助的经济效果研究很少。

1.3.2 政府补助与企业社会责任的研究现状

政府补助对企业绩效的影响研究非常丰富，虽然社会效果和经济效果都是企业履行社会责任的一部分，然而政府补助对企业社会效果的研究相对较少。企业社会责任的履行，一般也被称为企业社会绩效，或企业社会责任表现（Corporate Social Performance，CSP）。回顾企业社会责任的相关文献，国内外学者对其研究非常之丰富，但是近年来的研究数量有下降的趋势，概括来说主要侧重于驱动因素和经济后果两方面[95]。企业社会责任行为是企业内部因素和外部因素共同作用的结果，政府干预及补助这一外部驱动因素对企业社会责任会产生重要的影响。

1.3.2.1 企业社会责任的驱动因素及政府作用

企业社会责任驱动机制研究由来已久，Bowen 早在 1953 年就在研究中肯定了管理者在社会责任决策执行过程中扮演的角色，之后，大量学者对此进行了证实与深入研究。目前普遍认为企业社会责任的内部动因主要有管理者价值观、利益驱动和企业战略驱动，而企业履行社会责任的外部驱动力主要概括为外部竞争、社会压力和规范压力[95]。

国外学者对企业社会责任的外部驱动因素的研究集中于两个方面：公共压力和法律因素方面。出于声誉以及合法性的目的企业往往会主动履行和披露社会责任[96]，媒体曝光度或者媒体的负面关注对企业社会责任披露质量的提升有促进作用[97]。公司所处行业与社会责任信息披露也有着密切的联系，是否为法律起源国、执法效率以及对专利保护力度等法律制度的确可以提升企业的自愿性信息披露质量[98]。

国内对企业社会责任外部驱动因素的研究，还体现在政府治理机制和市场治理机制方面。法律环境较好地区的上市公司信息披露质量显著高于其他地区，合法性压力、政府干预以及制度压力对社会责任履行和披露质量都会有显著的影响。下面主要介绍政府作用对企业社会责任的外部驱动机制。

从政府的角度，政府和企业是现代社会的两大活跃因素，政企关系对我国社会经济发展和人民的各方面生活都有巨大影响，二者以多种方式相互作用，关系也日益复杂，我国政府主要发挥对企业宏观调控和直接规制两方面的作用。近年来社会在快速发展中其所暴露出的问题凸显，人们开始重视公共权益，企业社会责任问题已成为政府管理内容的关键部分。政府作为公共利益的代表，推动企业社会责任履行不仅负有责任更具有义务，从而促进社会全面发展，提高民众的公共利益并为和谐社会构建奠定基础和保障。

从企业的角度，在经营和发展过程中不可避免地要面临市场和非市场环境，"政企关系"就是中国企业在生存和发展中所面临的重要外部非市场因素[99]。从公司的性质来看，其目标是追求利润最大化或股东价值最大化，没有任何一个国家的企业社会责任实现能够单凭企业或社会公众的意识来推动。企业作为独立经济实体，若无政府公权力的干预和影响，往往难以实现对相关社会责任的自主承担以及履行。在对企业社会责任的动因分析中可以发现，在这一过程中，政府承担着最为关键的主导角色，是不可或缺的推动力量。

当前全球化进程在有序深入，西方国家在政治、金融以及社会文化体系等众多方面都呈现出显著的改变，而对企业来说，针对社会责任的承担也呈现出积极的变化，而政府在其中起着非常显著的促进作用，同时也包括推动机制的架构，基于立法等多元化的方式，不仅对企业形成了有力督促，而且为其增加了来自外部环境的强制性压力。Jeremy Moon（2004）发现在践行企业社会责任的过程中，政府在其中的作用非常关键，尤其是社会面临大量的失业或出现贫困加剧等情况[99]。

政府压力是企业承担社会责任的压力之一，主要来源于政府建立的制度和法律法规，企业可以主动利用这些规则并从中获利，比如可以在相关政策出台之前主动承担社会责任，从而降低可能出现的严厉的立法威胁，企业主动承担社会责任可以为企业经营管理赢得主动权，为随之而来的政府严厉规制和行业进入壁垒做好准备。有学者研究认为企业社会责任不仅是企业进行管理的一种方式，能为企业带来长远的利益，也是政府致力于解决社会和环境问题的有效手段[100]。Egri 等（2012）等的研究表明利益相关者的压力有助于企业推动环境实践[102]。Ye et al.（2013）对制度压力（政府压力、高管态度、消费者压力和竞争压力）和逆向物流（产品回收和再利用等）的关系进行研究，发现高管态度中介作用于政府压力对企业逆向物流的影响，并进一步促进企业绩效的提升[103]。Fernandez-Feijoo B. 等（2014）认为企业在披露 CSR 信息过程中，与其所承受的各种外界压力存在紧密关联，外界压力普遍来自团体、公众以及社区，等等[101]。Crane 等（2020）构建了企业社会责任相关的企业与政府关系模式，认为企业社会责任是市场主体与政府之间的关系，并研究了政府促进企业社会责任的方式[104]。

对于中国企业来说，在政府主导发展模式下想要获得更好的发展，在制定企业行为的过程中，首先应当主动与政府的执政理念以及执政要求相吻合，这样才有可能获得来自政府的优惠政策以及有力支持，才不会陷入濒亡的窘境。当前，国内学者也普遍认同政府在企业履行社会责任方面的积极作用和巨大潜力。而且以企业作为主体，对企业社会责任的动因、影响因素和经济后果做了大量的研究，而对政府的作用只是从定性分析的角度进行了浅显介绍，而且多数研究集中在从法律角度进行阐释企业社会责任承担的必要性。林毅夫（2004）指出，使企业的外部影响内部化是促进企业社会责任履行的关键，这一过程中政府处于主导地位，比如针对环保问题，政府可以通过财税政策进行干预，对积极承担环保责任的企业给予财政补贴或税收优惠，而对部分污染企业加征税款或加大处罚力度[6]。宋迎法（2015）指出，政府在履行社会公共职责和企业履行社会责任之间具有很多契合点，政府推动企业履行社会责任本身就实现了社会公共职责，社会责任需政府与企业协同履行，政府在协同企业履行社会责任过程中具有积极作用 [105]。

大量国内学者的研究证实，包含政府压力在内的外部压力能够督促企业主动承担更多的社会责任。置于转型的关键阶段，当前我国基于政治、经济以及社会等所有方面正在形成全面增压的积极环境，而其中的压力所指向的对象就是企业应当承担的各种社会责任，政府也必须对企业形成有力督促。我国学者贾兴平（2016）的实证研究表明，企业社会责任在利益相关者压力与企业价值的关系中起到中介作用，其中政府压力（以税收贡献率作为替代变量）通过企业社会责任表现作用于企业价值 [106]。姜雨峰和田虹（2014）同样证明利益相关者压力会对企业社会责任以及环境责任方面的履行形成正向影响 [107]。

政府具有维护社会公共利益和保证社会顺利运行的基本责任，其主要身份不仅是公众的监护人，同时，在协调企业的社会以及经济方面也是不可或缺的调节人，所以，应基于国家宏观层面以及战略的视角，对企业应当履行社会责任的方向以及层次给予明确的引导和规范，保证其前进轨道是正确的。同样，作为企业的监管者，其监管力度和干预程度对企业承担社会责任的表现有至关重要的影响，政府的职责还在于促进企业的正外部性，同时减少甚至消除负外部性。按照钟宏武等（2011）在《中国企业社会责任报告白皮书》中的介绍，政府推动企业社会责任履行过程中，所承担的角色以及职能主要体现于：政策的制定者、行为推动着和过程监督者。详见表1-2。

表1-2　政府推动企业履行社会责任过程中所扮演的角色与职能

角色扮演	具体职能
政策制定者	构建完善的政策体系与法律体系，政策体现在产业、税收、补助等层面
行为推动者	交流协作，教育引导，信息披露，资金支持和技术创新
过程监督者	定期审查，设立标准和控制反馈

资料来源：钟宏武，张蕙，翟利峰.中国企业社会责任报告白皮书 [M].北京：经济管理出版社，2011

根据上表可知，在三个职能和角色中，财税补贴是体现政府干预企业承担社会责任的最直接意志。在我国企业社会责任构建的相关法律制度和责任体系尚不完善的前提下，政府补贴也是能够推进企业履行社会责任的一种重要手段。

1.3.2.2 政府补助与企业社会责任

（1）政府补助对企业社会责任的影响

对政府补贴所产生的社会效果，国外学者的研究切入点主要涉及政府补贴与扶持行业发展和鼓励创新[14, 15]、促进环境和环保投入[20, 21]、就业及维持社会稳定[24, 25, 28, 29, 108]之间的关系。Cerqua 和 Pellegrini（2014）的研究也证实，政府补助实现了社会资源的合理配置，能有效改善公司经济绩效和社会绩效[109]。

国内学者在财税补贴与社会责任关系的研究中，所涉及的范围相比于西方学者要更加宽泛，研究内容也更接近我国现阶段实际情况。学者彭昊（2013）以我国 2008 年至 2010 年 A 股制造类上市公司为对象，采用 OLS 回归分析和结构方程模型证明了企业社会责任对政府补助具有正向影响，民营公司社会责任履行越好，获得的政府补助越多[110]。姜雪娜（2014）区分计入营业外收入和递延收益的政府补助，采用上交所的社会责任贡献计算法度量 CSR，对 2010 年至 2012 年上交所 A 股上市公司采用 OLS 回归分析发现，国有属性公司政府补助对社会责任正向影响，计入营业外收入的政府补助显著，进一步分析发现，除了对政府责任以外，政府补助对其他利益相关方贡献均显著，而且政府补助不具有持续性作用，对下一期社会责任影响不显著[36]。冯韵竹（2015）采用同样的方法对 2011 年至 2013 年我国沪深证券交易所上市的钢铁企业的研究发现，企业社会责任对政府补助的获得情况有一定影响，其中债权人和社会的责任对政府补助有显著正向影响，国有股东属性正向影响政府补助[34]。

吴成颂和黄送钦（2015）以 A 股制造业上市公司 2008 年至 2011 年的年度数据为对象，采用 OLS 多元回归分析上一年度的政府补贴对社会捐赠、就业人数、技术创新责任的贡献，显示政府补助均会对其产生正向促进作用[30]。唐鑫（2016）通过构建利益相关者责任指标综合得分，对 A 股农业上市公司政府补助和税收优惠对企业的社会责任的影响进行了研究，采用 OLS 多元回归分析发现，二者均对当期企业社会责任产生正向影响，但政府补助的作用比税收优惠更加显著，而且国有性质企业作用显著[37]。邹汝嫦（2017）采用 OLS 多元回归和面板 Tobit 回归方法，发现我国上市公司政府补助对以润灵环球责任评级（RKS）衡量的社会责任披露产生正向影响，民营公司更加敏感，进一步分析发现滞后期同样稳健[38]。邓娟（2018）以 2014 年至 2016 我国高新技术上市企业为对象，采用 OLS 线性多元回归分析方法，发现政府补助和收到的税费返还对以上交所每股社会贡献值度量的企业社会责任均产生正向影响，而且国有属性公司显著[39]。曾繁荣（2018）在构建利益相关者责任指标并进行因子分析综合 CSR 得分的基础上，以 2010 年至 2016 年政府补助的 A 股制造业上市公司为对象，采用双向固定效应模型进行多元回归和两阶段最小二乘法回归，结果发现政府补助对企业社会责任有显著正向作用，由于政治成本的存在，这一作用在非国有公司更为显著[40]。

（2）政府补助对企业捐赠的影响

通常情况下，企业为了获取社会地位和社会声誉，会主动进行捐赠。捐赠是企业赢得社会地位的一个重要手段，尤其是民营公司，为了获取政治关联或者巩固政治关系，将更愿意进行慈善捐赠，而且捐赠数额往往较大。上面也分析了有政治关联的民营公司一般来说更倾向于慈善捐款，政府作为对公司的认可和对应的补偿，会给予这样的公司直接补贴、增加贷款或是税收优惠等倾斜。Godfrey（2005）以转轨时期的中国民营企业作为研究对象，提出慈善捐赠是民营企业获得社会地位的主要渠道，提升其道德资本和获得社会支持[111]。陈永强等（2016）探究利益相关者压力与慈善捐赠之间的关系，提出企业慈善捐赠会受政府压力、消费者压力、竞争者压力的影响[112]。翟华云和刘柯美（2019）以 2013 年至 2015 年进行社会捐赠的上市公司为研究对象，研究表明，企业上期所获得的政府补助能够显著地正向影响下年企业的社会捐赠，并且主要体现在被国际四大事务所审计的上市公司。进一步研究发现，上年政府补助对下年企业捐赠的影响关键映现于国企和高市场化进程所在地，而企业若属于高科技行业，则会弱化政府补助对企业社会捐赠的影响。冯韵竹（2015）的研究也发现，我国钢铁行业上市公司对就业和捐赠等的社会责任与政府补助显著正相关[34]。吴成颂和黄送钦（2015）对沪市 A 股制造业上市公司进行研究发现，政府补贴存在社会性效果，政府通过财政补贴的形式来激励企业扩大社会捐赠额[30]。

（3）政府补助对税收的影响

税收是政府财政收入的主要来源，税收与政府的财权及资源支配程度密切相关，税收水平越高，表明政府财政绩效越高。我国在税收领域采取中央与地方分税制，地方政府的税收收入是其主要的财政收入。由于上市公司具有较大的规模，上缴利税贡献大，且核算健全，有利于地方政府部门监管。因此，除了采用常规的税收管控以外，地方政府还经常利用政府补助诱导上市公司多缴纳税款。对申报政府补助的上市公司，地方政府或明或暗地附加一定税收条件。从一定意义上来讲，实现政府与企业的"共赢"，即政府补助资金流向上市公司，而上市公司增加税款上缴，形成一种"良性的循环"。由于现实市场体制和制度的限制，政府对于上市公司补贴资金的使用情况难以进行有效监管，相对其他政府补助的后果而言，对上市公司税收贡献水平政府更容易监控和把握，并且可以对企业提出具体的要求。因此，政府往往愿意通过税收贡献、是否守法合规等硬性的条件来区分上市公司的优劣和贡献大小，政府补助资金越多，上市公司税收贡献、规范管理和守法合规的可能也越大[26]。而黄翔和黄鹏翔（2017）以2007 年至 2015 年我国上市公司为研究样本的实证结果表明，增加税收和帮助上市公司达到配股要求不是政府补助企业主要考虑的因素[26]。

（4）政府补助对企业员工的影响

企业对员工的责任不同于社区责任，福利待遇和劳动效率的提升是员工的利益满足的本质表现，政府补助的增加会使上市公司增加对员工的重视程度。Egels-Zanden（2009）提出，员工权利保护会因利益相关者压力的提升而增强，二者存在正向关联。企业在制定发展战略时会考虑利益相关者，当企业员工形成统一群体时，其对企业的影响程度会增强[113]。姜雪娜（2014）的研究发现，政府补助对职工的贡献显著[36]。吴成颂和黄送钦（2015）发现了政府通过财政补贴的社会性效果包括增加技术人才投入[30]。李小娟和张倩（2019）也认为高新技术企业财税扶持政策能够增加企业人力资本，提供就业机会[17]。

此外，资源依赖理论认为外部利益相关者压力是对企业供应链管理的唯一推力，企业绩效会受利益相关者压力与供应链管理的正向影响；而持续性的供应链管理与企业绩效的关联作用会因利益相关者压力的调节[114, 115]。姜雪娜（2014）的研究也发现政府补助对供应商的贡献显著；企业研发活动具有正外部性，其初期投入大而且易被模仿，研发投入体现企业对社会创新进步和消费者高满意度创新产品需求的贡献，往往得到较多的政府的扶持和资金补贴[36]。

综上，多数政府补助与企业社会责任关系的研究均得出二者正相关的结论。对于政府补助的社会效果研究，国内外学者有针对单独某一方面的社会责任的研究，比如企业捐赠、增加就业或提高税收等，也有针对综合社会责任的影响情况的研究。在研究方法上，多数采用 OLS 回归分析方法，企业社会责任多采用上交所社会责任贡献值计算法。少数学者从政府补助动机出发研究了企业社会责任对政府补助的影响[34, 110] 和滞后期政府补助对企业社会责任的影响[36, 38]，并对不同产权性质特征进行了拓展[34, 36, 37, 39, 40]。在政府与林业企业社会责任之间关系的研究尚处于空白。

1.3.3 企业社会责任与投资效率的研究现状

企业社会责任的关键在于，企业的基本宗旨及其在社会中的作用，这方面研究的起源至少可以追溯到 20 世纪 50 年代（Carroll，1999）。早期学者关于企业社会责任经济后果研究主要以社会责任与财务绩效或企业价值的关系为主，随着社会责任影响力的不断加深和研究范围的扩大，学者们开始尝试不同的具体途径与切入点，而投资效率就是企业价值的一个分支。

1.3.3.1 企业社会责任与非效率投资

对企业社会责任与投资效率的研究开展时间较短，且尚未得出统一的结论[116]，国内对二者关系的文献最早可追溯到 2005 年卢昌崇和郑文全的研究。近年来，国内外企业社会责任与投资效率的研究成果比较丰富。

大多数学者对企业社会责任与非效率投资进行研究均得出二者正相关的结论。Hoje Jo 和 Maretno A（2012）采用 Kinder、Lydenberg 和 Domini（KLD）统计数据库企业社会责任评分和托宾 Q 作为变量研究了 1993 年至 2004 年在美国从事企业社会责任的公司，采用视 CSR 内生变量的 FE、IV 估计方法进行研究发现，企业社会责任与投资效率正相关[117]。Cao Y & Yu L（2013）运用 Richardson（2006）残差度量模型度量投资效率，通过普通最小二乘回归也证实中国 2009 年至 2011 年上市公司社会责任与投资效率正相关，且 CSR 可抑制政府干预产生的非效率投资[150]。随后，Zhong M & Gao L.（2017）以中国 2010 年至 2013 年上市公司 CSR 报告为依据[119]，Samet and Jarboui（2017）采用同样的方法对 STOXX 欧洲 600 的 398 家上市公司 2009 年至 2014 年数据进行研究，均得出同样的结论[120]。Bhandari A 和 Javakhadze D（2017）基于 KLD 数据库的 ESG 评分值，利用投资 Q 框架，对美国公司 1992 年至 2014 年的 15670 个观察进行研究发现，由于代理冲突水平、利益相关者参与度以及财务松懈，企业社会责任扭曲了投资对 Q 的敏感性，而且企业社会责任缓解了外部融资约束进而提升了投资效率[121]。Shahzad F. et al.（2018）对 2007 年至 2016 年的 190 家巴基斯坦上市公司进行实证研究，证实企业社会责任与投资效率正相关，而且在家庭控制型企业中明显[116]。Benlemlih M. & Bitar M（2018）通过对美国超过 3000 家企业 1998 年至 2012 年的 21030 个观察值进行研究，发现企业社会责任可以显著促进投资效率提升，尤其次贷危机期间作用显著，而且主要利益正相关性者更显著[122]。Kirsten A（2019）研究了企业社会责任影响企业价值的两个重要渠道——投资效率和创新，发现具有较高企业社会责任绩效的公司投资效率更高，不容易产生投资过度和投资不足[123]。

　　国内的学者对非效率投资均运用 Richardson 模型进行度量，多数也得出二者正相关的结论。曹亚勇等（2012）基于第三方评级机构润灵环球责任评级（RKS）评价 CSR，对沪深两市 2009 年至 2010 年度披露的 CSR 报告的 459 家 A 股上市公司采用 OLS 分析发现，企业社会责任能够促进投资效率改善，对投资过度显著，但对投资不足不显著[124]。谢赤等（2013）也基于灵润环球 CSR 报告评级得分对 2009 年至 2011 年沪深两市发布 CSR 报告上市公司进行研究，采用随机前沿分析方法进行非效率影响因素回归分析发现企业社会责任与投资效率正相关[125]。郑阳（2015）对我国润灵环球披露社会责任信息的非金融类上市公司，采用视 CSR 内生变量的 2SLS 进行的研究也证实，企业社会责任与投资效率正相关，可以发挥对投资效率的治理效应[126]。方沙（2016）以及钟马和徐光华（2017）也基于润灵环球数据 CSR 信息得出我国上市公司社会责任披露可以显著抑制非效率投资，尤其对过度投资更显著，在低质量财务报告的公司更加明显[127, 128]。而孙彤和刘璐（2016）则引入外部融资中介变量，基于内容分析法度量和因子分析法评价 CSR，采用面板数据随机效应模型证实我国文化创意类上市公司社会责任履行可以促进投资效率提升，外部融资可以发挥完全中介效应[129]。

部分学者对滞后期社会责任对于投资效率的影响进行了研究，喻婷（2013）实证检验了我国食品饮料业企业履行社会责任对当期及其滞后期投资效率的影响作用，得出企业社会责任对企业投资效率具有正向作用的结论[130]。张利（2014）基于2010年至2012年沪深两市披露企业社会责任报告的公司采用OLS回归分析，也证实滞后一期CSR对投资效率有正向影响[131]。而任晓园（2015）基于上交所的社会责任贡献计算法，采用OLS多元回归证实我国上市公司滞后期CSR对投资效率能够发挥积极作用，而且在非国有企业中这一作用更加显著[132]。张洁（2016）基于润灵环球社会责任评级综合得分对2011年至2014年披露社会责任报告的我国上市公司的研究得出同样的结论，而且发现CSR可以缓解投资不足，却不能抑制投资过度[133]。

只有少数学者研究得出二者负相关的结论，董维佳（2017）基于润灵环球企业责任报告评分和单位总资产投资支出对2009年至2015年我国A股能源类上市公司进行研究，采用Fazzari等（1988）经典投资模型进行分析发现，企业社会责任对投资支出水平有负向影响[134]。

此外，大量学者对企业社会责任与投资效率的关系从内部治理机制入手进行了拓展，比如Huang Z & Zhao X（2016）的实证研究发现，中国创业板上市公司CSR报告与投资效率正相关，公司内部治理结构可提高二者相关性[135]。

还有一部分学者研究发现，企业社会责任在外部治理机制和企业投资效率之间发挥的关键作用。比如曹亚勇等（2013）认为公司社会责任可以促进投资效率的提升，而且可以抑制地方政府干预导致的非效率投资[124]。刘岚和王倩（2016）研究认为，企业社会责任不仅与投资效率正相关，还可以正向调节政治关联和投资效率，起到一定的治理效应[95]。

1.3.3.2 企业社会责任与资源配置效率

国内外学者对企业社会责任和全要素生产效率（资源配置效率）进行研究，结果多数认为企业社会责任承担或有效披露可以提升企业的全要素生产效率。Becchetti L. & Trovato G（2011）以Domini 400指数（CSR股票市场指数）所包含的 13 年时间间隔的企业为研究对象，采用潜在类随机前沿方法分析发现，企业社会责任与生产效率正相关 [137]。Sun， L. & Stuebs，M.（2013）采用 DEA 数据包络分析法度量投资效率，运用 OLS 回归分析对美国化学工业企业进行研究证实，企业社会责任会对未来生产效率产生正向影响 [138]。Hasan I. et al.（2018）通过对 1992 年至 2009 年美国制造业公司进行研究，采用 OLS 回归分析法发现，企业生产效率对企业社会绩效和财务绩效具有调节作用 [139]。苏蕊芯等（2010）以 2008 年深交所 748 家上市公司为研究对象，运用内容分析法度量企业社会责任，DEA 方法度量技术效率 TE，构建联立方程模型采用两阶段最小二乘法（2SLS）证实企业社会责任与技术效率正相关 [140]。苏冬蔚和贺星星（2011）同样采用产出导向 BCC–DEA 模型度量投资效率，运用指数法度量企业社会责任，以OLS、工具变量法和分位数回归分析，对我国 2009 年度发布 CSR 报告的350 家非金融类上市公司进行实证研究发现，企业社会责任对生产效率的促进作用 [142]。李晟婷（2018）在采用因子分析对企业社会责任和 DEA 测度企业生产效率的基础上，对陕西地区面板数据进行研究，视 CSR 为内生变量，运用动态面板 GMM 模型进行估计发现，企业社会责任对全要素生产效率虽然正向影响但是作用较小 [141]。也有学者发现，企业社会责任对生产效率影响的滞后性，如丁一兵和付林（2015）以第三方 KLD 指数为基础度量社会责任，BCC–DEA 模型度量技术效率，采用 DEA–Tobit 回归分析，通过对比 2010 年至 2014 年中美两国大型企业发现，美国企业社会责任履行在当期显著正向作用于技术效率，而中国企业二者在滞后期显著正相关 [143]。

近年来，一些学者研究了林业企业社会责任的经济后果，杨静（2016）以 2010 年至 2014 年沪深 48 家农林业上市公司为对象，采用固定效应模型回归方法证实，当期和滞后期企业社会责任披露对企业绩效均产生促进作用 [144]。姚骥（2016）以托宾 Q 值作为企业价值替代变量，采用面板数据随机效应模型分析发现，我国林业上市公司当期综合 CSR 对企业价值影响不确定，滞后期综合 CSR 与企业价值正相关，而当期和滞后期各维度社会责任对企业价值影响各异 [145]。随后，李琳和田思雨（2018）基于上交所的社会责任贡献计算法采用同样的方法研究发现，我国林业上市公司当期社会责任与企业绩效相互正向影响，滞后期 CSR 对当期绩效也产生促进作用[146]。

可见，我国对林业企业社会责任经济后果方面的研究主要集中在企业绩效方面的面板数据研究，而且多数学者支持企业社会责任的滞后效应[144, 145]，而且不只是单向地研究企业社会责任对公司价值的影响，还考虑了企业绩效对企业社会责任的反馈作用[146]。

综上，CSR 与投资效率关系的研究主要集中在 CSR 履行或者增加 CSR 信息披露对投资效率和资源配置效率（全要素生产效率）的影响，从结果来看，多数研究得出 CSR 对投资效率具有正向影响。一部分对社会责任经济后果的研究考虑了 CSR 的滞后性，在多元回归时对 CSR 选取了滞后期变量，个别研究考虑了 CSR 的内生性问题，采用了 GMM、IV 估计或者 2SLS 估计方法。并结合政府干预问题[118]以及产权性质影响因素进行了拓展，但多数学者是从内部治理机制入手进行拓展的[95]。无论是研究对企业非效率投资的影响还是生产效率的影响，CSR 履行或披露指标变量的衡量并没有本质区别。几乎没有对林业企业社会责任与投资效率的研究。

1.3.4 政府补助、企业社会责任与投资效率的研究现状

目前学术界和相关领域对政府补助、企业社会责任和企业价值三者之间的关系的研究很少，孔东民和李天赏（2014）以 2001 年至 2010 年的沪深上市公司为研究对象，采用 OLS 多元回归和工具变量回归方法进行实证研究，认为政府补贴对以企业赋税、捐赠和雇员人数衡量的企业社会责任产生积极的作用，而且在民营企业，这一正向作用显著，政府补助可以有效提高企业承担社会责任的积极性，且企业的总体绩效得到很大提升[87]。曾繁荣（2018）也将政府补助、企业社会绩效与经济绩效置于同一框架内，但是只单独分析了政府补助对企业社会绩效、政府补助对企业经济绩效的影响[40]。聂帅（2018）通过对 2009 年至 2016 年我国生物医药行业上市公司的面板固定效应进行实证分析发现，政府补助对企业绩效产生正向影响，基于上交所每股社会贡献值的社会责任承担也能显著提高企业绩效水平，处于成熟期的企业这一作用更显著，而且成熟期企业获得政府补助对企业社会责任和企业绩效起到正向调节作用[147]。可见目前尚无对政府补助、企业社会责任与投资效率三者关系的研究，更是缺少林业相关行业

的文献研究。

1.3.5 国内外研究现状评述

通过对上述国内外的文献梳理，对本研究的启示如下。

（1）在政府补助与投资效率的研究方面

通过对政府补助与投资效率的文献梳理发现，学者们分别从投资效率（主要集中于投资不足与过度、企业产权性质）和资源配置效率（即全要素生产效率，分企业产权性质并发现了滞后效应）两个视角进行了研究，多采用 OLS 回归分析方法，较少学者进行方法的创新，并得出多样化的结论。一些学者将二者关系拓展至地区经济发展水平和市场化程度等外部环境、融资约束、政治关联等领域。尚无将二者关系与企业社会责任联系起来的文献。对林业政府补助的经济效果研究很少，也尚无对林业相关行业政府补助与投资效率的文献。政府补助具有对特定行业、环境保护投入和地方上市公司投资行为进行干预的动机，会受到企业产权性质等因素影响。因此，利用基于面板数据的 GMM 估计方法，选取投资效率指标，克服企业真实绩效受到政府补助严重影响的不足，对林业这一特殊行业上市公司并区分不同产权属性政府补助与投资效率的研究，尚有很大的进一步研究的空间。

（2）在政府补助与企业社会责任的研究方面

现有政府补贴和企业社会责任的研究较少，多数采用 OLS 回归分析方法，企业社会责任度量多采用上交所社会责任贡献值计算法，多数研究均得出二者正相关的结论。国内外学者有针对单独某一方面的社会责任的研究，比如企业捐赠、增加就业或提高税收等，也有针对综合社会责任的影响情况的研究。少数学者研究了滞后期问题并对不同产权性质特征进行了拓展，个别学者反向地从政府补助动机出发，研究企业社会责任对政府补助的影响。尚无将二者关系与投资效率联系起来的文献。也尚无政府补助对林业上市企业社会后果，或林业上市企业社会责任驱动机制——政府补助的研究。政府干预和补助行为一方面是企业社会责任的驱动因素，另一方面接受政府补助的企业的总体社会责任和其他利益相关者责任均会受到不同程度的影响，林业企业需要兼顾经济、社会和环境效益，政府补助对其社会后果的影响可能更大。将政府补助拓展至林业这一特殊行业上市公司并区分不同产权属性的社会责任的研究，利用基于面板数据的 GMM 估计方法能够对政府补助的社会效果进行进一步深入的探讨。

（3）在企业社会责任与投资效率的研究方面

近年来企业社会责任经济后果的研究增多，CSR 与投资效率关系的研究主要集中在 CSR 履行或者增加 CSR 信息披露对投资效率和资源配置效率（全要素生产效率）的影响。从结果来看，多数研究得出 CSR 对投资效率具有正向影响。研究方法也多采用 OLS 回归分析方法，一些研究考虑了 CSR 的内生性问题进行滞后期处理或者进行了方法的创新，并结合以及产权性质影响因素进行了拓展。大量学者对二者关系从内部治理机制入手进行了拓展，还有学者研究了企业社会责任在政府干预问题等外部治理机制和企业投资效率之间发挥的关键作用。尚无将二者关系与政府补助联系起来进行拓展的研究。也几乎没有对林业企业社会责任与投资效率的相关研究。林业企业社会责任不同于一般企业的社会责任，其投资也有自身的特点，CSR 作为投资效率的战略性外部影响因素，在林业上市企业的表现是否发挥了对投资效率的促进作用？因此，利用基于面板数据的 GMM 估计方法探讨林业上市企业社会责任与投资效率的关系尚有很大的研究的必要。

综上，当前的研究文献多数是针对政府补助与投资效率、政府补助与企业社会责任以及企业社会责任与投资效率两两关系进行的研究，未能置政府补助、企业社会责任和投资效率于同一框架体系之中，只有极少关于政府补助、企业社会绩效和经济绩效三者关系的文献。因此，林业这一特殊行业上市公司政府补助对投资效率的"帮助之手"是否产生作用？其获得的政府补助是否发挥了对企业社会责任的驱动机制？基于利益相关者的企业社会责任履行是否能对公司投资效率起到促进作用？在不同产权性质中又是怎样的？本文将逐一回答上述问题。在国家和社会日益重视和强调企业社会责任的大的趋势下，将政府、企业和社会的关系连接起来，对林业这一特殊行业上市公司并区分不同产权性质政府补助对企业社会效果和经济效果的具体作用路径，尚需进一步探讨，因此，本文将进行深入的分析。

1.4 研究的主要内容与方法

1.4.1 研究内容

第一部分是绪论。包括论文的选题背景介绍，研究的目的和意义的概括，在梳理和评述国内外研究现状的基础上，概括归纳论文的研究内容并提出论文的研究方法、技术路线以及主要创新之处，进而厘清本文的观点和研究思路。

第二部分是核心概念界定和理论基础。分别介绍投资效率、企业社会责任和政府补助的内涵，对论文的研究对象、范围和内容进行界定；分析政府补助、企业社会责任影响投资效率的理论基础。这一部分具有承上启下的作用，构建框架结构并为本文的研究提供理论支撑。

第三部分是林业上市公司政府补助、社会责任与投资效率的现状分析。对林业上市公司的样本选取及分布的基本情况，政府补助的现状、社会责任履行的现状以及投资效率的现状进行初步的分析和概括，作为林业上市公司政府补助、社会责任对投资效率影响机理及假设的基础。

第四部分是林业上市公司政府补助、社会责任对投资效率的影响机理及假设。结合第三部分的现状分析，从非效率投资的主要成因出发，在分析政府补助对投资效率的影响机理及研究假设、政府补助对企业社会责任的影响机理及研究假设，以及企业社会责任对投资效率的影响机理及研究假设的基础上，阐述林业产业投资特点和国家投入资金的主导地位、政府介入林业产业发展的必要性，提出"政府补助—企业社会责任—投资效率"的作用路径，即企业社会责任对政府补助和投资效率发挥中介效应，并提出中介效应假设作为后续章节实证检验的依据。

第五部分是林业上市公司政府补助、社会责任对投资效率影响的研究设计。首先进行变量的设计，被解释变量投资效率，采用理查德森投资支出模型（Richardson）评价非效率投资，采用参数的随机前沿分析法（SFA）评价资源配置效率；中介变量企业社会责任，基于利益相关者理论进行林业上市公司社会责任指标识别，并采用熵值法评价企业社会责任履行综合得分情况；对解释变量政府补助和其他控制变量进行设计；然后设计研究方法，基于面板数据提出其所特有的内生性问题和系统广义矩估计（Sys-GMM）分析方法；最后进行中介效应模型的构建。找出林业上市公司投资效率和社会责任的内部影响因素的同时，为后续实证研究提供数据、方法和模型支撑。

第六部分是林业上市公司政府补助、社会责任对投资效率影响的实证检验。首先在现状与机理分析和假设的基础上，利用变量设计和模型构建，进行面板数据单位根和协整检验，并对数据进行描述性统计和相关性分析；然后采用 OLS、FE 和 Sys-GMM 三种估计方法，按照本文的研究主线"政府补助—企业社会责任—非效率投资"中介效应检验顺序，检验林业上市公司政府补助、企业社会责任对非效率投资的影响，并进行分产权属性检验，对"政府补助—企业社会责任—资源配置效率"进一步探讨；最后进行稳健性检验。为接下来从政府补助和企业社会责任外部因素入手提出政策建议提供依据。

第七部分是基于政府补助和社会责任的林业上市公司投资效率提升策略。结合实证分析结果，按照"从外到内"的中介效应路径，从建立完善的政府补助驱动机制—积极履行社会责任—投资效率的内部提升策略的顺序，提出三个方面的改进策略。发挥政府补助对投资效率的直接影响，和政府补助通过企业社会责任传导机制对投资效率的间接影响。实现林业上市公司经济效益、社会效益和环境效益，为政府相关管理部门和企业制定政策制度提供一定借鉴参考。

1.4.2 研究方法

本研究根据研究内容，拟采用以下几种方法进行研究。

（1）归纳—演绎法

基于国内外现有的研究文献，本文运用归纳—演绎法在对政府补助、企业社会责任和投资效率文献梳理的基础上，厘清三者关系并提出本文的观点和研究思路；基于核心概念的界定，在明确研究对象、范围和内容的基础上，对政府补助、企业社会责任和投资效率的理论基础进行归纳和概括，通过林业上市公司政府补助、社会责任与投资的现状分析和关系探讨，进而推导三者影响机理；基于政府补助对投资效率的影响机理、政府补助对企业社会责任的影响机理、企业社会责任对投资效率的影响机理分析，推导出三者关系的作用路径，提出林业上市公司"政府补助—企业社会责任—投资效率"的逻辑思路，并具体提出企业社会责任中介效应假设。

（2）比较分析法

贯穿本研究始终的另一个方法就是比较分析法，在文献方面，对国内外学者关于政府补助、企业社会责任以及投资效率的相关研究成果进行了对比分析；在后面的实证研究中，对不同林业上市公司之间以及不同年份和不同属性的林业上市公司的投资效率情况、社会责任履行以及政府补助情况进行对比分析，对当期和滞后期社会责任对投资效率的影响进行对比分析，对 OLS、FE 和 GMM 三种回归方法进行对比分析；比较分析了政府补助对投资不足与投资过度的影响、政府补助对不同利益相关者责任的影响，以及不同产权性质分类回归结果；比较分析了"政府补助—企业社会责任—非效率投资"和"政府补助—企业社会责任—资源配置效率"两条路径中介作用效果。

（3）理查德森非效率投资残差模型（Richardson）

对林业上市公司投资支出有效性的评价，将参考学术界通行的做法，选取"构建固定资产、无形资产和其他长期资产所支付的现金流量净值"作为衡量投资支出的基本指标，引入内部影响因素，在此基础上采用理查德森非效率投资残差模型，计算最优投资支出偏离程度，考察投资不足与投资过度情况，衡量林业上市公司狭义上的投资支出的有效性。

（4）参数的随机前沿分析法（SFA）

对林业上市公司资源配置效率的评价，将采用对数型柯布—道格拉斯生产函数进行参数的随机前沿分析，在定义"多输入单输出"的形式，选取涵盖人、财、物的长期资本投入、短期资本投入、营运资本投入、劳动资本投入作为广泛的投资概念的投入指标，以及选取综合性最强的净利润作为产出指标的基础上，构建不考虑外生影响因素的林业上市公司投资效率评价模型，对全要素生产效率进行测算，以代替资源配置效率。

（5）熵值法（TOPSIS）

在对社会责任、林业企业社会责任内涵和特殊性进行阐述的基础上，将参考 CSR 的评价体系和评价标准、现有研究文献、林业上市公司发布过的独立 CSR 报告等对各个社会议题和行为表现进行汇总、对比和筛查，最终生成包括七个利益相关者和 25 个指标的林业上市公司社会责任评价体系。将采用社会责任指数法进行度量，运用客观赋值法中的熵值法把各层次社会责任指标作为一个整体对各林业上市公司进行客观评价，得出各林业上市公司的社会责任履行水平。

（6）系统广义矩估计方法（Sys-GMM）

由于本研究样本量偏小，且政府补助与企业社会责任、政府补助与投资效率、企业社会责任和投资效率都可能存在一定的内生性问题。为提高本研究实证结果的客观性和科学性，将运用混合多元回归估计模型（OLS）、面板固定效应估计模型（FE）、系统广义矩估计模型（Sys-GMM）三种方法对林业上市公司"政府补助—企业社会责任—投资效率"的中介效应进行实证检验和分析，并进行结果列示对比，以克服样本量偏小回归结果缺乏稳健性和可靠性的缺点，并提出可信的对策建议。

1.4.3 研究技术路线

研究技术路线如图 1-3 所示。

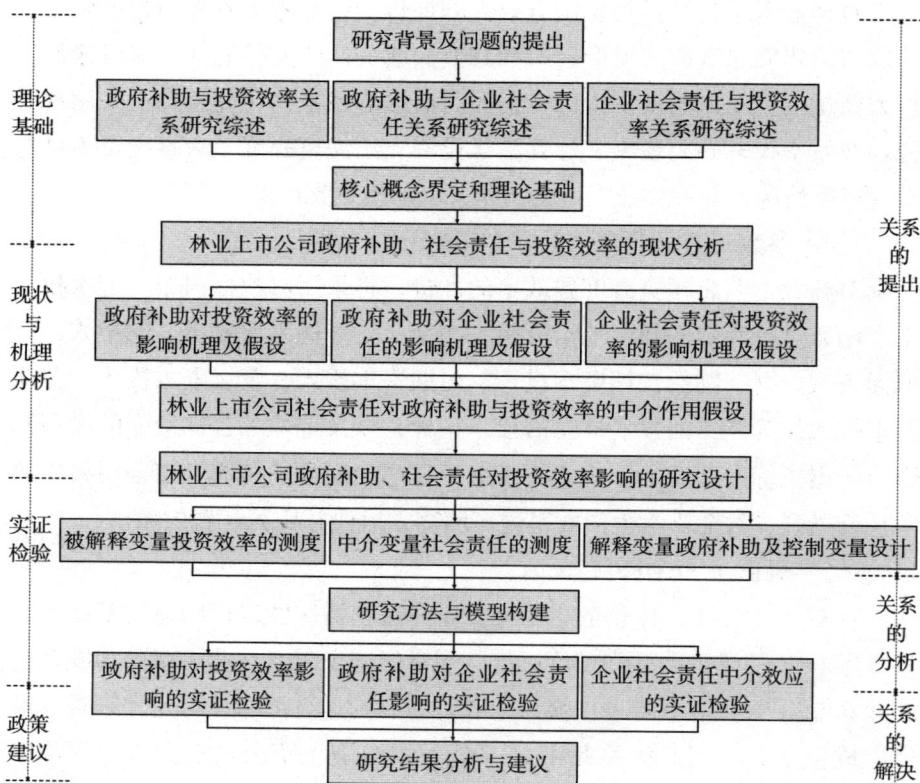

图 1-3　技术路线图

1.5 研究的创新之处

本研究的创新点主要体现在研究思路、研究方法和研究视角上。市场经济中政企关系问题近年来得到学术界越来越多的关注。本研究在以往学者研究的成果基础上，试图对林业上市公司政府补助对投资效率的直接影响，以及政府补助通过企业社会责任履行对投资效率的间接影响进行分析，尝试探讨在林业这一特殊行业上市企业中政府补助对企业社会后果和经济后果的作用机理，以促进政企关系协调发展。试图在以下方面有所创新。

（1）搭建林业企业"政府补助—企业社会责任—投资效率"的逻辑框架体系。以林业产业上市企业为对象，首次将政府补助、企业社会责任与投资效率置于同一框架之内，将企业微观行为和宏观经济环境相结合，分析宏观经济政策与企业微观主体行为之间的关系，探索政府、社会和企业关系连接的关键要素。如果补贴行为的确严重影响了企业的真实业绩，那么直接采用补贴之后的业绩考察补贴对绩效的影响，则很可能会因测度误差而影响检验的可靠性。本文直接引入政府补助变量，并区分不同产权性质，考察林业产业这一特殊行业上市企业在政府补助和企业投资效率之间的宏观到微观传导机制中，企业社会责任的重要中介作用这一研究思路具有一定的新意。

（2）构建林业企业"政府补助—企业社会责任—非效率投资"和"政府补助—企业社会责任—资源配置效率"的两条中介作用路径。在研究视角上，将投资效率界定为非效率投资和资源配置效率，以"政府补助—企业社会责任—非效率投资"的中介效应为研究主线，并对"政府补助—企业社会责任—资源配置效率"的中介效应做进一步探讨，克服当前研究结论比较单薄，缺乏现实意义的不足，以更全面地考察林业上市公司政府补助和企业社会责任协同对投资效率的影响路径。在本研究的框架下，林业企业投资效率才是企业价值的真实体现，而对政府补助的经济后果进行全面有效的分析，更能区分林业企业社会责任的中介效应具体如何发挥，为相关研究提供新的视角。

（3）提出建立完善的政府补助驱动机制、积极履行社会责任和投资效率的内部提升策略三位一体的互动机制。在研究方法上，为增加林业上市公司这一小样本面板数据回归分析的稳健性和可靠性，采用系统广义矩估计方法（Sys-GMM），并与 OLS 和 FE 回归分析方法对比列示，以期进行研究方法的创新并为后续研究提供有价值的参考。创新性地提出政府补助的资源补给效果可以优化社会责任对投资效率的积极影响，找到投资效率的外部影响因素。从建立完善的政府补助驱动机制、积极履行社会责任和投资效率的内部提升策略三个方面，构建政府、社会和企业之间的完善的互动机制，最终促进环境效益、社会效益和经济效益的共同实现。

2. 核心概念界定和理论基础

2.1 核心概念界定

2.1.1 投资效率

2.1.1.1 投资

投资是企业、个人或组织等经济主体在进行某项事业或者业务的过程中，为了能够实现既定收益目标，往往会选择事先投放相对应的货币或实物的方式组织经营。对于投资的概念，可基于不同的词性进行解析。从动词来看，投资是为达到一定目的而投入资金，是一种行为或过程。投资的名词含义是为达到一定目的而投入的资金，指所投的资本或所投的对象。投资意味着投资者牺牲当前消费以期望产生未来收入的增加，其核心要义是一个先"舍"后"得"的过程。

投资是一个非常重要的经济学概念，是指任何一种形式的可以引起个人和组织财富发生变化的投入产出活动。特别是在宏观上看，西方经济学的发展历程中，不管是马克思的"投资就是货币转化为生产成本"、凯恩斯的"投资，即资本设备价值的净增加额"，以及萨缪尔森等的"一国建筑、机器设备和商品存量的增加值部分构成投资"等观点，近百年来投资的概念长期与资本联系在一起。因此，在宏观上，国民经济中的投资是指增加或更换包括固定资产投资和存货投资等资本资产。

投资活动不仅包含资本的使用，还包含资本的形成或获取。对微观企业来说，最能体现"资本"概念的莫过于企业的投资支出净增加额。投资活动 / 行为是其投资决策的表现形式，所谓投资决策，其本质含义就是在相应的资本约束下，针对投资项目进行选择和评估，最终使投资回报实现最大。因此，企业在形成投资决策时，需要经过两个重要的步骤：第一是要获取投资资金；第二是要选择投资项目。

以资源配置这一视角来分析，融资应当被视为首次配置，其目的是接下来的第二次配置，也就是投资，即促进资本的转移，不再局限于低效资金持有人，而是流转至高效的企业中，以企业为主体进行投资以获取要远远高于资金持有人的收益。因此，将对投资的理解局限于微观企业资本，以此探究投资资本支出，实际上是不全面的。因为对于企业来说，不管是长久生存，还是可持续发展和盈利，高效率的投资回报需要生产经营活动作为支撑，资本应涵盖企业在实际经营过程中所涉及的劳动资本和各种有形、无形的物力资本等其他方面要素的投入。Fisher（欧文·费雪）基于微观企业这一投资模式做出了更为直接的阐释，指出在这一模式的企业中，企业投资行为是使用一切生产要素以得到现金或其他形式的回报。企业的财务活动只包含投资和融资两个部分，而非传统的投资、筹资和经营活动，投资活动中包含着经营活动。在 Fisher 看来，企业产生的原因就是源于功能的转换，即可以将一系列要素投入转换成收入流的功能。可见，企业投资活动不仅仅与资本有关，还包括劳动和其他人、财、物等诸多要素的结合，其本质是将投资活动等价于经济学中的生产[149]。

本书所研究的"投资"是指微观的企业投资，认为林业上市公司投资的活动是为了实现资本增值，从投资所费到投资所得的过程，投资所费是投资活动会引起资金流（资金的消耗和投入）或实物流（人力和物力的消耗和投入）的流出，而投资所得是资金流（现金流折现值、利润、增加值等）或实物流（固定资产、新增生产能力等）的流入[148]。本书所讨论的投资是广义的投资，不仅包含企业资本的形成或获取阶段，还包括企业资本的使用阶段，涵盖对企业其他人力、物力和财力资本投资的考察。

对于林业上市公司投资而言，由于其资本包含生物资产，林业上市公司即营林造林维护生态环境，又消耗森林资源进行产品生产，投资活动和经营活动有其自身的特殊性，那么基于广义的和全面的投资的概念，更能反映其投资的真实情况。

2.1.1.2 投资效率的界定

效率在经济学上是一个非常广泛的概念，其核心问题是资源的节约，是指尽可能最大限度地利用经济资源以满足人们的需要，即是指对资源利用的有效程度。马克思将其归结为对"劳动时间"的节约，其实现方式是按照"适当比例"进行合理分配和节约使用。

社会对劳动时间的节约主要通过按比例合理地分配与节约使用劳动时间来实现。萨缪尔森指出，"效率意味着最有效地使用社会资源且不存在浪费"。新古典经济学理论中，这是基于某种资源而进行的配置，如果在其他方面不存在具有可行性的配置，在这一经济体系中，所有个体至少应当保持和初始相同的良好状况，其中至少有一个个体要比之前更好，这样才能称之为最优的资源配置（"Pareto 最优"）。此时资源配置最优的标准是资本边际收益等于资本边际成本，又称经济效率。如同经济学的根本一样，不论学者如何对其进行定义，"将有限资源在几种可供选择的用途上进行配置"这一核心主题是不变的。

因此，企业的效率总是针对某项投资活动而言的。如果企业具备高效率的投资活动，那么必定会是经营业绩的提高和企业价值增值的良好状态，即假定投入资本不变，当产出尽可能最大化时，就是投资效能的具体表现。仅仅考虑投资与资本有关的话，对应上述投资决策两个步骤，当这种投资活动等价于资本的获取或形成时，投资效率表现为资本形成的效率；而当这种投资活动等价于资本的使用时，考虑企业各个影响因素下的资本使用的效率即为投资效率，根据本研究中针对投资的含义的理解，如果将企业的投资等价于企业的生产时，投资效率将等价于生产效率[148, 149]。现代企业赖以生存和发展的资源包括财务资本、人力资本和物力资本等要素方面资源的支持，生产（投资）并非仅与企业资本要素联系在一起。据此可以度量企业生产（投资）的使用效率，即全要素生产效率（而非单要素生产率），全要素生产效率不仅可以度量全部要素的投入产出效率，还可以衡量投入的各项资源的配置效率，是属于生产效率的概念[148]。

基于以上认识，本研究将林业上市公司的投资效率通过以下两种方法衡量和界定。

（1）非效率投资

将投资视作仅仅与资本有关，通过衡量投资项目决策或投资行为的有效性度量投资效率。非效率投资（Inefficient Investment，NINV）是相对于效率投资而言的，在完美的资本市场和完全信息条件下的最优投资支出的帕累托最优投资水平，若企业实际投资支出偏离帕累托最优投资支出水平，则企业就会产生非效率投资行为。企业的总投资可分解为维持性投资和新项目投资，折旧与摊销被认为是维持性投资，这部分投资一般不会改变。而企业根据发展情况，都有一个预期的新增投资与非预期的新增投资的额度，非预期的新增投资的含义是上市公司实际投资支出额与预期投资支出额出现偏差，此时即为非效率投资情况[150]。现实中非效率投资问题广泛存在，如何有效抑制非效率投资受到学术界和实务界的广泛关注。非效率投资包括以下两种情况。

过度投资（Over Investment）是实际投资支出大于帕累托最优投资水平，即上市公司的实际投资支出额超过了预期的投资支出额。是在项目的净现值为负的情况下，项目投资的决策者依然将公司资源实施投资的一种现象。

投资不足（Under Investment）是企业的实际投资支出小于帕累托最优投资水平，即实际投资没有达到预期的投资支出额。是在公司拥有闲置资源的情况下，投资项目的决策者被动或主动放弃净现值为正的优质投资项目。

而上述非效率投资的偏离程度可以度量投资效率，主要是分析哪些因素会影响企业的投资支出水平，对这些影响因素的分析，一般是建立投资支出与各个解释变量之间依存的模型进行度量[67]。投资过度或投资不足均使公司偏离企业价值最大化的目标，影响公司生存与发展。这一效率一般只考虑企业购置固定资产、无形资产和其他长期资产的投资支出是否偏离最优投资支出，是对企业投资支出有效性的度量。

（2）资源配置效率

将投资视作公司的生产过程，从经济效率的视角度量企业的产出与投入之比。林业上市公司投入涵盖人、财、物三个方面的全面的投入要素，包括长期资本、短期资本、营运资本和人力资本，囊括固定资本、无形资本、生物资本，通过企业一段时间的运营和发展所获得的回报如何，投入资源的配置效率如何，均是投资效率的体现。这是为了更全面地度量林业上市公司投资效率，更多地考察林业上市公司投资的效益。因为单纯从资本单要素考察投资支出的有效性，不能衡量林业上市公司在整个投资和再投资活动中价值的增加，查看公司投资（生产）活动的所得，是否符合最初企业投资（生产）的目的[92]。本书采用基于广义视角的全要素生产效率来衡量投入资源的配置效率。全要素生产效率（Total Factor Production Efficiency，TFP）又称生产效率或企业效率，是指企业经营活动过程中投入资源与产出之间的对比关系，以及投入资源的配置比例，是企业竞争力的指标之一，能更有效地反映企业投资回报和企业价值。分析方法上一般会选择相对效率法，首先选择样本中的最优个体形成效率前沿，对于其他样本的具体效率水平的衡量，需基于其与效率前沿之间的相对位置而最终确定[86]。

不管是效益还是绩效，其更关注的是结果和数量，是单一的量的视角。但是在效率中，同时还特别强调资源配置的质量，是双向的质的角度。罗斯基（1993）提出不管是在微观经济理论还是市场经济的历史实践中，经济效益的概念都没有相关的基础，与其相关的经济指标也缺乏规范性的现实意义，经济效益提高并不一定改善经济效率，在一些特殊领域（垄断竞争、新产品普及以及专业化等）均证明经济效益和经济效率常常呈反方向变动[94]。从效率比率角度衡量企业绩效因其各种的现实方法而受到越来越多关注，已经成为最新的趋势。从财务角度看，投资活动是公司最具有能动性和持久影响力的资源配置行为之一，公司价值的高低从根本上取决于投资效率的高低[4]。事实上，企业投资效率才是企业价值的保障，是利益相关者满足的基础和保持持续性的关键所在，亦是在企业绩效本身可能受到补贴严重影响情况下的真实价值体现。因此选择投资效率指标而非企业绩效指标进行研究。

对林业上市公司投资效率从两个方面进行衡量，不仅计算非效率投资对其投资支出有效性进行衡量，能够考察其投资决策的有效性，查看不同林业上市公司偏离最优投资支出的程度；而且计算全要素生产效率对其投入产出效率进行测算，能够考察投入的回报情况，考察林业上市公司不同资源配置的优劣。

借鉴现有研究方法测算林业上市公司全面的投资效率，从公司内部投资支出活动的影响因素，以及投入要素的资源配置优劣两个角度找出林业上市公司投资效率的内部制约因素，并从外部政府补助和企业社会责任影响因素的视角来寻求影响投资效率的外部因素，是本研究的整体逻辑思路。通过探讨投资效率的"由外到内"的提升路径，从根本上矫正投资低效率问题，优化林业上市公司资源的利用效果，满足政府、社会和企业各个利益相关方的利益需要。在分析过程中，以非效率投资的研究为主线，用资源配置效率做进一步探讨，进而不仅能够从内部找出影响因素，而且为本研究的政府补助和社会责任外部影响因素提供全面的分析路径。

2.1.2 企业社会责任

2.1.2.1 企业社会责任的含义

众多学者均认为企业社会责任起源是 20 世纪的美国，美国学者欧利文·谢尔顿（Oliver Sheldon，1924）最早提出了企业社会责任（Corporate Social Responsibility，简称 CSR）的概念，在其著述《管理的哲学》中进行了描述。他认为，在一定时间内，企业追逐自身利益最大化时，应当尽量提高对所在社区的服务和回报，满足社会的利益，社会的利益要远远高于企业自身的利益 [3]。社会责任这一概念的界定引发了各界的热议，也得到了学者以及业界的普遍认可，后来许多学者以此为基础，对其概念进行了进一步的完善和发展 [88]。21 世纪以来理论界和法学界引起广泛关注和讨论，然而究竟何谓企业社会责任？学术界来针对企业社会责任的内容，可以归纳为以下两类：其一，是基于层次进行划分，以金字塔层次模型（Carroll，1991）为代表，认为企业社会责任内容包含经济责任、法律责任、伦理责任和慈善责任（或自愿责任）四个层次；John Elkington（1997）的"三重底线"（Triple Bottom Line）概念同样具有代表性，认为企业社会责任内容包括经济责任、社会责任（狭义），此外还应当包括环境责任；其二，是以利益相关者这一视角，认为企业必然会在经营发展的过程中涉及各方利益主体，例如，股东、员工以及消费者等，所以，各个相关主体需要匹配相对应的责任 [145]。

随着人们在不同时期的关注点不同企业社会责任的内容有所不同，但是不管怎样变化，企业在追求利润最大化的同时，应该尽最大努力去满足社会各个利益相关方的利益，最大限度地增进整个社会福利这一本质不会变，而区别仅在于企业社会责任的承担方式和程度 [146]。借鉴相关学者的研究，本研究结合利益相关者理论，认为企业社会责任就是企业除了要满足股东和所有者的利益，实现企业价值最大化，还要积实现包括对债权人、对伙伴、对消费者、对政府、对社区、对员工和对环境等利益相关方的满足[16]。

2.1.2.2 林业企业社会责任内涵

林业企业是指依托于森林资源进行生产，为了满足社会和人们在林产品方面的需求，依法自主经营和自负盈亏，专门从事林业产品制造和经营的拥有独立法人资格的经营性单位。林业企业涵盖营林造林企业、木材及棕榈草制品加工企业、家具制造企业以及纸制品企业等，其生产经营环节不同，但均承担相应的社会责任，尤其是环境责任。林业企业的经营对象涉及森林资源极其加工林产品和相关服务，与生态环境紧密相连，而生态环境安全体现全社会的共同利益，森林资源是生态环境中最重要的载体和实现途径，不仅仅是林业企业的生产资料，而且是属于整个社会的共有财产和珍贵财富。因此，林业企业社会责任的侧重点不仅仅在于如何对社会资源进行生产和再分配，也在于获得企业价值增长与生态环境可持续发展之间关系的平衡[145]。

随着全球气候改变、水土流失、森林滥伐等引发持续恶化的环境问题，全世界范围社会各界都对环境、生态给予了更高的关注度，并将林业发展上升到国家战略规划的范畴。林业发挥着改善自然生态环境的基础作用，在应对气候变化和改善大气质量中具有决定性贡献[1]。林业发挥着改善自然生态环境的基础作用，在应对气候变化和改善大气质量中具有决定性贡献[1]。林业企业的社会责任问题也受到越来越多的关注。林业企业社会责任不仅具有延伸性而且具有多重性，经济责任和法律责任是最基本的社会责任，其有义务为消费者提供环境友好且质优价廉的林产品；此外，更高级的责任体现在伦理以及慈善责任的范畴，作为企业公民，林业企业必须履行实现林业绿色、生态、可持续发展的社会责任[2]。三重底线（Triple Bottom Line）责任内容体系包含市场责任（经济责任）、社会责任和环境责任，与林业企业社会责任强调环境责任的特殊性的思想不谋而合。

据此，本研究认为，林业企业作为社会经济组织形式中的一种重要形式，首先应当承担应与其他企业相同的社会责任，而后因其本身属于特殊行业，还必须要承担一些具有行业特殊性的社会责任[145]。林业企业社会责任是指林业企业在整个生产经营过程中，除了要承担一般企业的股东和投资者责任、伙伴责任、消费者责任、政府责任、社区责任以及员工责任等利益相关群体责任外，还要承担更多的环境责任，包含经济责任、法律责任、生态责任和道德责任等[151]。

林业企业生产经营活动既有普通企业的共性特征，但同时其本身也具有不同特点，因此，其社会责任的特殊性集中体现于以下几个方面。

（1）林业企业社会责任极端重要

林业属于基础产业，不仅生产林业产品，还肩负和生态环境建设相关的任务，其生产经营紧密联系农村和农业的生产发展，对社会的责任可能更多侧重于林农和林区的实际发展问题方面。在践行经济发展的过程中，林业发挥举足轻重的作用，尤其与农业和林农关系密切，能够有效促进农村经济的高质量发展，因此，其基础性产业地位成为决定其社会责任的关键性和极端重要的地位；同时林业企业所产出的产品会与人类的生命健康密切相关，如果其中存在质量或者安全问题，必然会给社会造成极大的损害，由此，社会各界针对林业企业的社会责任问题都给予了特别的关注和重视[152-153，181]。

（2）林业企业社会责任的物质基础薄弱

林业与农业类似，属于弱质性行业，对自然资源的依赖极高，所以，其经营绩效除受制于企业内部管理制约之外，气候、土地和其他自然条件都会对林业企业的生产经营成果产生一定影响，尤其是种植型森林培育企业。而且自然条件具有不可控性，因此，林业企业的生产经营风险巨大、经济效益不稳定且相应竞争压力也较大。这就使得林业企业广泛深入地履行社会责任的物质基础缺乏，由此而导致其履行社会责任的薄弱的物质基础特征[151]。

（3）林业企业社会责任的环境责任地位突出

在维护生态文明、优化生态环境以及保护自然资源等诸多方面，林业都具有极其重要的作用和地位，其中生态环境责任尤其重要，其经济效益往往被其产生的生态环境效果所覆盖[152，153]。甚至有学者认为，林业企业社会责任从狭义层面来看，其社会责任就是社会和生态环境的承担，可揭示环境责任的突出地位。对于林业企业而言，一旦其经营不利，自然环境会产生反作用，因此环境责任与经济责任和社会责任同等重要[151]。我国森林资源相对匮乏，木材需求量大，林业企业应该肩负起生态环境优化和森林资源保护的责任。因而，对于林业企业而言，其最为重大的责任在于维护社会生态环境，不能只关注经济利益的追逐，创造物质财富，还要响应国家对可持续发展的倡导，充分考虑怎样才能有助于维护绿色生态环境 [181]。

对于林业龙头上市企业社会责任而言，环境责任至关重要，应该主动承担包括对投资者、债权人、伙伴以及消费者的经济方面的社会责任，为利益相关者提供保障，并涵盖对政府、员工和社区的责任，包括促进社会进步、发展和公平正义等诸多社会和社区领域。而社会责任投入需要大量的资源和资金投入，社会责任履行涉及林业上市公司各个利益相关者，那么必然会对林业上市公司投资效率产生影响。

2.1.3 政府补助

2.1.3.1 政府补助的含义和主要形式

政府补助和税收优惠是财政政策干预林业上市公司的主要方式，相对于国家给予林业产业内部所有公司的普惠性税收优惠政策，政府补贴资金对林业上市公司的影响更直接，适合对行业内不同公司间受到政府和国家政策影响情况的分析，因此本研究主要分析政府补助对林业上市公司投资的影响 [63]。

政府补助（Government subsidy）从属于财政补贴的范畴，因此，政府补助本质上是对社会资源的重新分配，由政府将一定的资源无偿地转移给扶持对象去使用 [10]。结合本研究内容，研究的是林业上市公司层面的微观企业数据，此处采用会计准则中对政府补助的定义。2017 年我国修订《企业会计准则第 16 号——政府补助》，关于政府补助的定义与 2006 年政府补助准则中的定义相比没有变化。政府补助是来源于政府的经济资源，无偿性是其主要特点，是指企业无偿地从政府获得货币或其他经济利益性质的资产。通常，政府为了特定的政治经济政策或方针而制定相应补助政策，针对特定事项，体现社会资源直接或间接的转移。政府补助不包含政府投资与企业的资本性投入或者支付对价款进行购买企业服务 [64]。而且不包括与企业正常生产经营密切相关的按照特定标准持续享受的定额或定量补贴。主要包括以下几种形式。

（1）财政拨款

财政拨款属于现金补助，是指为扶持某些特殊产业的企业发展，政府无偿提供给企业的财政资金，经常伴随一定政策条款，申报和资格审查程序相对严格。且在企业获取补助之后，也会有对应的审核和监督控制机制。例如地方政府为保障社会稳定、公共基础和服务事业以及经济健康稳定发展，给予公共基础性企业亏损或为实现公共产品和服务的财政拨款支持。财政拨款通常是事前补贴，即政府补贴的决策者在拨付补贴资金前就已经明确限定了资金的用途[65]。

（2）财政贴息

财政贴息也属于现金补助，是指政府无偿承担贷款企业的全部或部分银行贷款利息，通常是为支持特定领域及关键行业的健康发展，表现为一种相对隐蔽的补贴方式。包括两种方式：一是政府按照贷款利息的金额将贴息款项直接拨付给企业；二是政府财政间接拨付贴息资金给贷款的银行，然后指定贷款银行提供给企业以减免的优惠利率进行放贷，按照实际利率受益企业计算并确认利息费用。政府在这一补助过程中，实现了降低受益企业融资成本和贷款风险的目的。

（3）税收返还

税收返还可视作现金补助，是指政府按照各级财政部门的规定，以先征后返、即征即退货、加计扣除等形式返还税款给企业。因为政府按照先征后返（退）、即征即退等办法向企业返还了税款，即企业从政府无偿取得了资产。税收返还则被视作一种事后补贴，政府以税收优惠的方式对企业从事政府鼓励的事项进行减免和补充，如出口退税或研发活动的补偿等。企业所得税等税种的减免税权并不在地方政府，但实务中，地方政府会在税后采用纳税奖励等形式返还企业所得税款，以刺激地方经济发展和吸引外来资金投入。

（4）无偿划拨非货币性资产

指政府在特定时期内给予企业的无偿的实物补贴（如政府无偿划拨或低价出让给企业的土地使用权、公益林、天然林或者设备等）。此类补助较为少见，且无正式文件予以明确，未制定规范化的标准流程，存在一定的任意性。其目的主要是调控社会经济发展方向、促进特殊产业发展，改善产业结构或提升经济发展规模和速度，稳步发展经济[62]。

政府补助是政府干预市场经济的一种主要的政策手段，它不但对微观经济实体的发展发挥市场调节的重要作用，而且对国家的资源和收入分配效率、社会总供给与总需求、财政支出效率、产业政策贯彻和结构调整等方面都会产生不同程度的影响[74]。林业上市公司获得的政府补助情况也会对林业上市公司的经济和社会后果产生影响。

2.1.3.2 政府补助林业上市公司的主要动机

本研究所要讨论的重点是政府补助对我国林业上市企业经济和社会后果问题，而非政府补助的动机问题，但是也有必要首先对政府补助林业上市公司动机进行界定。

WTO《SCM 协定》将补贴分为三种基本类型：禁止性补贴、可诉补贴和不可诉补贴。补贴是否具有专向性是禁止性补贴或可诉性补贴的判定标准，若在法律上和事实上该补贴的提供仅限于某些企业或行业，而非普遍给予整个社会和社会各生产部门，则被认定为具有专向性。SCM 认为只有专向性补贴才会产生扭曲市场的作用[189]。对不具有专项性的补贴（包括对所有产业和企业普适性补贴，如企业均可获得的税率的降低优惠）和部分专项性补贴（主要指政府对研发、经济落后地区以及环境保护的补贴和扶持资金）两类补贴，均属于不可诉补贴范围，又称"绿色补贴"。虽然1999 年暂时终止这一专项性补贴，但是多哈部长级会议决定：对发展中国家成员是否可使用不可诉补贴等问题将进行谈判和磋商。因此，有学者建议我国政府应适当增加科研与开发（R&D）补贴、落后地区补贴、环保补贴等方面的专向性补贴[195]。

《SCM 协定》第八部分对发展中国家成员方的特殊和差别待遇进行规定，第 27 条第 1 款规定："各成员方认识到发展中国家成员方的经济发展计划中补贴可发挥重要作用。"基于此，《SCM 协定》对发展中国家成员方的补贴措施采取关于禁止性补贴规则的优惠（如 8 年内可以保留出口补贴）和可诉补贴规则的优惠（如不适用关于严重侵害的规定以及私有化计划相关的某些补贴不属于可诉补贴等）的不同的规定[188]。

财政补贴也是世界各国应对气候变化给予企业扶持和引导的主要措施之一，然而，具有应对气候变化真实目的的补贴均有可能被上述 SCM 补贴与反补贴规则判定为禁止性补贴和可诉性补贴，这对 WTO 成员国采取积极的应对气候变化补贴措施造成限制，使国际贸易自由与应对气候变化补贴发生矛盾。因而一些学者建议修改《SCM 协定》的相关规则，为各国应对气候变化补贴铺平道路 [195]。政府的补贴和扶持政策可以纠正市场失灵，进而使得一个国家内部资源配置优化和内部福利最大化，但从国际贸易的视角可能会有损公平并对其他国家的利益产生负面影响。

政府财政政策支持是促进我国林业产业发展最重要的、最直接的方式和渠道。由于我国环境状况的进一步恶化以及可持续发展战略的提出，近年来国家对生态环境建设的投资也随之逐步加强。世界各国对林业发展历来都是实施较多的扶持政策和优惠条款。林业产业作为我国的基础性产业，具有一定的外部性和公共品性质，并且关系到林农问题、国民经济发展问题和生态安全问题。一方面，我国林业上市公司获得的政府补助更多体现的是社会和环境效果。世界各国对政府补助林业产业多体现为鼓励和支持的态度，因为这可以体现各国政府对生态环境投资的重视程度，所以也较少会产生政府补贴的负面效果，林业上市企业的政府补助能够更多地实现社会效益和环境效益。另一方面，同世界各国对于农林牧渔行业提供大量政府补助的做法一致，我国政府对林业这一基础性行业和弱质性行业的扶持性政策和资金的提供，在林业上市公司的相关林产品进入国际市场和竞争领域之后，有着同等的受补背景和竞争条件。发展中国家政府补贴在经济发展中的重要地位是世界公认的，部分专项性补贴当前是可行的，生态环境保护的林业专项资金补贴等林业上市公司的补贴被判定为具有专向性，也存有一定的争议和进一步完善的空间。

根据文献中政府补助的动机分析，政府补助的动机多为正向的，我国学者对政府补助动机的研究近年来也多倾向于社会性目的。本研究认为，作为一种非常重要的宏观调控的工具，政府补助是我国政府调节经济的杠杆，政府补助可以纠正市场失灵，弥补行业的"正外部性"特点，通过对资源的再分配达到对弱质行业、落后地区以及关乎国计民生的行业的补助和扶持目的，体现了国家的经济政策导向和对特定行业、地区或领域的鼓励与支持，最终目的是实现社会资源最优配置和社会公平。

因此，本研究认为我国政府这种直接财政补贴的支持方式，虽然不一定能完全满足林业产业上市企业整体发展的要求，但是其补助目的是正向的，动机是积极的，对林业产业的生态环境责任的投资带来重要影响。

2.2 政府补助、社会责任与投资效率的理论基础

本书研究政府补助、企业社会责任与投资效率关系问题，涉及一些理论基础，本部分先将这部分理论基础进行系统的概述，为下文的影响机理、相关假设和实证分析做好铺垫。

2.2.1 投资效率的基础理论

2.2.1.1 信息不对称理论

信息不对称理论（Asymmetric information theory）又称为逆向选择理论[14]，是由美国经济学家 Joseph Stigitz，George Akerlof 和 Michael Spence 于 1970 年通过研究旧车市场的"柠檬现象"提出的，其定义为：在市场交易中，交易中的地位主要由其拥有的信息量大小决定，信息量拥有越丰富的主体，对交易的掌控能力越强，因而在竞争中具有优势地位，因而越能够获得利益[92]。信息不对称理论摒弃了信息传递对等性的条件，认为市场主体和客体之间并不存在完全对称的信息，这个理论由此也解释了许多市场经济常见的现象。该理论成为新制度经济学投资理论的重要组成部分，广泛应用于资本投资研究和市场效率研究中。由于企业存在对内或对外的信息不对称，使得逆向选择（指事前的信息不对称博弈模型）和道德风险（指事后的信息不对称博弈模型）两大问题因此产生，即人们为了极力扩大自身利益去采取有损他人利益的行为，最终均会响应资源配置效率和市场交易效率。

在非完美的市场中，现实世界中存在着许多扭曲性因素使得公司资本错误配置。信息不对称的存在，使得企业面临融资约束问题。Myers 和 Majluf（1984）考虑到信息不对称前提下首先提出融资优序理论，即企业在为投资项目选择融资渠道时，更倾向于选择受信息不对称影响较小的内部融资方式，其次是不易分散股权的债权融资方式，最后是股权融资方式。在股票市场和债权市场中信息不对称的存在会对企业融资约束产生影响，进而影响投资效率。

信息不对称理论同样适用于企业社会责任履行及披露问题。一方面表现在外部利益相关者在信息获取上处于劣势地位，只能通过企业公开的信息了解企业，可能得不到有效的信息。另一方面，各利益相关者对企业的了解和认知程度与企业在实际履行社会责任的行为上也存在信息不对称问题，可能得到错误的信息。信息不对称问题会无法向包括政府在内的外部利益相关者传递正确信息。而企业社会责任履行和披露可以缓解利益相关者之间的信息不对称，提升投资决策有效性。

扩展到市场范畴内的公共选择领域，政府与企业之间也存在着信息获取的不对称性。一方面，由于政府不直接参与企业生产经营，对相关企业信息的获取处于劣势，对企业如何利用政府补助资金信息难以完全掌握。另一方面，在我国政府主导的经济体制下，具有垄断性和强制性的公共和市场决策权力是政府代理的最核心问题，基于政府导向的信息传递在企业间存在着极大的不对称性，会产生巨大的行业发展和指向性作用。

综上，信息不对称理论是非效率投资的主要成因，是投资效率的基本理论，也是政府补助影响企业社会责任和投资效率、企业社会责任影响投资效率的理论基础之一。

2.2.1.2 委托代理理论

委托代理理论（Principal-agent theory）最早由 Berle 和 Means 于 1932 年提出，因为不满于"黑箱"问题，大量学者对企业内部信息不对称和高管激励问题进行深入研究，在这一过程中委托代理理论逐渐产生。20 世纪 60 年代末 70 年代初，Jensen 和 Meckling（1976）以及 Coase（1993）等对传统委托代理理论做出重要贡献。委托代理理论起源于契约理论，是指社会经济生活中，两个或以上个体或组织发生雇佣或合作关系时，自发形成的契约关系[155]。在这个契约活动中，合作当事人可分为委托人、被委托人，依照契约关系，委托人享受被委托人（受托人或代理人）提供的服务，按照契约支付劳务并赋予其某些范围的裁决权，被委托人代替委托人履行义务及行使权利，以最大程度保障委托人的利益要求实现。在这一活动中，委托人的利益最大化要求与代理人薪酬、休假以及奢靡消费等私人利益最大化发生矛盾，委托人一般会在激励的同时监督代理人行为，以确保自身利益。现代公司已然成为拥有这种复杂契约关系的网络主体。

在现代公司治理中，存在着两类代理问题，即由于股权分散而带来的公司所有者与经营者之间的传统的第一类代理问题，以及由于股权集中而导致的控股股东或大股东与广大中小股东的第二类代理问题。委托代理理论主要分析内部组织架构与各公司利益主体之间的委托代理关系，委托人在通过契约来激励和监督代理人来缓解代理问题的同时也产生了代理成本，会对公司投资决策造成影响。此外，债权人与股东之间也存在委托代理问题，也会影响企业投资决策。

随着现代公司运转复杂化、分工进一步细化和专业化，委托代理关系在社会领域、经济领域内都广泛存在，不断实现由单一化向多元化跨越，从企业行为扩张到公共事业管理领域。因此，扩展到企业和政府之间，一方面，政府为了实现一定的经济或社会目标对社会资源进行再分配，以补贴等优惠的方式无偿给予企业资金，委托企业通过使用政府补助实现其目标。另一方面，企业受到社会的委托，拥有社会资源和利用社会资本，应当对社会给予的丰富资源充分利用，合理经营企业，产生一定的社会效益，为社会创造价值。反之，一些企业单纯地追求经济利益并谋求自身利益最大化，不履行作为被委托人应尽的社会义务，对其他群体和社会的共同需求予以忽视。在资金使用和投资项目选择时，有可能损害股东等其他利益相关者的利益，也有可能违背政府的意愿进行非效率投资。因此，政府与企业之间的委托代理关系会影响投资效率。

企业履行社会责任的根本就是对包括投资者和债权人、合作伙伴、消费者、政府、社区、员工以及环境等在内的等各个利益相关者利益予以关注。这些内部和外部利益相关者共同发挥对企业的利益相关者治理作用，进而会影响到股东与经理层、股东与债权人以及大股东与中小股东之间的利益，从而影响企业投资行为的有效性。

可见，委托代理问题也存在于企业与政府之间、企业与其他利益相关者之间，不仅是非效率投资的主要成因，是投资效率的基本理论，也是政府补助影响企业社会责任与投资效率、企业社会责任影响投资效率的重要理论基础。

2.2.1.3 信号传递理论

经济学家 Spence（1973）最早提出了信号传递模型，他在研究教育水平和劳动力市场间相互作用时，将市场信号纳入进来，考察信息优势者如何可靠地将信息传递给信息劣势者，以实现市场均衡。研究发现，通过选择不同资本结构或者实行不同鼓励政策等方式，拥有高质量投资信息的公司高管可以实现向市场中拥有较少公司信息的投资者传递企业经营状况的信号，进而对投资者投资行为产生影响。通过上市公司发布的相关的公开信息投资者进行投资决策和选择，这一过程本质上就是一种信号传递过程。规范地讲，信号传递阶段是管理者向外传递公司信息阶段，而信号识别阶段是外部投资者对公司信息进行分析和判断进而做出投资决策的阶段。外部投资者判断自己的投资决策和行为该如何操作，往往通过一个公司行为背后传递出来的隐形信息的关注。这两个阶段处理得当均能起到有效缓解信息不对称的作用，提升公司的投资效率。

企业积极履行社会责任，重视利益相关者利益实现并及时披露社会责任信息，能够实现对利益相关者信息不对称程度的降低，减少监督和代理成本。在信号传递机制下，社会会把传递好消息与坏消息的公司区别开来，企业社会责任履行这一好的消息会带来公司股票上扬、提升融资能力和降低资本成本，传达公司经营良好的形象，使企业声誉提升，并获取利益相关者信任，必然影响公司投资效率。

当前，信号传递理论的应用和演变已经进一步系统化和普遍化，可以传递越来越多重要的信息。其中，政府补助也是政府发出的重要信号，对行业内和其他企业均传递着多样化的信息，帮助外部利益相关者更好地认识企业。政府补助上市公司可能传递出两种相对较为极端的信号：要么是该公司成长前景看好，可对公司经营发展助力较大，要么是该公司为掩盖经营效率低下的现状，利用政府补助进行盈余操纵。而这些信号都会对企业经营发展和投资效率产生重要影响。往往政府补助多的行业其社会责任承担相对也好。因此，信号传递理论是投资效率的基本理论，也是政府补助影响社会责任和投资效率、企业社会责任影响投资效率的理论基础。

2.2.2 企业社会责任的基础理论

2.2.2.1 利益相关者理论

1963 年斯坦福大学的学者探索了利益相关者问题，指出"没有利益相关者的支持，一个集团就无法生存"。这是一个相对比较宽泛的"利益相关者"（stakeholder）概念，涵盖了与企业有密切关系的所有相关主体。随后美国学者 Asnoff 在 1965 年也提出了利益相关者的概念，他在《公司战略》一书中指出："为使企业在发展过程中指定的经营目标得以实现，那么企业现存的诸多相关方之间的矛盾都要予以考虑进来，平衡各个利益相关方之间的利益和冲突。"当时是为了区别于"股东至上"理论而出现的。Freeman 于 1984 年正式提出利益相关者管理理论："利益相关者是能够影响一个组织目标的实现，或者受到一个组织实现其目标过程影响的所有个体和群体。"进一步对利益相关者的范围予以拓展，将政府、社区等纳入其中，也是广泛意义上的利益相关者。此后，该理论对企业产生巨大的影响，在当时欧美等国企业选择公司治理模式时，利益相关者理论发挥着重要作用，其理念认为企业的利益相关者不仅包括股东和投资者等资本市场利益相关者，还包括顾客、供应商等在内的市场利益相关者，员工等企业内部的利益相关者以及社会公众、社区和政府等。

不同于传统的理论，利益相关者理论是对传统"股东利益至上"模式的修正和否定，是一种"利益相关者治理模式"。利益相关者治理模式的终极目标是为所有利益相关者服务，利益相关者利益是公司最高利益，董事会和监事会是决策者和监督者，CEO 和高层经理是执行者和战略设计者[154]。企业的目标不再仅仅是追求股东利益最大化，而企业社会责任正是要求公司经营过程中所有者股东利润实现的同时，关注众多其他利益相关方的利益。企业在激烈的市场竞争中要实现发展壮大，就必须协调好利益相关者之间的关系，因为利益相关方能够为企业提供优质资源的回报，进而影响公司投资活动和投入产出效率。

从利益相关者的理论出发，政府、环境等都是企业相关的利益团体，对于企业的长期发展十分重要。从战略和目标的制定到投资决策行为，企业的重大举措都与利益相关方息息相关，他们对企业发展的支持是必不可少的。经过对相关利益者的划分和界定，能够明确企业社会责任承担的具体对象，为企业更好地履行社会责任提供了清晰的思路，是现阶段学术界衡量企业社会责任公认的比较成熟的方法。综上，利益相关者理论是企业社会责任履行的最基本的理论基础，也是政府补助影响企业社会责任和投资效率、企业社会责任影响投资效率的相关理论。

2.2.2.2 资源依赖理论

资源依赖理论（Resource dependence theory），主要依据杰弗里·普费弗（Jeffrey Pfeffer）与萨兰奇克（Gerald Salancik）在1978年出版的《组织的外部控制》，是进行组织间关系研究的基础。在此理论下，将组织视作一个开放性的系统，其生存发展的前提是需要与外部进行资源的互换，拥有稀缺性、重要性资源的企业掌握资源互换的主动权。同时，外部环境具有不断变化的特征，过于依赖某一外部环境的组织，其发展会受到外部资源的制约。组织本身也不可能掌握过多的资源，他们所拥有的资源往往有限。因此，企业为了获取发展所需要的关键资源，应当适时主动地进行战略调整，以求适应环境不断变化，或者企业与拥有外部资源的组织形成利益联盟，以减轻由环境变化带来的震荡。决定组织依赖性的本质和范围关键要素就是资源的稀缺性和重要性，组织依赖性就是权利的对立面。

可见资源依赖理论的核心是：组织的最重要的生存目标，就是尽量减低组织对外部关键资源供应的依赖，寻求可以稳定获取这些关键资源和能力的一个方式和方法。它把组织视为一名政治行动者，强调组织的主动权利。企业为了持续而有效地获取利益相关者资源，就不能将企业目标狭隘在考虑自身利润最大化上。履行社会责任便是对各个利益相关者的兼顾，可以帮助企业获取优势资源，提升投入产出效率，实现可持续发展。

我国政府在经济运行中发挥着重要作用。一方面，企业发展所需的许多稀缺的生产资源都由政府实际掌控，不仅如此，诸如投资项目、政府补贴等一系列优势资源，以及相关政策和市场规则的制定和执行权也掌握在政府手中。因此，企业对外部环境的依赖在很大程度上是对政府的依赖。另一方面，企业和政府之间是相辅相成的，政府对企业也存有依赖。企业所固有的生产和市场资源也是政府完成社会目标和提升政府业绩的有效保证。

政府也希望企业能够响应政府号召，协助其完成目标，形成政府与企业之间的依赖关系。企业为了维护他们之间的关系，也会尽量满足政府的要求，这就给企业带来联系政府的可能性。而企业社会责任履行就是这种可能性，因为这是一种讨好性的行为，会吸引政府的关注，获得更多的政府扶持和资金帮助。因此，资源依赖理论是企业社会责任履行的基本理论，也是政府补助影响企业社会责任和投资效率、企业社会责任影响投资效率的理论基础。

2.2.2.3 交易成本理论

经济学家罗纳德·科斯在 1937 年《企业的性质》中提出了交易成本理论，指出诸多不完善存在于市场机制中，导致"市场失灵"现象时常发生，其根本原因就是大量存在的各种交易成本和耗费存在于经济市场之中，即生产中各个环节和投入要素的相互协调均需成本耗费。"交易费用"包括价格体系使用过程中的谈判、契约签订、监督、纠纷解决等花费。他认为企业是一种价格转换机制的替代品，它的目的是为了更有效地进行降低交换成本。他主张进行"产权安排"，明晰现代企业所有权、经营权、交易权和收益权等制度。因此，企业之间或企业中只要有交易存在就会有交易成本或费用，包括有形的货币和实物花费以及无形的时间和精神成本等。

按照古典经济学理论，为股东创造价值最大化是企业的目标，企业为实现这一目的，经常会做一些损害其他利益攸关方利益的行为，实现企业边际净成本低于社会边际净成本，这就可能产生"负外部性"，会损害社会综合福利最大化。在市场完美、信息对称、资源产权明晰或者交易成本很小或为零的情况下，利益相关者可以达成完美契约，提高社会综合福利水平并使社会资源实现优化配置 [142]。企业履行社会责任可以在一定程度上降低这一成本，能够在利益相关方之间建立一套关乎公司声誉、互助、道德和信任行为的完整的协调规则，决定企业是否积极主动承担社会责任，进而，企业社会地位才能得到改观，社会声誉实现，交易成本进一步降低和信息不对称得到缓解。这一过程引导企业对社会投资的边际成本和社会责任的边际收益进行权衡，进而投入和产出资源实现帕累托最优的过程。

"市场失灵"和"政府失灵"情况经常发生于企业生产运营活动中，企业社会责任承担和履行是一种必然的选择，是利益相关者对无效的企业行为的非正式约束的制度安排。

从整个社会的角度，企业社会责任履行的费用应由政府、企业或第三方组织协调解决，会产生一定的交易成本或费用。按照此理论，主要的判定标准应该是哪一方支付成本最低且整个社会资源配置效率最高，哪一方就应承担社会责任。而企业作为最能够有效降低交易成本的组织形式，都会直接或间接承担社会责任。从整个社会的角度看，不管是谁来承担、哪一种方式承担，都是希望综合成本达到最低[154]。

按照理性经济人假说，市场中的个人和组织都是理性的，经济人的所有行为的出发点都是实现个人利益最大化，若存在不利的影响因素阻碍其目标实现，理性的经济人会按照成本和收益的原则去衡量，尽可能地减少该因素经济活动的支出，以实现自身利润最大化的目标。在承担社会责任过程中，需要一定的回报，在"市场失灵"时，政府主动提供支持或补助，促进企业履行社会责任，以实现社会资源配置效率最高。政府干预企业履行社会责任也就有了理论基础。交易成本理论是企业社会责任履行的基本理论，是企业社会责任履行进而影响投资效率的理论基础，也是政府补助影响企业社会责任的理论基础[168]。

2.2.3 政府补助的基础理论

2.2.3.1 市场失灵理论

弗朗西斯·M.巴托在1956年提出了市场失灵理论（Market Failure Theory），他认为市场失灵是市场价格机制和原理无法正常发挥效应而导致的效率的损失，因为只有在完全竞争的市场条件下，才是最有效的资源配置。在现实生活中，源于信息不完全或不对称、垄断、外部性或者公共物品等问题，使得无法达到市场的完全竞争状态，不能有效率地去配置经济资源而失去了效率，便出现了市场失灵。

市场失灵的表现形式有两种：一是协调失灵，总体上经济体总是通过产业升级与转型实现发展壮大，企业经营的关键在于拥有长期稳定的资金来源，而资本向来都是稀缺不足的，因此，需要政府介入来对资本在不同经济体与产业之间的配置和流转进行必要的干预，带动产业结构优化配置和升级；同时，若某一行业前景为社会所普遍看好，资本趋利性的本质会发挥作用并自然流动，当市场竞争不充分时，投资的热潮便会产生，则可能出现产能过剩问题。二是信用市场失灵。如前所示，资本市场供需双方不可避免会存在信息不对称，在信用市场不完善的情况下，银行等金融机构往往偏好于大规模的国有企业或经营能力强的公司，广大中小企业会处于非常弱势的地位，此时，就需政府出面干预银行的信贷配给，提升中小企业信贷福利和资金流入。法国学者罗奈·勒努阿对与市场失灵相联系的市场局限性进行了分析，认为一定的政治界限存在于市场中，其是由国家规划而非市场决定的。市场是无法组织和协调一些基础性、高投入低回报或者高风险的发展项目的，它们只能由国家承担，这意味着市场并非万能的，存在一定局限性的[66-68]。

此时，就需介入外部政府的干预措施适当进行调节和理顺，对市场的功能性偏差予以纠正，消除消极因素所带来的市场低效率现象。通过上述分析可知，不论何种市场失灵，政府都是各主体中最重要、最基本的力量。政府财务资助政策作为宏观财政政策之一，是政府干预市场经济的有效手段，合理运用将可以有效解决市场的失灵。制定和颁布合理的财政补贴政策是解决市场失灵的重要举措，如政府财务资助政策中对基础型产业的补偿政策，就可以解决弱质性行业和生态环境保护的正外部性问题以激励企业有效投入。因此，市场失灵理论是政府补助影响企业社会责任和投资效率的理论基础。

2.2.3.2 外部性理论

外部性又可称为外部经济，它是一个经济学范畴的概念，是在西方学者研究市场失灵问题过程中逐步产生的。马歇尔的《经济学原理》一书中首先提到"外部经济"问题。作为福利经济学之父，庇古（Arthur Cecil Pigou）在《福利经济学》一书中正式提出和建立"外部性理论"，他对马歇尔所提出的"外部经济"进行重新界定，扩充和延展到"外部性"。萨缪尔森对外部性理论更进一步进行阐释，在进行了一些具体的公共物品实验后，提出公共物品会产生外部性问题。

　　"外部性理论"是指在经济活动中，某个经济活动的参与者对另一个经济活动的参与者产生一种溢出效应，出于自身利益最大化角度所做出的最优决策或行为，所造成的成本或收益的外溢效应，不仅对于自身而且还对其他参与者产生影响，而这一溢出效应因市场缺失而导致并无交易，从而引起资源的配置偏离帕累托最优状态，导致社会总收益或福利的降低以及社会总成本的提高，其主要的标志就是其行为的结果是市场之外且无定价的。按照外溢效应影响不同可以分为正外部性（外部经济）和负外部性（外部不经济），正外部性是社会效益大于私人效益所带来的外溢效益，是给他人或社会带来利益但没有获得任何补偿；负外部性是社会成本大于私人成本所带来的外溢成本，即本应由自己承担的义务而施加给他人或社会而无任何代价付出[125-126]。此时，单纯依靠市场的作用是无法解决的，由于无法发挥应有效应从而市场处于失灵状态。因此，反对完全依赖传统市场的"看不见的手"，有必要加入政府的干预，来解决外部性问题。提倡国家对有正外部性的活动给予补贴、对具有负外部性的企业需要法律进行抑制或征收税款，统称这个税为"庇古税"；对外部经济行为通过财政补贴和税收政策进行激励以提升社会福利水平，以此来对边际社会纯产值和边际私人纯产值进行调节。政府就是通过这样来干涉经济，克服外部性问题[122]。

　　由于外部性的存在，对特定的具有正外部性的行业和领域来说，这一市场失灵的表现无疑会对其发展造成不利影响，影响政府社会功能和企业对环境等利益相关者责任的实现，因此需要政府补助政策的支持。世界各国政府补助均进行有针对性的干预活动，采用政府补助这一正面的政府干预行为，会引导上市公司正效应的产生，不仅会给企业投资活动和进一步发展带来更大的推动力，也能够助力企业社会责任的履行。因此，外部性理论是政府补助影响企业社会责任和投资效率的理论基础。

　　综上，经过理论分析，找到政府补助、企业社会责任与投资效率关系的关键理论依据，构建理论分析框架（图2-1），通过这些理论的相互结合、融会贯通于整个研究。

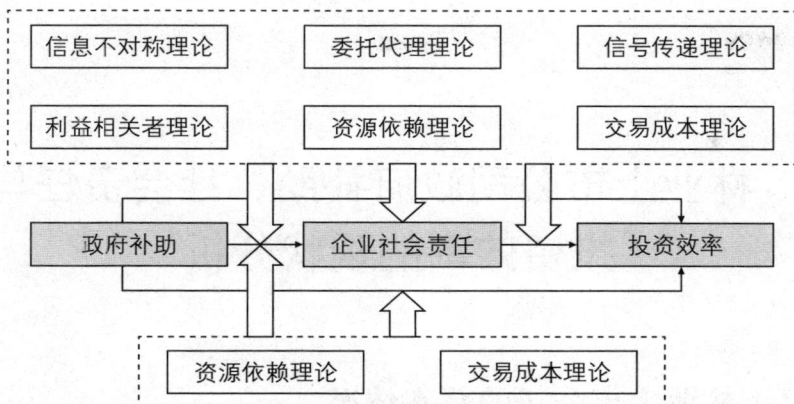

图 2-1 理论分析框架图

2.3 本章小结

本章是对相关概念的界定及理论基础的研究。在科学合理地阐述投资、效率和投资效率概念的基础上，依据本书的研究框架重新对林业上市公司投资效率进行界定；结合企业社会责任的含义，归纳总结林业企业社会责任的内涵和特点，并介绍政府补助的概念及形式，对研究对象、范围和内容进行界定；同时提出本研究的理论基础，包括信息不对称理论、委托代理理论、利益相关者理论、信号传递理论、资源依赖理论以及市场失灵理论和外部性理论。本章为深入分析林业上市公司政府补助、社会责任与投资效率的影响机理并提出相关假设提供了理论基础。

3. 林业上市公司政府补助、社会责任与投资效率的现状分析

3.1 林业上市公司的基本情况

林业上市公司主要为在中国上海证券交易所和深圳证券交易所上市的林业企业，目前我国对于林业上市公司的分类没有统一的标准，学者们相关文献研究的分类标准不一，因此，研究林业上市公司问题首先应当对其范围进行界定。按照中国证监会对林业上市公司的划分方法，根据《上市公司行业分类指引》以及《国民经济行业分类与代码》等相关政策文件的规定，狭义的林业上市公司一般只包括主营业务涉及林木育种和育苗、造林和更新、森林经营和管护、木材和竹材采运和林产品采集的林业上市企业[191]。然而在我国森林资源保护政策和严格禁伐的管理制度下，传统林业企业已由森林资源采伐经营逐渐转变为自营商品林或速生林，或进行木材的深加工和多种经营的多元化企业。转型后的林业上市公司类似于拥有林地资源的家具制造、造纸及纸制品业的主营业务范围[1]。姚骥（2016）和赵奥琳（2017）等学者的研究，对林业上市公司的范围界定均涵盖证监会行业分类中的林业、木材加工和木、竹、藤、棕、草制品业以及家具制造业和造纸及纸制品业[145, 186]。因此，本研究中的行业分类标准根据证监会颁布的《上市公司行业分类指引》和《2018 年 4 季度上市公司行业分类结果》来界定的林业上市公司，包括 A 门类农、林、牧、渔类中的 02 大类林业，以及 C 门类制造业中的 20 大类木材加工和木、竹、藤、棕、草制品业，21 大类家具制造业和 22 大类造纸和纸制品业。

（1）林业上市公司样本选取过程

以上述林业上市公司定义中截至 2018 年 12 月 31 日在沪深上市的 66 家林业上市公司为样本，并考虑林业行业的特殊性，将满足下列条件之一的上市公司界定为林业上市公司：①当上市公司林业相关业务的营业收入

占比大于 50%（含本数）；②如果上市公司所有林业的营业收入均达不到 50%，但林业相关业务的营业收入或利润在所有业务中所占比例最高且达到或超过 30%（含本数）；③有营林、造林业务，林产品加工，实施"林板一体化""林纸一体化"或者制造纸浆的上市公司。其中，剔除上市时间不足五年（易尚展示、帝欧家具等 26 家）和主营业务非林业（广东甘化和粤桂股份）的 28 家上市公司，因为本研究需要对林业上市公司社会责任履行情况进行面板数据研究，处于成熟期的企业拥有较多的社会资源和资本，社会责任感要强于初创期的企业 [3]；剔除同时发行 B 股或 H 股的 2 家上市公司（晨鸣 B、粤华包 B）。其中，美利云、云投生态、银鸽投资、ST 景谷、*ST 正源、和宜宾纸业等 6 家公司在 2008 年至 2018 年曾被冠以 S、ST、*ST 或 PT，考虑到地方政府更可能出于保护上市资源目的为 ST 公司提供补助，也予以剔除；此外，康欣新材在之前主营业务是非林业，2015 年发生重大资产重组，主营业务才变更为林木种苗、林业深加工原料基地、木制品（含竹木混合制品），予以剔除。由于投资效率研究需要滞后一期样本，福建金森和喜临门两家公司于 2012 年上市，故本文选取 2013 年至 2018 年数据。样本选取的过程如表 3-1 所示。最终选取符合条件的共计 29 家林业上市公司。数据主要来源于万德数据库（WIND）、国泰安数据库（CMSR）以及巨潮资讯网。

表 3-1　林业上市公司的样本数据筛选过程与标准

2008 年至 2018 年沪深两市林业上市公司	66
减去：1. 上市不足五年的上市公司或主营业务非林业的上市公司	28
2. 同时发行 B 股或 H 股的上市公司	2
3. 期间发生重大资产重组的上市公司	1
4. 被 ST、*ST 或 PT 的上市公司	6
最终样本数	29

资料来源：万得资讯数据库（WIND）、国泰安数据库（CSMAR）。

（2）林业上市公司分布情况

样本林业上市公司中 8 家公司为国有属性公司，分别是福建金森、永安林业、晨鸣纸业、青山纸业、民丰特纸、恒丰纸业、冠豪高新和岳阳林纸，占比不足 30%。为了探索如何提高林业上市公司的投资效率使其更好地发展，对林业上市公司分布情况进行统计。图 3-1 是截至 2018 年底，29 家林业上市公司注册位置、上市和成立年限以及细分行业的具体情况，按数量由高至低排序。

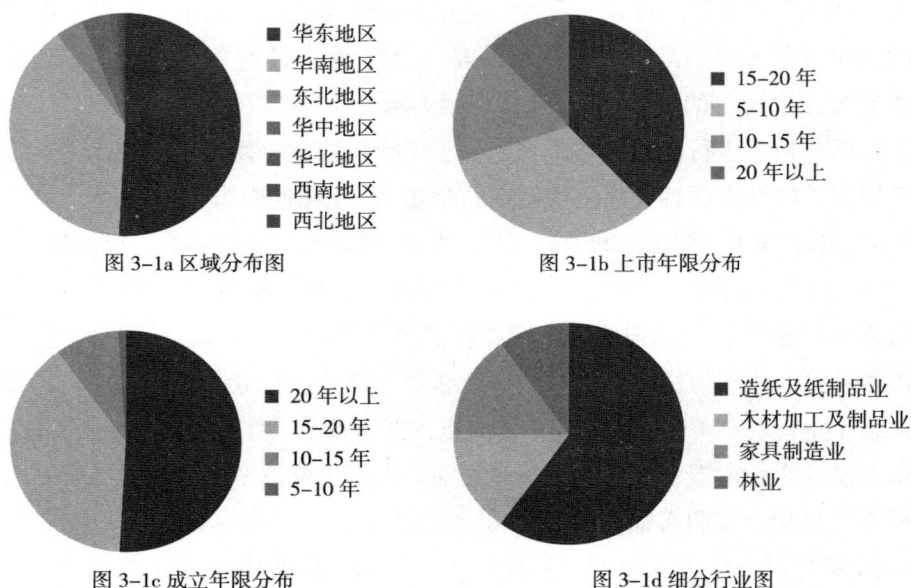

图 3-1a 区域分布图　　　　　　　图 3-1b 上市年限分布

图 3-1c 成立年限分布　　　　　　　图 3-1d 细分行业图

图 3-1　林业上市公司经营与时空分布图

资料来源：万得资讯数据库（WIND）、国泰安数据库（CSMAR）。

首先，从行业分布来看，在林业上市公司的四大经营行业里，数量上看造纸及纸制品业处于主要分布，达到 17 家，约占 58.62%，传统林业行业数量最少，吉林森工（600189）于 2016 年主营业务转型，剔除 ST 景谷和云投生态之后仅为 2 家；其次，从上市时间看，多数林业上市公司上市十年以上，只有 9 家公司上市年限不足十年；然后，从成立时间看，成立十五年以上的林业上市公司达到 27 家，2 家成立年限在 15 年，15 年以下的公司数为零。一方面说明在林业上市公司领域，较多公司是经历过一段时间的经营积累、沉淀后才选择上市的，有一定的经营生产与管理基础；另一方面由于上市不足五年的林业上市公司已经剔除，说明上市时间为 5 年至 10 年较短年限的林业上市公司为 9 家，新参与到资本市场的运行环境中的公司数量相对较少，无论从资本运作还是从公司上市后管理经验来看都相对成熟。最后，从分布地域来看，大部分的林业上市公司位于相对发达的华东与华南地区，分布特别集中，华北地区没有林业上市公司，东北和华中地区各仅有 1 家，从数量上看这与我国森林分布较广地区的东北地区情况并不相称，也反映出了空间分布上的不均衡。

本研究接下来的定量分析和实证研究部分涉及大量的林业上市公司财务和非财务数据以及其他背景资料作为支撑，数据将主要来源于万德数据库（WIND）、国泰安数据库（CSMAR）以及锐思数据库（RESSET）、巨潮资讯网所披露和整理所得的上市公司相关数据，以及林业上市公司网站、深圳和上海证券交易所网站、国家林业局网站、中国林业年鉴中上市公司相关背景资料，以确保数据资料的真实性、有效性和完整性。

3.2 林业上市公司投资效率的现状分析

林业上市公司投资情况能够从公司财务数据上获得解释，按照第二章对投资效率的界定和衡量，分别从非效率投资和全要素生产效率两方面视角，查看投资支出的现状和全要素投入规模的现状，并采用对比的方法初步分析投资效率的基本情况。

3.2.1 林业上市公司投资支出的现状

（1）林业上市公司投资支出的现状

以选取的 29 家林业上市公司 2013 年至 2018 年的数据作为研究样本，分析林业上市公司投资支出水平。在对投资支出进行研究时，投资支出是企业的新增投资，选取林业上市公司现金流量表中"购建固定资产、无形资产和其他长期资产所支付的现金"减去"处置固定资产、无形资产和其他长期资产收回的现金"，即净值改变量，反映单位总的投资支出[150]。表 3-2 为 29 家林业上市公司连续 6 年的投资支出情况。

表 3-2　2013 年至 2018 年林业上市公司投资支出情况表

项目	2013 年	2014 年	2015 年	2016 年	2017 年	2018 年
最小值（万元）	−400.22	−51.30	−475.03	−4763.99	−6024.29	488.01
最大值（万元）	361323.13	306837.07	369450.88	247307.54	395633.39	360800.05

续表

项目	2013 年	2014 年	2015 年	2016 年	2017 年	2018 年
中位数 （万元）	12661.54	16243.69	10178.29	9298.04	20406.55	26250.69
均值 （万元）	35882.55	38192.28	36027.14	29997.46	47624.23	59260.16
总和 （万元）	1040593.89	1107576.09	1044786.96	869926.27	1381102.73	1718544.55
增加额 （万元）	–	66982.19	−62789.13	−174860.69	511176.46	337441.82
增长率 （％）	–	6.44	−5.67	−16.74	58.76	24.43
整个市场 均值(万元)	57773.21	56373.08	55910.19	57659.57	63131.12	73876.71
整个市场 总和（万元）	223928944.17	218502063.39	216707878.79	223488509.97	244696202.05	286346123.55
整个市场增 加额（万元）	–	−5426880.78	−1794184.60	6780631.18	21207692.08	41649921.50
整个市场 增长率(％)	–	−2.42	−0.82	3.13	9.49	17.02

注：表中整个市场上市公司未剔除 ST 公司，由于上市时间不同，部分公司 2013 年至 2015 年数据缺失，投资支出净值为零，并未扣除，因此导致整个市场均值偏小。

从表 3-2 可以看到，虽然 2015 年和 2016 年林业上市公司的投资总和呈现负增长，但是从 2013 年至 2018 年从 1040593.89 万元增加到 1718544.55 万元，增幅达到 65.15%。投资支出在 2018 年达到最大值 1718544.55 万元。各年均值也呈现波动增加，从 2013 年的 35882.55 万增至 2018 年的 59260.16 万。样本区间内林业上市公司投资支出的平均值都在中位数之上，说明林业上市公司投资支出额偏大，可能投资支出多的公司幅度更大。最大值和最小值之间的差异呈波动增加的态势，说明各林业上市公司之间投资支出差异化显著。此外从平均值和总和统计指标可以看出 2016 年是投资支出最低的年份，这与林业上市公司政府补助在 2016 年和 2017 年出现下降的时间点接近，说明二者可能存在一定的关联。

通过表 3-2 还可以看出，从绝对值角度，林业上市公司虽然近两年来投资支出增长快速，但是相对于整个市场的投资支出均值依然偏低，说明林业上市公司构建固定资产、无形资产和其他长期资产等资本性投入量不足，存在一定的投资乏力现象。

（2）林业上市公司投资支出水平的现状

借鉴 Richardson（2006）等的研究，将林业上市公司的投资支出水平定义为"构建固定资产、无形资产和其他长期资产的净值改变量"，并除以资本存量（年初总资产）进行标准化处理，以消除企业规模对投资的影响[150]。从 2013 年至 2018 年林业上市公司投资支出水平情况（表 3-3）可看出，在平均值方面总体上呈现下降的趋势。各年平均投资支出水平维持在 0.04~0.07 之间，2013 年为最大值，标准差也是这几年中最大的一年，说明公司间投资支出水平差距较大。另外，各年的均值都大于零，并且都远远大于中位数的数值，说明大于中位数的观测值的数值由于较高而拉高了平均值，因此投资支出水平偏高的公司幅度更大。从平均值统计指标可以看出 2015 年和 2016 年是投资支出水平相对较低的年份，同样与林业上市公司获得的政府补助情况可能有一定关系。

表 3-3　2013-2018 年林业上市公司投资支出水平情况表

年份	公司数	最小值	最大值	中位数	平均值
2013 年	29	−0.003	0.355	0.044	0.073
2014 年	29	0.000	0.199	0.037	0.057
2015 年	29	−0.002	0.255	0.022	0.047
2016 年	29	−0.029	0.191	0.017	0.036
2017 年	29	−0.011	0.213	0.041	0.056
2018 年	29	0.002	0.176	0.048	0.053
2017 年整个市场	3876	−0.480	3.042	0.035	0.057
2018 年整个市场	3876	−0.585	3.697	0.033	0.056

注：由于全体上市公司的上市时间不同，部分公司 2012 年至 2016 年期初总资产数据缺失，故未能全部列出。

从相对值角度来看，通过与 2017 年和 2018 年全部上市公司的投资支出水平均值进行对比，发现林业上市公司投资支出水平并非差距显著，说明近年来林业上市公司相对投资支出水平与规模匹配，总体上趋于正常化。

3.2.2 林业上市公司投资规模的现状

为了反映林业上市公司投资规模的全貌，本研究将林业上市公司的投资规模定义为长期资本投入、短期资本投入、营运资本投入和劳动投入，来反映对人、财、物的三方面投资情况。

（1）劳动投入。可以用企业支付给职工的薪酬来表示林业上市公司劳动资本的投入，它既可以反映出劳动投入数量也反映出了劳动投入的质量，是人力资本与智力资本的集合。它由两部分组成：资产负债表中"应付职工薪酬"期末数，表示的是应付而未付给员工的支出，包括工资、计提的职工福利费及工会经费、职工教育经费等项目；现金流量表中"支付给职工以及为职工支付的现金"的合计数，就是企业本年雇佣员工而已经支付给员工的现金报酬[142]。

（2）营运资本投入。营运资本投入用资产负债表中流动资产减去流动负债的余额，即营运资本来作为代理指标，反映公司追加营运资本水平。流动资产中包括消耗性生物资产（为出售而持有的或在将来收获的用材林等）。

（3）短期资本投入。为了区分整个林业上市公司财务系统中长期投资、短期投资的投资行为，将其分为长期资本投入和短期资本投入。短期资本投入主要指企业日常经营活动中投入的生产资料，是企业维持当年日常生产经营的投入，只表示一年期投入，其投入核算以利润表中"营业成本＋销售费用＋管理费用＋财务费用"来测度[183]。

（4）长期资本投入。长期资本投入包括资产负债表中固定资产、无形资产和其他长期资产项目，是企业对于长期资产的投入，包括生产和非生产领域投资，主要有"固定资产""在建工程""无形资产""开发支出""投资性房地产""长期待摊费用""长期股权投资"，"持有至到期投资"和"可供出售金融资产"也应算入企业的投资中。还包括生产性生物资产（可供重复使用的经济林、薪炭林等），其投资的目的是为了将来获利，所以与公司投资有关，予以并入长期资本投入中[149]。具体见表3-4。

表3-4 各投入项目构成及提取方式

类别	资本项目	具体项目构成	提取方式
人	劳动资本投入	"应付职工薪酬"	资产负债表期末余额
		"支付给职工以及为职工支付的现金"	现金流量表当年金额
财	营运资本投入	"流动资产"－"流动负债"	资产负债表期末余额
	短期资本投入	"营业成本"	利润表当年金额
		"销售费用"	利润表当年金额
		"管理费用"	利润表当年金额
		"财务费用"	利润表当年金额
物	长期资本投入	"固定资产"	资产负债表期末余额
		"在建工程"	资产负债表期末余额
		"无形资产"	资产负债表期末余额
		"开发支出"	资产负债表期末余额
		"投资性房地产"	资产负债表期末余额
		"长期待摊费用"	资产负债表期末余额
		"长期股权投资"	资产负债表期末余额
		"持有至到期投资"	资产负债表期末余额
		"可供出售金融资产"	资产负债表期末余额
		"生产性生物资产"	资产负债表期末余额

投入规模情况表（表3-5）显示，我国林业上市公司的各要素资本投入量近年来也均呈波动上升的态势，劳动资本投入增长稳定，营运资本投入波动幅度较大，占比重最大的短期资本投入和固定资本增长率在2015年附近出现明显下降，再一次印证了这可能与林业上市公司获得的政府补助情况存在一定关联。

表3-5　2013年至2018年林业上市公司投资规模情况统计表

年度	统计量	劳动资本投入	营运资本投入	短期资本投入	长期资本投入			
					固定资本	无形资本	生物资产	其他长期资本
2013年	和	730429.18	543070.33	9996959.07	9526330.12	866747.97	68041.32	282289.17
	均值	25187.21	18726.56	344722.73	328494.14	29987.86	27201.65	9734.11
2014年	和	822946.61	109875.78	10332506.50	10007012.25	865707.50	710541.76	352969.17
	均值	28377.47	3788.82	356293.33	345069.39	29851.98	28421.67	12171.35
	增长率	12.67%	-79.77%	3.36%	5.05%	-0.12%	4.49%	25.04%
2015年	和	946628.51	-280179.78	10775312.72	9914977.80	953474.91	750000.21	488994.73
	均值	32642.36	-9661.37	371562.51	341895.79	32878.45	30000.01	16896.37
	增长率	15.03%	-355.00%	4.29%	-0.92%	10.14%	5.55%	38.82%
2016年	和	1124235.59	949599.18	12013995.88	10304844.08	1049459.08	803064.01	782596.55
	均值	3876.74	32744.80	414275.72	355339.45	36188.24	32122.56	26986.09
	增长率	18.76%	-438.92%	11.50%	3.93%	10.07%	7.08%	59.72%
2017年	和	1309103.54	1660930.60	15155060.43	11103094.89	1177107.31	833399.54	1516311.14
	均值	45141.50	57273.47	522588.29	382865.34	40589.91	28737.92	52286.59
	增长率	16.44%	74.91%	26.15%	7.75%	12.16%	-10.54%	93.75%
2018年	和	1489704.80	578580.28	17013548.99	12915664.88	1222534.42	506462.82	1368133.60
	均值	51369.13	19951.04	586674.10	445367.75	42156.36	17464.24	47177.02
	增长率	13.80%	-65.17%	12.26%	16.32%	3.86%	-39.23%	-9.77%

注：表中为为查看生物资产规模，包含了消耗性生物资产。

由生物资产投入规模情况可以看出，林业上市公司拥有的生物资产投入规模从总量上看是波动下降的态势，总和从 2013 年的 680041.32 万元下降至 2018 年的 506462.82 万元，增长率来看也是波动下降的。近年来林业上市公司生物资产投入水平在下降，但是林地面积较为稳定，这说明林业上市公司生物资产的投资具有一定的周期性，受到轮伐周期的影响，由于投资时间长、投资风险相对较大，因此表现为一定的波动性是正常现象。林业上市公司生物资产占长期资本投入的一定比例，说明林业上市公司的生物资本投资在其投资项目中占有一定的比重，这是属于林业上市公司的特殊性。

为了更清晰的对比说明林业上市公司投资规模的情况，采用同样的方式采集 2013 年 -2018 年全部上市公司的各投入项目的平均值，如表 3-6 所示。通过对比表 3-5 可以看出，相对整体上市公司而言，林业上市公司长期资本投资各个项目和其他各要素投入规模均较小。林业上市公司长期资本投资水平虽然与整体市场差距在逐年缩小，但是仍然是林业上市公司的 2 倍左右，其中，整个市场固定资产投入规模一直维持在是林业上市公司的 10 倍左右，说明林业上市公司对固定资产投资利用不足，投资乏力；无形资本投资也维持在 1~4 倍之间，且差距日益加大，说明林业上市公司无形资本投入量明显不足且呈下降趋势；尤其是投资性房地产和长期股权投资等其他非经营性投资差距显著，在 2013 年整个市场均值是林业上市公司的约 50 倍，2018 年相差约 8 倍，说明林业上市公司近年来开始注重这一类的投资；整体市场的其他要素投入也均高于林业上市公司，劳动资本投入和短期资本投入差距相对稳定，营运资本投入相对整个市场波动幅度较大，差距也较大；所有投入要素中短期资本投入的差距相对最小，说明林业上市公司在一年内短期经营性投入力度最大，其产出可能主要依靠主业的经营活动投入。

表 3-6　2013 年至 2018 年全体上市公司投资规模均值情况表

项目	2013 年	2014 年	2015 年	2016 年	2017 年	2018 年
劳动资本	69738.07	79909.29	90679.72	101211.59	113919.34	128439.81
营运资本	44729.52	54978.97	87192.77	119495.86	144381.64	152873.72
短期资本	597339.83	632959.82	637269.31	699658.15	839917.85	937171.59

续表

项目	2013 年	2014 年	2015 年	2016 年	2017 年	2018 年
长期资本	884608.35	1002847.13	1207330.88	1470437.87	1613009.36	918795.34
其中：固定资本	304140.63	334286.86	365821.01	396965.55	421798.79	455081.54
无形资本	42102.72	47910.79	55176.73	64204.76	71591.17	82332.95
其他长期资本	538365.00	620649.48	786333.13	1009267.56	1119619.41	381380.85

3.2.3 林业上市公司投资效率的基本情况

运用软件 SPSS23.0 对林业上市公司 2013 年至 2018 年的 174 个样本的全部投资项目总额与产出项目净利润进行相关性分析和散点图分析，得到图 3-2，相关性检验分析发现，各要素投入项目之和与产出项目在双尾置信度为 1% 时，通过皮尔逊相关性检验，相关系数为 0.768，意味着每增加 1 元的投入能够产生 0.768 元的产出 [149]。

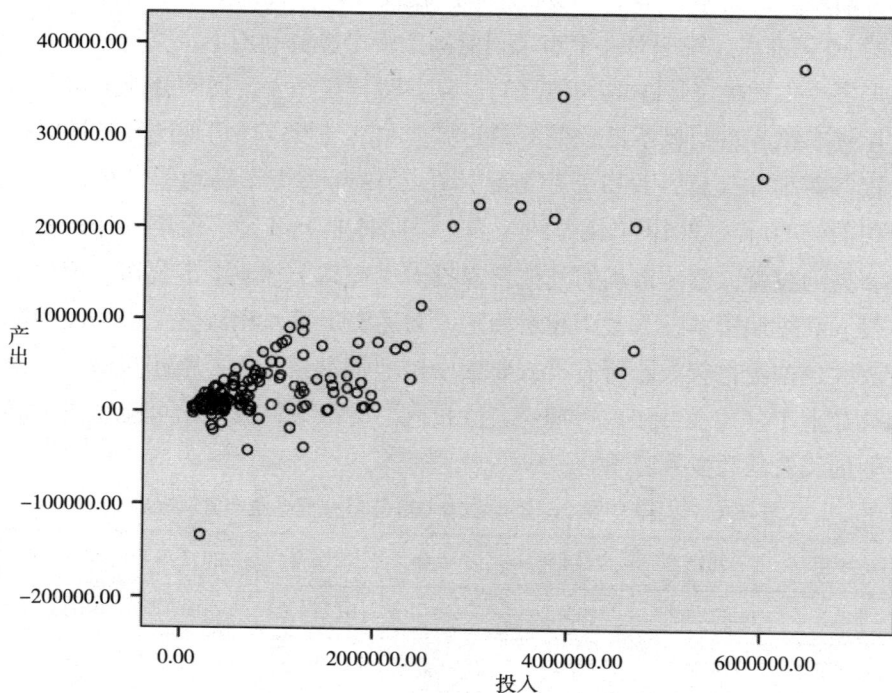

图 3-2　林业上市公司全要素投入与产出项目散点图

为了更清晰地对比说明林业上市公司投资效率的情况，采用同样的方式采集 2013 年至 2018 年全部上市公司的投入项目之和的平均值以及净利润的平均值。由各年度林业上市公司投入产出比的比较表（表 3-7）可以看出，林业上市公司净利润与投入要素总和的投入产出比呈现波动上升的趋势，只有 2017 年是略高于整个市场的平均投入产出比，其余年份均低于市场平均水平，虽然总体上差距在缩小，但林业上市公司投资效率水平偏低，投入同样的要素其产出不如整体上市公司大，或者说林业上市公司需要投入更多才能获得与整个市场相同的产出水平，林业上市公司全要素投入产出效率亟待提升 [149]。

表 3-7　2013 年至 2018 年林业上市公司投入产出比的比较表

项目	2013 年	2014 年	2015 年	2016 年	2017 年	2018 年
净利润（万元）	13312.52	14336.50	20127.21	29587.81	53685.63	43598.25
投入要素总和（万元）	756752.62	775552.34	786214.10	904301.05	1100745.10	1192695.41
投入产出比（%）	1.76	1.85	2.56	3.27	4.88	3.66
整个市场净利润（万元）	68010.91	73397.42	76930.34	83365.20	99441.97	99765.20
整个市场投入要素总和（万元）	1596415.78	1770695.21	2022472.69	2390803.48	2711228.19	2137280.47
整个市场投入产出比（%）	4.26	4.15	3.80	3.49	3.67	4.67

3.3 林业上市公司社会责任履行的现状分析

通过企业社会责任信息披露现状和拥有的森林资源情况可以初步地查看林业上市公司社会责任履行的现状。

3.3.1 林业上市公司社会责任信息披露的现状

企业承担了社会责任，就应该对其履行情况进行披露。一般情况下，发布独立和非独立的社会责任报告是上市公司披露社会责任信息的主要手段，独立报告的主要形式如企业社会责任报告或环境报告书，而年报中有单独的关于社会责任方面的信息或公司主页中"企业社会责任"和"投资者关系管理"等栏目披露的信息可以视作非独立的报告。本研究借鉴喻婷（2013）和姚骥（2016）的方法[130, 145]，通过查阅林业上市公司是否发布独立报告和非独立报告以及报告的方式来考察社会责任的现状，并结合林业上市公司本身的特点，具体统计的结果见表3-8。

表3-8   2008年至2018年林业上市公司分行业披露企业社会责任报告情况

行业	证券简称	披露年份	行业	证券简称	披露年份
林业	平潭发展＊※	2010—2018		凯恩股份	无
	云投生态＊※	2008		景兴纸业△＊※	2012—2018（2017—2018也有社会责任报告）
	福建金森＊※	2012		太阳纸业※	2008—2018
	ST景谷	无		合兴包装	无
木材加工及木、竹、藤、棕、草制品业	大亚圣象	无		美盈森	无
	兔宝宝	无		中顺洁柔	2018
	威华股份	无		齐峰新材	无
	德尔未来	无		顺灏股份	2011，2018
	康欣新材	无		银鸽投资	无
	＊ST正源	无	造纸及纸制品业	青山纸业＊※	2010—2018
	丰林集团	无		民丰特纸＊△	2012—2013，2015—2018
家具制造业	永安林业＊※	2007—2018		华泰股份※	2010—2018
	浙江永强	无		恒丰纸业※	2012—2018
	索菲亚※	2017—2018		冠豪高新※	2015—2018
	宜华生活	无		山鹰纸业	无
	喜临门	无		宜宾纸业	无
造纸及纸制品业	晨鸣纸业※	2008—2010		岳阳林纸	无
	美利云※	2009—2018		博汇纸业※	2010—2018

注：标注※的公司发布了社会责任报告，标注△的公司表示发布了环境报告书，标注＊的公司在发布社会责任报告或环境责任报告书之前发布了总的社会责任制度或环境信息披露管理制度，未发布过任何形式社会责任报告的没有做标注。国有属性公司已加粗注明。数据来源于巨潮资讯网及公司网站。

通过表3-8统计分析林业上市公司社会责任信息披露情况，我们可以看出林业上市公司发布社会责任报告的起步较晚，永安林业是第一家发布社会责任报告的公司（2007年）。从披露独立报告的数量来看，我国林业披露独立报告的数量很少，2008年—2018年发布过独立报告林业上市公司也只有17家，占总体样本企业的47.22%，尚未过半。而且发布独立报

告的这些公司中，有的企业并没有连续发布，比如云投生态、福建金森和
中顺洁柔，甚至只发布了一年。景兴纸业（2017—2018 也有社会责任报告）
和民丰特纸采用环境报告书的形式披露，其他均采用企业社会责任报告的
形式，其中平潭发展、云投生态、福建金森、永安林业、青山纸业和民丰
特纸在披露报告前制定有单独的企业社会责任制度。

表 3-9　中国林业上市公司社会责任报告数量年度统计表

年份	2008	2009	2010	2011	2012	2013	2014	2015	2016	2017	2018
总量（家）	4	4	8	8	11	10	9	11	11	12	14
增长率（%）		0	100	0.00	37.50	−9.09	−10.00	22.22	0.00	9.09	16.67
国有（家）	3	3	4	3	6	5	4	6	6	6	6
比例（家）	0.75	0.75	0.50	0.38	0.55	0.50	0.44	0.55	0.55	0.50	42.88
市场总量(家)		310	461	474	576	642	675	705	747	795	851
增长率（%）			48.71	2.82	21.52	11.46	5.14	4.44	5.96	6.43	7.04

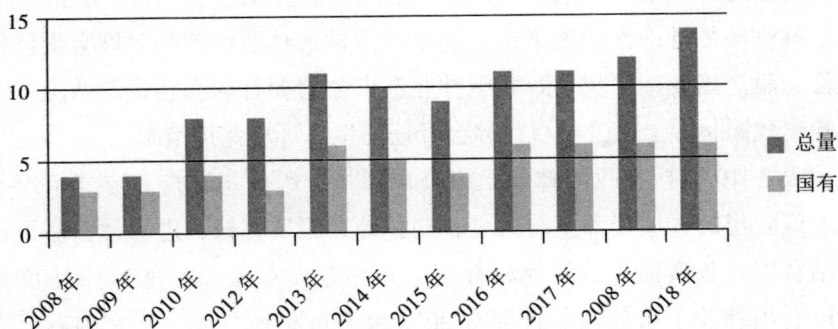

图 3-3　中国林业上市公司社会责任报告数量年度统计图（2008—2018）

纵向来看，从表 3-9 和图 3-3 可以看出，林业上市公司社会责任报告
披露数量总体上呈增长趋势，2008 年和 2009 年都只有 4 家林业企业发布
社会责任报告，分别是云投生态、永安林业、美利云、晨鸣纸业和太阳纸
业（云投生态只发布了 2008 年报告，美利云从 2009 年才开始发布），到
2018 年有 14 家林业上市公司发布了独立社会责任报告，增长了 250%。
每年披露社会责任报告的公司中，国有属性的公司占比也是由 2008 年的
3 家增长到 2018 年的 6 家，国有林业上市公司占披露数量总数的比例由

2008 年的 75% 降至 42.88%，但是整体上看，国有公司披露社会责任报告的数量达到 44%，占比不足一半，但是国有属性公司数量较少，这一比例也能看出国有公司对社会责任履行及披露的重视程度较高。

总之，目前林业上市公司发布社会责任报告的数量虽然还是不多，不如整个沪深两市合计的披露数量增长稳定，增长率波动下降，但是总体数量呈波动上升趋势，社会责任的信息披露水平正不断提高，林业企业履行社会责任的整体意识在逐渐升高。从林业上市公司社会责任披露来看，一部分公司未披露企业社会责任报告，许多已经披露的公司，也存在社会责任信息不完整、对一些重要的社会责任指标尚未提供量化的参数的问题，难以通过 CSR 报告来度量林业上市公司社会责任履行情况。

3.3.2 林业上市公司拥有的森林资源

林业上市公司是以森林资源及其产品为主要经营对象的企业，具有稀缺性，同时也具有可再生性和生态效益。因此林业企业与一般企业相比较，森林资源的科学经营和合理开发利用是热点议题，对于整个社会敏感度高[2]，从森林资源的外部性角度来说，其本身营林造林活动就是对社会责任的公益性贡献。因此，初步了解我国林业上市公司拥有的森林资源情况，可以反映出我国林业上市公司履行社会责任的生态环境保护情况。

表 3-10 概括了我国林业上市公司森林资源面积和持有方式情况。林业上市公司的林地资源主要通过收购林地、租赁林权、进行种苗基地建设和培育以及投资海外建设原料林等这几种方式实现。由表 3-10 中的数据可以看出林业上市公司总计拥有 2000 余万亩林地资源，八家国有属性公司中有五家拥有森林资源，其中：（1）拥有生态公益林的主要有福建金森、永安林业和平潭发展等少数公司；（2）进行速生丰产林和造纸林等商品林基地建设的有华泰股份、青山纸业、威华股份、兔宝宝等多家林业上市公司；（3）在海外拥有原料林基地的主要有太阳纸业、宜华生活和丰林集团等几家公司。可见，传统林业行业的四家公司均拥有森林资源，是其生产经营活动不可或缺的重要依赖性资源，限伐禁伐政策之后，随着家具和造纸业对于木材原来料的需求加大，以及国家对"林板一体化"和"林纸一体化"的鼓励和发展，速生林和用材林等商品林基地得到迅速扩大，为林业上市公司创造经济效益的同时，也增加了森林资源的生态效益。

表3-10　我国林业上市公司拥有的森林资源一览表

行业大类	公司简称	拥有的森林资源
林业	平潭发展	近100万亩林场作为杉树、松树等传统商品林和生态公益林
	云投生态	拥有绿化苗木生产基地1.82万亩
	福建金森	2012年经营区林地面积68.24万亩，2017年底拥有80万亩
	ST景谷	拥有核心原料林基地天然林42万亩，人工速生丰产林20余万亩
木材加工及木、竹、藤、棕、草制品业	兔宝宝	在国内拥有23万亩速生林基地的原材料供应平台
	威华股份	通过自建自营和合作联营的方式建设了60多万亩速生林基地
	康欣新材	2015年转型之初有41万亩，2017拥有原料林80万余亩
	丰林集团	向"林板一体化"方向发展，营造国内及海外速生丰产林20余万亩
家具制造业	永安林业	生态公益林地面积20.4万亩，商品林地160.4万亩
	宜华生活	2013年至今拥有国内外林木资源已超过500万亩
造纸及纸制品业	晨鸣纸业	集苗木培育、营林生产和木材开发于一体，拥有林地面积200万亩
	美利云	从2002年开始，沿腾格里沙漠边缘几十公里建设速生林基地
	太阳纸业	公司在2001年建起了老挝纸浆林基地，目前开发种植纸浆林150万亩
	青山纸业	2005年拥有58.6万亩，目前已建成造纸林基地220万亩
	华泰股份	规划建设了70万亩芦苇原料基地、60万亩造纸速生林原料基地
	宜宾纸业	大力实施"林浆纸一体化"战略，建设集约化经营示范林0.2万亩
	岳阳林纸	拥有林木资产近200万亩，近年也栽种可用于园林绿化的苗木
	博汇纸业	加快林、浆、纸一体化步伐，种植了近20万亩速生林原料基地

注：国有属性公司已加粗注明，数据来源于公司年报和社会责任报告以及公司网站。

此外，森林认证（或称木材认证），是依据第三方评估机构制定的系列标准，根据国际或国内公认的程序和范围标准进行森林的经营数量和质量进行第三方认证，并发放证书的一定程序。包括森林经营认证（Forest Management，FM）和产销监管链认证（Chain of Custody，COC）。林业企业向社会传递自身社会责任履行情况的重要渠道之一就是通过林业产业行业的认证体系，参与并通过第三方森林认证机制的林业企业往往能够获得更多的认可，是实现可持续经营和发展的重要事件[172]。因此，它被认为是一种能够实现林业企业经济效益、社会效益和生态效益实现的一种有效工具，其有效性体现在第三方机构是完全按照市场机制规则来完成的。2012年我国林业上市公司只有福建金森一家公司通过了FSC森林认证，到2018

年 29 家林业上市公司中有 22 家公司通过了 FSC 森林认证，占比 75.86%，可见近年来我国林业上市公司越来越重视进行森林认证。

由上述分析可见，林业上市公司社会责任履行不仅具有经济效益，更兼顾了生态效益和社会效益，因此，政府补助林业上市企业的社会和环境效果应当更加显著。同时也正因为林业上市公司社会责任的特殊性，环境责任对企业投资行为和投资回报率所带来的的影响可能更大，在分析林业上市公司社会责任对投资效率的影响时，更要注重对投资支出的有效性和资源配置效率（全要素生产效率）的全面性的考察。

3.4 林业上市公司政府补助的现状分析

2017 年政府补助修订后，不仅明确规定政府资本性投入、销售商品或提供服务的对价不属于政府补助，与资产有关的政府补助不再统一按照直线法摊销，而且政府补助的列报新增"其他收益"科目，不再统一计入"营业外收入"，影响企业当期的营业利润。因此，在 2016 年（含）之前，林业上市公司所披露的营业外收入中的政府补助，包含政府补助和收到的税费返还，2017 年之后林业上市公司所接受的政府补助与企业日常活动相关部分计入"其他收益"科目，计入"营业外收入"中的政府补助不足以反映林业上市公司所接受的所有政府补助情况。此外，现金流量表中收到的税费返还包含出口退税，且各个补助项目的口径不同，很难将其准确地归类。林业上市公司的企业数量虽然不多，但是企业年报中的政府补助难以辨别其属于与资产相关还是与收益相关。鉴于以上原因，根据第二章对于政府补助的界定，本研究按照万得资讯数据库（WIND）平台披露的报表附注非经常性损益中"政府补助"数额，予以反映林业上市公司全部的政府补助情况，该指标包含与资产有关和与收益有关政府补助总金额。通过对林业上市公司政府补助的数据进行统计分析来反映林业产业获得政府补助的现状和特征。

3.4.1 林业上市公司政府补助总体情况

林业上市公司历年来获得的政府补助总额和覆盖范围如表 3-11 所示，2013 年至 2018 年林业上市公司所获得的政府补助呈现总体上涨趋势，其中 2016 年和 2017 年出现小幅波动下降，2018 年大幅上升，这可能与林业产业政策的变动和不确定性有关。政府对林业上市公司补助的范围历年来一直 100% 全面覆盖，可以看出政府对林业产业的扶持力度一直很大。从整个林业产业获得的政府补助规模来看，林业上市公司 2013 年接受政府补助合计约为 77071.37 万元，到 2018 年接受政府补助合计值约达到 127183.04 万元，约是 2013 年的二倍，增长了 64.98%。根据表 3-12 统计，样本区间内，总体上市公司均值增长率 94.08%，虽然超过了林业上市公司增长率 65.02%，但是 2013 年和 2018 年林业上市公司政府补助均值都要大于整体上市公司的均值，总体上市公司补助均值的上升不排除各种新兴产业发展的加入带来的政府资源配置转型，但还是证明了林业上市公司总体政府补助趋势平稳有力。

表 3-11　2013 年至 2018 年林业产业上市公司政府补助情况表

年度	2013 年	2014 年	2015 年	2016 年	2017 年	2018 年
政府补助总额（万元）	77071.37	95543.68	102870.26	101644.77	89271.56	127183.04
增长率	–	23.97%	8.36%	−1.19%	−12.17%	42.47%
最大值（万元）	19670.84	26000.06	24471.66	47247.7	39277.42	53569.13
最小值（万元）	9	36.17	19.58	191.37	104.62	256.98
平均值（万元）	2657.63	3273.55	3547.25	3504.99	3078.33	4385.62
获补家数	29	29	29	29	29	29
公司数	29	29	29	29	29	29
获补占比	100%	100%	100%	100%	100%	100%

表 3-12　林业上市公司与市场平均政府补助情况比较表

	2013 年	2018 年	增长率（%）
林业上市公司均值（元）	2657.63	4385.62	65.02%
总体上市公司均值（元）	2112.06	4099.15	94.08%

从政府补助在各林业上市公司的分布情况来看，各家公司获得的政府补助资金有较大差距。2018 年获得政府补助金额最高的林业上市公司达到 53569.13 万元，而接受补助最低的公司只有 256.98 万元，且最大值与平均值之间的差异性也较大，可以看出政府对产业内部的补助还是有一定的选择性，但是，2013 年最大值与最小值相差 2185.65 倍，而到了 2018 年二者相差倍数缩小至 208.45 倍。说明总体上，政府对林业产业的补助全面覆盖，

差异主要体现在获得补助的金额大小上，但是不同公司补助金额差异也在变小。

具体从表 3-13 来分析 2013 年、2018 年和合计的排名情况，可以看出，2018 年获得政府补助最多的林业产业上市公司是晨鸣纸业 53569.13 万元，2013 年排在第一位的是岳阳林纸 19670.84 万元，合计排在第一位的也是晨鸣纸业 208060.73 万元。在样本区间内晨鸣纸业和岳阳林纸均位列前十名，太阳纸业四年上榜、顺灏股份和冠豪高新均上榜两次，而平潭发展、索菲亚、大亚圣象均上榜一次，齐峰新材和丰林集团上榜零次但合计数位列前十名。可见政府对特定上市公司的补助具有一定的不稳定性。2018 年获得补助规模最大的前十家林业上市公司共计得到政府补助 105243.81 万元，占全部林业产业所获政府补助的 82.75%，其他年份也均在 80% 以上，因此前十家上市公司所获政府补助合计数也占到总额的约 80.52%。可以看出政府对于重点企业的扶持力度非常大。

表 3-13   2013 年至 2018 年获得政府补助最多的前十家林业上市公司

2013 年排名		2018 年排名		合计排名	
证券简称	政府补助金额（万元）	证券简称	政府补助金额（万元）	证券简称	政府补助金额（万元）
岳阳林纸	19670.84	晨鸣纸业	53569.13	晨鸣纸业	208060.73
晨鸣纸业	17494.76	冠豪高新	23990.70	平潭发展	59925.44
华泰股份	13264.28	宜华生活	4583.23	顺灏股份	47532.82
中顺洁柔	3646.64	太阳纸业	4352.22	冠豪高新	47462.02
太阳纸业	3056.46	民丰特纸	4346.85	齐峰新材	37242.12
山鹰纸业	2419.95	顺灏股份	4300.20	太阳纸业	23771.59
青山纸业	2352.57	青山纸业	3387.02	岳阳林纸	19374.90
顺灏股份	2132.27	平潭发展	2401.92	索菲亚	11840.34
福建金森	1406.83	浙江永强	2278.10	丰林集团	11679.53
美盈森	1299.03	岳阳林纸	2034.44	大亚圣象	11081.45
合计	66743.63	合计	105243.81	合计	477970.95

注：其中加粗为国有属性公司。

3.4.2 林业上市公司政府补助产权性质分布情况

从产权属性来看，由表 3-13 可以看出，在 2018 年有晨鸣纸业、冠豪高新、民丰特纸、青山纸业和岳阳林纸五家公司为国有企业，占到总数的一半，其他年份也均有四家以上是国有属性。29 家林业上市公司中有 8 家是国有属性，而有一半以上国有企业均位列补助金额前十名，因此可以看出政府补助的国有产权属性偏好。

表 3-14　2013 年至 2018 年国有林业产业上市公司政府补助情况表

年度	政府补助总额（万元）	增长率	最大值（万元）	最小值（万元）	平均值（万元）	中位数（万元）
2013	43531.75	－	19670.84	222.60	5441.47	1297.42
2014	42071.80	－3.35%	26000.06	222.60	5258.97	1919.42
2015	35502.59	－14.37%	24471.66	222.60	4437.82	1257.87
2016	66192.45	86.44%	47247.70	272.77	8274.06	1287.25
2017	57634.09	－12.93%	39277.42	104.62	7204.26	1936.51
2018	64499.94	11.91%	53569.13	256.98	8062.49	1443.50
合计	471630.95		284152.08	0.00	13475.17	1435.75

从表 3-14 和表 3-15 中也可以看出，国有和非国有林业产业上市公司政府补助均呈现上升趋势，在总补助金额上差距较大。国有公司虽然数量少，政府补助增长速度不如非国有公司，但是政府补助总额除了 2014 年和 2015 年均超过了非国有公司，合计数也比非国有公司要大。不同产权性质林业上市公司政府补助在各个公司间差距同样显著，最大值和最小值相差较大。从平均值来看，国有公司政府补助不论分年度来看还是合计数来看平均值均超过了非国有公司。因此，可以看出，国家对国有公司的支持力度要远大于非国有公司。

表 3-15　2013 年至 2018 年非国有林业产业上市公司政府补助情况表

年度	政府补助总额（万元）	增长率	最大值（万元）	最小值（万元）	平均值（万元）	中位数（万元）
2013	33539.63	－	13264.28	9.00	1597.13	704.69
2014	53471.88	59.43%	18647.07	36.17	2546.28	974.31
2015	67367.67	25.99%	19925.15	19.58	3207.98	752.97
2016	35452.33	－47.37%	5695.49	191.37	1688.21	993.06
2017	31637.47	－10.76%	3654.89	159.01	1506.55	1278.19
2018	62683.10	98.13%	23990.70	604.18	2984.91	1435.75
合计	284152.08		23990.70	9.00	2255.18	1026.00

3.4.3 林业上市公司政府补助种类和数量情况

如表 3–16 所示，从披露政府补助的种类来看，林业上市公司获得的政府补助占比数额较多的主要有以下几类。

表 3–16　林业上市公司政府补助政策主要分类情况

项目	简介	主要目的	举例
林业专项资金补贴	属于财政拨款，包括各种林业专项补贴收入	基于林业基础性产业、弱质性产业和生态环境建设给予的补贴	森林抚育补贴、财政造林补贴、造林补助款、造林绿化和森林经营补助、森林生态效益补偿资金、生态林维护补偿金、防火林带建设补助资金、防护林补助、苗木补助款、林业经费返还等
行业扶持补贴	属于财政拨款，包括发展资助、企业扶持资金等，是政府为促进和保护某些特定行业的发展，对整个行业采取的补助政策	加快被扶持行业发展的步伐	林下经济示范基地建设、重点业态示范企业发展专项资金补助、现代农业（花卉）生产发展项目资金、农业产业化项目补助资金、耐寒桉树项目研究经费、金线莲产业补助、种苗工程专项资金、桉树与大叶相思混交推广试验专项资金、林下经济利用补助、高性能低密度纤维板研发资金项目补助、新建年产 5 万吨高档生活用纸项目专项资金、定制衣柜技术升级改造项目
税收返还	政府按规定先征后返、即征即退、加计应缴税费抵扣额等以税收优惠形式向企业返还的税款	推动地方区域经济发展，产业聚集和结构优化，刺激投资	增值税退税、返还、税局退税款，以纳税奖励、纳税补助、纳税大户奖励、税收贡献奖、土地亩产税收贡献奖、房产税和土地使用税即征即奖奖励金等奖励形式出现的变相税费返还
财政贴息	政府无偿的为承贷企业偿还公司的银行贷款利息，是一种更为隐蔽的补贴方式	降低企业融资成本和贷款风险，助力优质投资项目	贷款贴息、地方发展和财政局贴息补助、林业贷款贴息、中央外经贸发展专项资金、专项进口贴息、工业企业贷款贴息补助资金、污水处理厂搬迁项目财政贴息资金、省主导产业技术改造项目贴息资金、素色装饰原纸及无纺（布）壁纸原纸项目贴息、生产技术改造贴息补助、重点产业贷款贴息、重点出口支持项目贴息（补助）支持资金、收购农产品流动资金贷款贴息、林业厅林业基本建设贷款贴息
科研专项、创新奖励	政府根据企业的技术进步、产品创新情况给予一定程度的补贴	奖励企业技术进步、推动技术创新	专利奖励、科技奖励、科技成果转化和产业化项目经费、两化融合专项资金补助、林业科技推广示范资金、木竹产业技术创新补助、重大科技专项补助经费、研发项目补助、节能淘汰落后产能专项资金以及污水治理资金、防污治污环保项目补贴等
其他	包括各种名目繁多的奖励和其他补贴	对带动地方经济发展的鼓励，提供就业岗位的奖励或补偿	人才计划、社保补助、各种奖励（节能改造奖励款、年度工业立市奖励经费、工业与信息产业奖励金、经济突出贡献奖、经济发展优胜企业奖），以及林业用油价格补贴、电费补贴、稳岗补贴、龙头企业和品牌奖励、征地补偿及三通一平补偿款等

从 wind 数据库披露数据来看，因为会计准则变更对于政府补助的明细披露不统一，加之不同上市公司对于不同补助项目甚至同一补助项目的分类不清晰，导致难以量化统计。但还是可以看出林业上市公司科研专项、创新奖励等研发创新补贴占比相对较少，绝大多数为林业专项资金补贴、行业扶持补贴、税收返还和财政贴息。按照已有学者研究，若财政补助中财政拨款贴息与产业发展补助占比较大，则说明对该产业的补助多为"补弱"，而研发补助较多则政府补助更多是从产业发展的角度进行的，是对企业研发创新鼓励的一种"补强"[16]。而且通过分析发现，林业上市公司政府补助的类型多为与收益相关的政府补助，一般对补助金额及投资方向予以明确，政府补助林业上市公司多为基于产业发展的补助[76]。因此，政府补助的不同补贴项目起到对林业产业发展的重要引导和带动作用。

从 wind 数据库林业上市公司年报中政府补助的披露数量来看，各上市公司每年披露政府补助种类繁多，其中景兴纸业 2016 年披露 45 项、中顺洁柔 2013 年披露 49 项，而顺灏股份 2016 年披露高达 50 项各种名目形式的补助，而历年来获得补助金额最多的晨鸣纸业，并没有将每年补贴收入详细展开披露。某种程度上说林业上市公司希望披露众多政府补助项目以展示良好的政企关系和企业发展潜力的形象。

3.4.4 林业上市公司政府补助与利润情况

政府补助通过营业外收入等科目最终都会影响企业的损益，无疑会对林业上市公司绩效产生一定的影响。需要说明的是，获得政府补助以后，企业的会计处理不同，可能会采用递延收益分期确认，这并不会影响政府补助的持续性和稳定性，因为分期确认正是根据"收益期"进行匹配的原则，而非一次性对林业上市公司进行补助，进而能够发挥长久持续的效果。

从林业上市公司的净利润情况来看（表 3-17），样本区间利润均值远大于政府补助金额，二者绝对值均值近似呈同向变动，从图 3-4 可以看出，历年来林业上市公司盈利能力与政府补助几乎同向波动，说明政府补助对林业上市公司业绩产生一定影响。每年被剔除政府补助后转盈为亏的林业上市公司分别为 2~8 家不等，其中 2016 年和 2017 年只有 2 家和 3 家企业剔除补助后转盈为亏，总量占比较小，约 6% 左右，可以看出，部分林业上市公司受到的政府补助金额可以起到弥补亏损的作用，通过政府对其"补亏"实现扭亏为盈，但是大多数林业上市公司事后的"补亏"效果并不明显。

表 3-17　林业上市公司政府补助效果情况表

年度	2013 年	2014 年	2015 年	2016 年	2017 年	2018 年
政府补助均值（万元）	2657.63	3273.55	3547.25	3504.99	3078.33	4385.62
政府补助增长率	—	23.18%	8.36%	−1.19%	−12.17%	42.47%
净利润均值（万元）	14164.49	15058.28	22255.98	31047.19	58689.97	47486.49
净利润增长率	—	6.31%	47.80%	39.50%	89.03%	−19.09%
总资产净利率均值（万元）	0.0352	0.0334	0.0292	0.0415	0.0522	0.0271
政府补助 / 营业收入均值（万元）	0.0091	0.0128	0.0107	0.0086	0.0117	0.0094
政府补助 / 总资产均值（万元）	0.0036	0.0044	0.0037	0.0034	0.0036	0.0038
每股收益均值（万元）	0.2267	0.2095	0.1850	0.3060	0.4043	0.1279
剔除政府补助转盈为亏家数	6	8	7	2	3	3

但是从增长率来看，政府补助与净利润近似呈反向波动，由图 3-4 可以看出，其中 2016 年和 2017 年这两年期间林业上市公司盈利水平大幅度提高，亏损企业数量少，而 2018 年林业上市公司盈利情况出现转折性下降。这与上述政府补助增长率在这两年出现下降，而在 2018 年又继续增长的变动相反，说明政府补助并不会因林业上市公司当年利税的增加而增加。一方面，政府在给予企业财政补助时不会是盲目的，其决策一般会直接或者间接地体现当地政府的某种政治目的或经济目的，而且重大项目补助通常都是事前的补助，因此，政府补助可能受到上年林业上市公司利润情况的影响；另一方面，政府补助也可能存在对林业上市公司当年的亏损情况进行补亏的动机，但是通过上述分析可见，林业上市公司事后的"补亏"效果并不明显，2018 年扣除政府补助后转盈为亏的企业占比约 10%。

只有在政府和微观主体之间财产界限清晰明了的前提下，政府出于某种目的，认为有必要通过参与微观经济主体的经济活动来实现特定利益追求或目的时，才会提供财政补贴[74]。因此，本研究认为政府补助的力度可能更多地受到林业上市公司上年表现的影响，对企业投资行为具有一定的长期的和战略的意义。虽然政府在这种补贴数额上是有限的，与林业产业上市公司上缴的利税相比相差悬殊，但是还是能够看出持续稳定的政府补助与林业上市公司经济后果的一定关系，对林业上市公司的稳定的经营业绩产生重要影响。

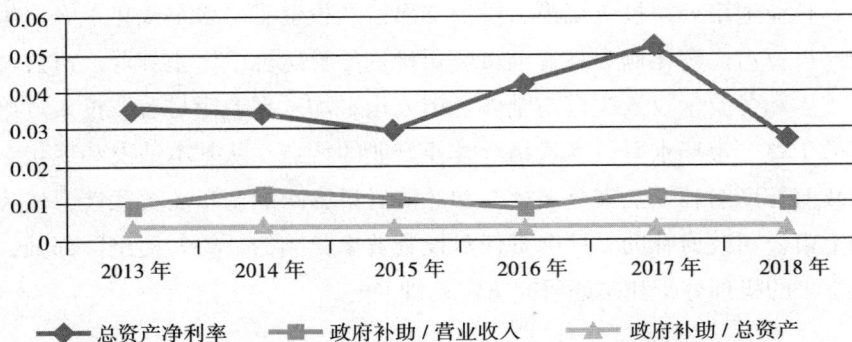

图 3-4　林业上市公司政府补助效果情况图

可见，经过现状分析也初步印证了在国内外研究现状中提到的当前政府补助的动机主要是正面的，而非大面积地进行盈余管理，符合本研究对林业上市公司政府补助概念中动机的界定，即政府补助林业上市公司主要是"补弱"和社会性目标。

综上，通过林业上市公司政府补助、社会责任和投资效率的基本情况及现状分析可以看出：一是政府补助林业上市公司的力度大，政府补助林业上市公司主要是正向的动机，林业产业投资周期长、风险大且效益低又关乎基础性产业发展和林农及生态安全问题，国家扶持林业产业和投入投资资金一直占据主导地位，政府补助会对林业上市公司投资行为和投资回报率产生直接影响；二是林业上市公司社会责任具有生态环境责任的特殊性，政府补助是林业上市公司特殊的社会责任的主要驱动力量，所以政府介入林业产业上市企业发展具有必要性，政府补助会对林业上市公司经济和社会后果产生影响。

3.5 本章小结

本章是林业上市公司政府补助、社会责任与投资效率的现状研究。林业上市公司政府补助类型庞杂、数量繁多、覆盖面广、持续性好、补助数额高且力度大，国家对国有公司的支持力度要远大于非国有公司，事后"补亏"效果不明显；林业上市公司社会责任信息披露总体数量呈波动上升趋势，部分上市公司拥有森林资源，林业上市公司社会责任具有一定的特殊性；林业上市公司投资规模、投资支出以及投资支出水平逐年上升，生物资产投资占一定比例为林业上市公司投资的特殊性，但是林业上市公司投资支出和各要素投入规模与全体上市公司平均水平差距显著，投入产出效率低于整个市场水平。本章结合林业产业的特点，从基本情况和现状中发现政府补助对林业上市公司社会和经济后果影响的初步的关联性，作为林业上市公司政府补助、社会责任对投资效率影响的"关系提出"部分，为接下来的机理分析和实证研究奠定基础。

4. 林业上市公司政府补助、社会责任对投资效率影响的机理及假设

4.1 林业上市公司政府补助对投资效率的影响

4.1.1 非效率投资的主要成因

如前述分析，企业在形成投资决策时，要经过两个重要的步骤。第一是要获取投资资金。基于融资优序假说，在内部现金流不充足时，由于内部融资难以满足投资的需求，企业会努力通过外部融资来解决。第二是要选择投资项目。企业在进行投资项目选择时，主要取决于市场中的投资机会集的大小和决策者对这些投资机会的识别情况[127]。

Hayashi（1982）认为，在完美的资本市场中，投资者是完全理性的，信息完全透明且交易没有成本，因此，企业内部和外部的资本成本也是相同的，企业也不会出现代理冲突，投资决策主要取决于投资机会的大小，即上市公司所面临的投资机会越大时，其投资支出水平也越大，资金只会流向所有 NPV 为正的投资项目。但是在现实中，资本市场会由于不完美而存在各种噪声和信息不对称现象，尤其是我国资本市场尚不完善，使得企业资本配置扭曲，经济人假设和不完全契约的存在导致代理人并非完全代表委托人利益，进而影响投资支出的有效性。

4.1.1.1 基于信息不对称分析非效率投资的原因

在投资决策的第一步"投资资金的获取"阶段，企业在自有资金不足需进行外部融资时，会因为股票市场和债务市场中的信息不对称产生事前的"逆向选择"问题，引发非效率投资现象。

（1）股票市场信息不对称引发的非效率投资

在股票市场中，管理层掌握更精准的公司价值和投资项目信息，股票

购买者因缺少充分的信息难以辨别公司优劣，因此，股票购买者在交易时为保护自身利益只愿支付平均价值。此时，优质公司投资决策时，会因新股价格被低估损害现有股东利益和融资成本过高而降低新项目投资的预期收益，而选择放弃净现值大于零的优质项目，导致投资不足；反之，劣质项目可能被进行投资，导致投资过度。另外，即使企业管理者和股东利益一致时，管理层为目标项目筹资而发行新股时，也会因信息不对称造成潜在股票购买者对管理者意图产生逆向判断，理解为经营不善才会进行增发的一种坏消息，折价抛售进而造成股票价格下跌。这样，企业为了不影响股价而不愿发行新股筹资，即使优质项目也会因筹资不足而被放弃，导致企业投资不足。

（2）债务市场信息不对称引发的非效率投资

一方面，在长期贷款市场，股东和债权人对投资项目承担不同的风险和收益，在信息不对称情况下，股东在面临不同投资机会时，偏好高风险、高回报的投资项目。债权人为了保护自身利益，往往要求较高的投资回报率，通过提高贷款利率或对贷出资金附加限制性条款，抬高企业的融资成本；债权人对投资项目预期收益不看好而要求更多的风险溢价补偿，企业管理者迫于过高的融资成本而放弃投资，造成企业投资不足现象；反过来，经营者也可能会因为债权人对一个净现值非正的项目进行过高评估或积极主动投资行为而投资过度。银行为了避险可能出现为投资风险较低的企业提供低利率的贷款的"信贷配给"现象，这样，可能会使获得低利率贷款的企业由于资金充沛而过度投资，而真正需要资金的有利投资即使愿意支付较高利率也无法从银行筹集资金，由于资金匮乏，企业放弃优质项目，产生企业的投资不足[127]。

另一方面，在债券市场的信息不对称也会造成逆向选择问题。由于信息不对称的存在，债券购买者也不能像公司管理层一样充分了解公司投资项目的风险，当风险补偿达不到债权购买者预期时，往往会提高利率，而公司由于过高的融资成本可能选择放弃有利可图的投资项目，产生投资不足。或者由于信息不对称导致债券市场价值误判，债权价值若被过高估计，因筹资成本过高产生融资约束，会使内部经营者放弃优良项目，造成投资不足；反过来，债权价值若被过低估计，企业经营者可能会由于筹资成本降低而选择投资于净现值小于零的无利可图的项目，产生过度投资。

根据理论分析，信息不对称问题已经拓展至公司包括政府在内的所有利益相关者，而本研究定义的广义的投资效率也包含了公司的生产经营决策，投资效率也会受到各个利益相关者的影响。因此，除了上述股票市场和债务市场的信息不对称问题，在林业上市公司与政府之间、其他利益相关者之间也会产生信息不对称问题，进而影响林业上市公司投资支出的有效性和投入产出效率。

4.1.1.2 基于委托代理问题分析非效率投资的原因

在投资决策的第二步"选择投资项目"时，因信息不对称、理性经济人假说和不完全契约等问题的存在，代理人与委托人利益不一致，会因为股东与管理层、大股东与中小股东以及股东与债权人等的委托代理冲突，产生事前的"逆向选择"或事后的"道德风险"，影响企业利益相关方对投资机会的识别和选择，进而影响公司投资决策和效率。

首先，股东与经理人之间的代理冲突。

在公司治理中，现代公司的经营权与所有权分离，股东价值最大化目标与经理人个人利益最大化目标发生冲突，为了谋取更多的个人利益，作为代理人的管理者具备以下动机和行为特点，对企业投资决策产生影响。

一是企业扩张规模和在职消费的动机。一般情况下，越庞大的公司，经理人越有可能控制更多的资源并获得超额的利益。所以，一旦外部筹集资金或内部现金流充分，公司高管为扩大规模不惜超出合理预期投资于净现值小于零的新项目，造成投资过度。管理者在职期间就可以占有更多的资源，获得个人享受等物质利益[155]，进而造成非效率投资。二是职业晋升与提升声誉动机。Narayanan（1985）引入了高管声誉假说，指出高管个人价值绝大多数取决于其短期绩效。为了个人声誉的提升，实现自身职业的晋升，公司管理者偏好投资于收益见效快、回报周期短的项目，长期来看可能是损害公司价值的无利可图的投资项目，进而产生非效率投资。三是管理者过分保守或过度自信。一些保守的高管因担忧失职和担责，主动过分地规避投资失败对个人职业发展的不利影响和风险承担，即使有利可图的项目也选择放弃，引发投资不足；还有部分缺乏主见的管理者会产生"羊群效应"，导致投资于收益性较差的项目或者错过优良投资项目的机会；

另外，有的管理者存在过度自信行为，盲目且过度自信地对投资项目进行评估，依据自己的学识和能力水平而不愿相信投资项目被低估，而产生过度投资。

其次，大股东与中小股东之间的代理冲突。

现代公司所有权与经营权分离，传统的委托代理理论认为，由于委托代理问题和信息不对称，会造成股东与管理者之间的利益冲突，股权越分散，代理问题就会越严重[156]。当股权集中度高到一定程度时，代理问题就会从经理层与所有者之间的利益冲突转向控股股东与少数股东之间的利益冲突。

大股东控制对企业投资行为产生重大影响，在过度投资方面，例如，利用自身控制权的优势，大股东在投资时选择自身利益最大化的项目，中小股东可能不会从中获得相同的收益和回报，从而对中小股东的利益造成损害；再比如，大股东利用金字塔结构、交叉持股等手段分离控制权与现金流权，通过"隧道效应"进行财富转移，从而减少企业的价值。同时，我国资本市场尚不完善，内部的控制和外部的监督能力均比较薄弱，证券市场更多是充当股权融资的工具而非进行有效的资本配置。因此，在缺少相应的监督制约机制情况下，大股东更容易攫取控制权私有收益，股权集中的提高更易导致过度投资。同时，大股东侵占这一过程必然导致公司资金紧张，造成投资不足，也会降低公司整体投资效率。在投资不足方面，拥有控制权的大股东也可能为了谋取私人收益，只要投资项目收益水平超过其分享下的收益率，即使收益性很低也会将公司资金和现金流进行投资，此时，大股东在追求个人利益最大化的动机下会选择放弃净现值为正的投资项目，导致投资不足[158]。

最后，股东与债权人之间的代理冲突。

股东与债权人的代理关系主要体现在中长期贷款市场和债券市场中的筹资行为。在债权人难以对企业日常经营活动进行监督时，企业并不总是按照债权人的要求来分配和使用资金。高风险和高收益的项目满足股东利益最大化，股东可能会与管理者合谋，为了谋取私利，投资于违背债权人意愿的高风险高收益的项目，引发投资过度。股东会因项目投资成功而获得超额财富回报，债权人按事先约定还本付息；如果项目投资失败，债权投资者则会承担大部分甚至全部损失和风险。

股东与债权人间的利益不一致也可能会造成投资不足。这主要体现的是负债融资的"相机治理效应"，可以发挥约束和激励效果，抑制非效率投资：一方面，高债务资本增加企业未来还本付息的现金支出，也会使经营不善的破产风险增加，债权人对债务资本的严格使用限制和监督，有利于减少管理层可动用的资金和滥用流动资金的机会，从而对过度投资行为产生约束；另一方面，负债也对企业管理层产生一定的压力，使得管理者还本付息压力增大，他们会尽心竭力地经营，为了规避破产风险对自身职业发展和个人声誉造成的不利影响，管理者也会谨慎进行投资活动，不滥用职权和克制过度投资，若企业处于高速发展阶段，高债务资本则可能会导致企业投资不足现象。

综上，非效率投资成因的机理图如图 4-1 所示。

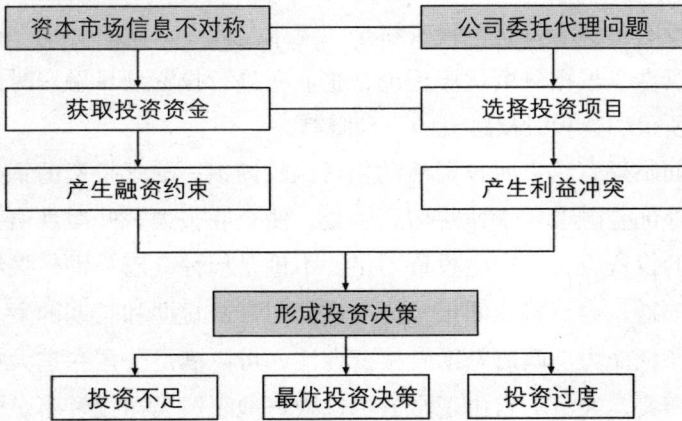

图 4-1 非效率投资的形成动因

根据理论分析，委托代理问题已经拓展至包括政府在内的公司所有利益相关者，而本研究定义的广义的投资效率也包含了公司的生产经营决策，投资效率也会受到各个利益相关者的影响。因此，除了上述委托代理问题，在林业上市公司与政府之间、其他利益相关者之间也会产生委托代理问题，进而影响林业上市公司投资支出的有效性和投入产出效率。

4.1.2 政府补助与投资效率

政府有针对性和选择性地对企业进行补助，即使同一产业内也会出现差异性，其投资活动可能出现两种截然不同的效果。

4.1.2.1 政府补助对投资效率的正向影响机理

政府补助资金的注入主要会给上市公司带来以下两个方面的积极作用。

首先，直接影响，政府补助直接增加内部资金，缓解融资约束。公司投资资金的来源问题对投资支出的影响是非常重要的，对于一些本身就存在原始资本积累不足、自有资金匮乏问题的公司来说，想要实现企业扩大投资的目的，单纯依靠自身经营活动所产生的现金流是远远不够的，通常需要利用外部更广泛的融资方式来缓解企业投资所面临的资金不足的压力。由于正处于经济转型时期，中国资本市场不可避免地面临各种结构性缺陷，股票、债券市场以及银行信贷等的发展不完善，都限制了上市公司的资金筹措能力，导致在投资决策中面临融资约束[157]。内外部融资的难易直接关系到投资支出的大小，是投资问题各种影响因素中最重要的因素，因此，若没有足够的资金，投资将是"无米之炊"。政府补助作为企业无偿获得的资金，根据融资优序理论，企业在进行投资项目融资时能够避免受到外部债权融资和股权融资的不利限制。

企业面临融资约束时投资活动相对比较谨慎，缺乏投资的积极性，由于难以从外部金融市场快速筹措到资金，使企业丧失一些净现值大于零的优质项目的投资机会，产生投资不足。不论是何种政府补助，最终都要影响公司的损益，会直接或间接地为上市公司带来短期和长期的资金且不会带来任何偿债压力。政府补助直接资金注入可以满足公司在扩大投资过程中的资金需要，大量的自由现金流可以很好地缓解公司投资不足的问题，从而使投资效率提高。

其次，间接影响，政府补助能够发挥信号传递作用，进而缓解融资约束并带来"声誉效应"。任何一个企业都不可能在市场中独立存在，企业必须做到对外部信息具有非常高的敏感性，才能利用与外部市场的联系实现自身的生存和发展，市场中或者行业内的任何事件的发生都会对这个企业的经营决策产生影响。而政府补助行为本身就是这种信息的代表，其主要发挥的信号传递效应表现在以下几个方面。

一是行业内企业接收信号后的主动反应。通常情况下，在国家产业政策支持下，同一行业的企业往往都能得到一定程度的政府补助，但是政府补助的力度和时间范围可能会有所不同。由于得到政府补助的企业不仅意味着政府支持企业的经营发展理念和规划，对公司某项业务或项目持鼓励态度。该行业内部其他企业也随之关注类似经营业务范围或项目，或者有新的企业被吸引加入此项领域，进而使市场竞争加剧，也在无形当中提高了对公司投资项目的发展要求，因此，受补助企业只有进一步提高自身的投资效率，才能维持自身的优势和竞争力，从而引发行业内的良性刺激竞争和发展。

另一种方式是通过资本市场。企业生存和发展的关键命脉之一是信贷资源，它体现一个企业所受融资约束的重要内容[159]。政府倾斜性的政策性补助的一个重要作用就是向商业银行、投资者等市场主体传递一种信号，即传达该受补助企业未来的盈利能力较强、偿债能力有所保障，企业目前是一个有发展潜力的企业。不管公司是否面临资金短缺或者经营业绩下滑，市场都将传递一种正向的信号，即政府将加大力度扶持这一行业的发展。资金供给方便会加大对上市公司的投资和介入，进而更多的现金流将流入企业，从而缓解上市公司所面临的融资约束[157]。

最后，政府资金使用的多方位监督，可以避免投资的无效率。公司一旦接受政府补贴或者成功申请补贴项目，会按照一定程序和要求对外公开披露；如果对于申请补助的企业，政府能够负责任地详尽地实地调查，严格执行有关程序，对补贴政策中的每项规定和要求都严格落实，那么对外部投资参与者而言，该政府补助决策就会有很高的参考价值[159]。因此，上市公司在获得政府补助后可能会受到多方面的监督，包括政府、外部投资者以及社会公众等，使上市公司政府补助资金的使用和管理透明化，有效降低各个利益相关方的信息不对称程度，对管理者盲目扩大投资和违规使用资金加以控制，从而增加投资决策的合理性和提升投资效率[10]。

4.1.2.2 政府补助对投资效率的负向影响机理

首先，从企业的角度来看，由于委托代理问题的存在，政府补助可能会带来投资过度。

现代公司所有权与经营权分离，传统的委托代理理论认为，由于委托代理问题和信息不对称，会造成股东与管理者之间的利益冲突的第一类代理问题，股权越分散，代理问题就会越严重。Jensen（1986）最早提出"过度投资"这一概念，当政府补助以额外的现金流的形式注入企业时，管理层手中可支配的资金规模扩大，容易产生"道德风险"，导致职业经理人投资于一些净现值为负的项目，或投资诸如"帝国建造（empire building）"这类会毁灭企业价值的项目[155]，以此来获得在职消费或者其他资源，从而导致过度投资[156]，产生企业的非效率投资行为。政府的主动补助和扶持政策，也可能加剧管理层盲目乐观的心理，此时，政府补助资金不仅不能有效地降低公司的投资不足，反而会导致比较严重的过度投资问题。企业投资对现金流较为敏感，当企业拥有大量的内部自由现金流时，更容易表现为过度投资[160]。同时，一些上市公司费尽心思争取当地政府的补助款项，采用粗放式的经济发展模式，管理层盲目投资一些项目，甚至为了扩大生产规模利用政府补贴资金采购国外的技术和设备，不仅损害了政府支持和鼓励行业发展的初衷，造成整体社会资源的浪费，还容易形成行业内产能过剩等不良现象[164]。

其次，站在政府的层面来分析，政府补助与企业目标不一致，可能造成过度投资或低效率的投资问题。

我国地方政府与企业的关系紧密，上市公司在带动地方经济发展、促进就业和税收贡献等方面扮演着重要的角色，与地方政府官员的政绩联系也比较紧密，加之较低的政府行政干预成本支出，因而使政府干预上市公司的动机得到增强[58]。将政府的各种目标渗透到地方企业（尤其是地方上市公司）中去，政企之间出现"共存共荣"的关系[60]。政府也会出于地方政绩的考虑，将政府资金更多地投资于能够增加地方 GDP 的项目上，显然这只是在短期内刺激了当地 GDP 的显著提高，长期来看反而会对市场公平和资源配置效率的合理性产生不良影响[66]。例如使企业过多地依赖政府补助，阻碍一部分企业做实做大，企业进行研发投资的积极性降低，正常生产经营的惰性得到助长；与政府建立政治联系的公司更易获得政府补助[75]，企业也可能为了能继续获得政府的补助和寻求更多的优惠与扶持，企业会主动争取补助这一稀缺资源，从而选择寻租行为；企业对政府补助的敏感度降低，其所关注的并不是补贴资金是否被有效利用，而是积极完成诸如扩大就业和助力 GDP 快速增长的政策性目标，盲目加大在人、财和物等各方面资源的投入水平，扩大投资规模，造成过度投资、重复建设和资源的浪费等现象[10, 83]。

最后，政府补助的不确定性可能会加剧非效率投资。

财政政策由于遵循相机抉择原则，其本身存在不确定性。相机抉择是政府干预经济时常用的规则，在进行财政政策干预时机动地决定和选择政策措施，实现财政目标。该规则充分体现了政府对企业实施补助是基于一定的环境政策和既定目标，不会维持在稳定不变的水平。即政府对企业是否补助以及补助力度在很大程度上取决于政府财政政策目标是否完成，相关目标一经实现，将存在较大变数，所以理论上来说对企业的这种外部资金来源是不稳定的[85]。政府政策具有一定的时效性和变动性，因此政府是否对上市公司进行补助以及补贴额度也具有不确定性，这些都会导致其对投资效率的影响产生不确定性，可能造成投资效率损失。

综上，经过政府补助对投资效率的影响的机理分析，绘制影响结构图，如图 4-2 所示。

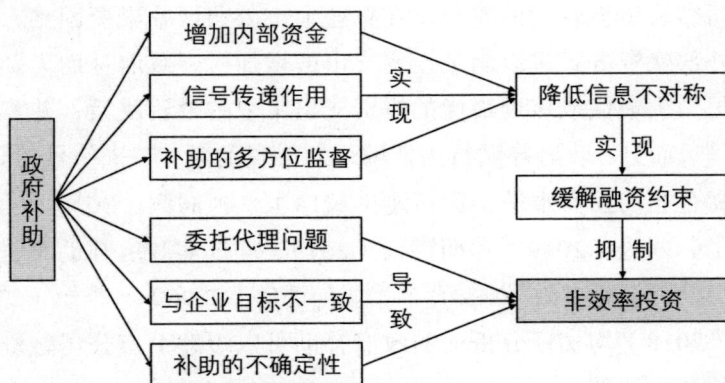

图 4-2　政府补助对投资效率的影响结构图

4.1.2.3 政府补助对投资效率研究假设

政府补助如同一把"双刃剑"，既可以有效降低投资不足，也容易引发过度投资行为。林业上市公司是林业行业的龙头企业，具有显著的正外部性特征，对地方经济发展、社区福利和居民就业均有重要作用，因此，其投资行为必然要和政府关联，受到各级政府的关注。虽然企业投资行为和投资决策是微观公司所做出的内部决策，但就如同外部环境和其他要素的重要性一样，其不可割裂地要与宏观政治、经济和政府之间产生联系，而政府补助正是作为外在的政府这一重要的利益相关方，将其所控制的资源以直接补助的方式分配入各林业上市公司的资源，政府补助必然对林业上市公司投资行为产生重要影响。由前述分析可知，林业投资具有其自身的特点，林业上市公司中有一部分公司拥有林地资源，企业投资不仅具有经济效益，更兼顾了生态效益和社会效益。由于农林相关行业的公益性及弱质性特点，国家和政府一直比较侧重于对林业上市公司的补助[61]。

相对于其他产业来说，不管是处于稳定的成熟期还是正处于快速成长阶段的林业上市公司，可能由于其自身的特殊性，比如因资金需求量大、林业投资的回收期长和风险大的特点，存在正外部性问题，会面临更多的融资约束问题，而同时内部资金难以满足企业继续扩大投资的需要，因此，比较容易产生投资不足的问题。此外，林业行业从林木资源的培育到林产品的加工制造都需要投入大量的资金，所以，林业上市公司实物资本投资支出水平相对较高，造成企业实际投资支出水平与最优水平之间容易出现较大的差距。在林业上市公司面临融资困难，内部现金流和外部融资方式难以满足投资支出的增加时，政府补助无疑能够有利于公司做出最优或接近最优的投资支出水平的投资决策，并实现效率的提升[10]。而且，政府补贴行为能够缓解融资约束，带来信号传导效应，从而提高企业的投资水平。黄新建（2014）、柯润润（2016）、刘进等（2019）、刘进（2019）和胡诗仪（2019）均证实政府补助对缓解我国上市公司投资不足有效[19, 72, 73, 74, 75]。何源等（2006）、李燃（2018）和唐安宝（2018）均实证分析证明政府补助可以缓解上市公司融资约束，提高投资效率[10, 82]。

同时，林业上市公司由于其自身的弱质性导致的对政府政策的高度依赖，使得林业上市公司更容易受到政策影响，且林业上市公司自身技术创新能力较弱，政府对林业上市公司的投资决策的干预效果可能更为突出[94]。近年来政府补助资金在林业上市公司中呈现增加趋势，因此，本研究推测政府补助有可能满足甚至超过林业上市公司的资金需求量，即使在投资过度的林业上市公司中，政府补助依然能够发挥对公司的投资项目的良性引导和监督机制，起到抑制非效率投资的作用，使得企业的投资决策趋于完美。黄志雄等（2015）证实在我国全部上市公司中、吴春雅等（2015）证实在特殊行业新能源上市公司中政府补助均可以抑制投资过度。基于此本研究提出如下假设。

假设 H1：林业上市公司政府补助对非效率投资具有负向影响。

假设 H1a：政府补助能缓解林业上市公司投资不足；政府补助不会带来林业上市公司投资过度；政府补助对林业上市公司缓解投资不足的作用要比对投资过度的作用显著。

4.1.3 政府补助、产权性质与投资效率

4.1.3.1 政府补助、产权性质与投资效率影响机理

我国上市公司按照实际控制人性质不同可细分成两类：其一是国有企业，其二是非国有企业。由于企业性质和政治背景的不同，国有和非国有公司在政治联系的力度和投资活动上表现出很大差异。

首先，政府补助对国有公司的影响。国有上市公司会承担更多的政策性负担，如巨大的就业压力、维持经济的稳定增长等，承担着与其他产权性质企业不一样的社会责任。尽管国企在通过改制并成功上市之后，其治理环境以及监管方式都出现了较大幅度的改变，但因其终极股东未变，所以还会受到政府的管控，地方政府依然有能力和动机利用上市公司实现其政治、社会等目标，而这些目标势必会对公司的运营造成影响。由大量学者的分析可知，在相同条件下，国企在和民企竞争时往往处在劣势地位。此外，国企的所有者缺位也是导致其运营效益下降的一个关键原因。然而，因为我国属于社会主义国家，国有经济的主体地位不容改变，在此种环境背景下，为确保国企的主体地位不受影响，政府在安排资源配置时往往会重点和优先考虑国企 [12]。在特殊领域的国有上市公司，由于政府补助出于正外部性考虑的无偿资金介入，满足了国有公司对于能源、研发和生态环境保护等方面投资所需的大量资金，缓解了融资约束，也会使公司投资支出趋于合理化，提升投资效率。

同时，相比非国有公司，国有公司将得到的政府补助用于投资以外的其他用途的可能性要大，更具明显的投资扩张的动机 [58]。为了追求地方GDP 快速增长和稳定的财政收入，达到扩大投资的目的，地方政府甚至会鼓励当地上市公司投资于净现值小于零的项目 [58]。政府补助虽然短期内抬升了国有上市公司的当期经营绩效，但是对亏损企业的"扶贫"和"保牌"性质的亏损性补贴，会陷入越补越亏的恶性循环 [32]。此外，地方政府对国

有上市企业展开补助的另一个原因是对其政策性负担提供补偿。政府干预目标与公司目标并非完全一致，导致国有上市公司对政府补助缺乏敏感性，并不关注于其所获得的政府补贴资金是否对投资有效。因此，上述政府补助对投资效率的负面影响在国有属性企业可能得到放大。政府补助对国有公司的投资激励作用可能在减弱[58]。

其次，政府补助对非国有公司的影响。非国有公司相对于国有公司会受到各种制约，包括筹资渠道、投资机会等方面，但是纵观我国经济的发展过程，民营经济得到了空前的发展，具有国有属性经济实体不可比拟的市场活力。按照政府补助的某种惯性和相机抉择原则，各级政府均为了扶持民营企业发展而给与一定的政府补助。民营企业获得无偿的政府补助资金不仅能缓解自有资金限制，降低融资成本，更会谨慎使用补助，寻求最优投资项目，使实际投资支出更接近最优投资支出水平。政府对民营公司的专项资金补助，能够发挥杠杆作用，更加敏感地撬动民营企业投资的积极性，不仅实现规模扩大，还会促使民营企业良好表现而激励民营企业争取更多政府扶持政策，实现良性的可持续发展。

但是对于政府补助资金的利用上，民营公司由于资金监管力度较弱，并且面临相对严重的外部市场融资约束，也有可能在接受额外政府补助后产生过度投资等非效率投资问题。民营公司政治关联是一把"双刃剑"，一方面政治关联能够使民营企业得到政府的更多帮助，让政府补助的对象和社会资源流向发生变化，然而，在存在政治关联的民营企业中，政府补助对公司绩效提升产生的积极作用也比那些没有政治关联的民企低，所以减少了政府补助在资金配置方面的效率[46]。

4.1.3.2 政府补助、产权性质与投资效率研究假设

根据万得资讯金融数据库统计，2018 年沪深两市 3833 家 A 股上市公司共计获得 1571.2 亿元政府补助，平均每家公司获得约 0.41 亿元政府补助，其中 52% 流向了 1105 家地方和中央国有企业，国有属性公司平均获得约 0.74 亿元政府补助，而非国有属性公司平均获得约 0.28 亿元政府补助。可见总体上政府拥有控制权的国有公司，由于具有天然的政府关联而更容易获得政府财政补贴。2018 年上市公司总体上平均净利润水平约为 10.05 亿元，其中，国有上市公司约为 18.26 亿元，而非国有上市

公司约 6.73 亿元。

国有上市公司更容易获得政府补助、会承担更多的政策性负担。在特殊领域的国有上市公司，由于政府补助出于正外部性考虑的无偿资金介入，满足了国有公司对于生态环境保护、能源和研发等方面投资所需的大量资金，缓解了融资约束，也会使公司投资支出趋于合理化，提升投资效率。林业上市公司就属于特殊领域的上市公司，胡雯君（2019）和徐卓亚（2018）均证实政府补助对国有企业有效 [84、85]。李刚（2017）的实证研究也证明政府补助能够缓解投资不足，对市场化高的地区的国有企业则更有效。我国林业上市公司多位于市场化程度较高的华南和华东地区，地区市场化程度高也能使公司投资决策更加合理。相对于非国有公司，国有林业上市公司也可能承担更多的生态环境责任，其投资效率受到政府干预或影响的程度更大 [77]。因此，笔者认为，国有林业上市公司不仅能够获得较多的政府补助，而且相对于非国有公司，国有公司政府补助对投资效率的正向作用要大。提出如下假设。

假设 H1b：非国有和国有林业上市公司政府补助对非效率投资均有负向影响；国有林业上市公司更加显著。

4.2 林业上市公司政府补助对社会责任的影响

4.2.1 政府补助与企业社会责任

本研究将政府补贴对企业社会责任的影响效果划分为"企业被动型补贴效果"和"企业主动型补贴效果"进行分析 [30]。

4.2.1.1 企业被动型补贴效果

按照前面的分析，政府补贴本身就具有一定的目的性和激励性，即政府期望提高上市公司的社会效益而采取的一种直接干预经济的手段 [30]。政府大量提供上市公司补贴的目的是希望得到更高的企业社会回报，希望能够合理配置社会资源和实现社会公平，在促进企业社会责任承担的同时实现整个社会效益的最大化 [36]。

（1）根据利益相关者理论，不同于传统的理论，利益相关者理论摒弃"股东至上主义"，企业的目标不再仅仅是追求股东利益最大化，而企业社会责任正是要求公司所有者在股东利润实现的同时，公司经营过程中所涉及的众多其他利益相关方的利益也要给予关照。企业进行生产经营，除了要满足股东利益实现利润以外，还要对包括员工、政府、环境、供应商、消费者等在内的其他利益相关方进行满足。利益相关者理论下的企业在激烈的市场竞争中要实现发展壮大，就必须协调好利益相关者之间的关系。越高的利益相关者满足，对利益相关方后续资源投入就会有越大的激励效应，后续人、财、物等资源的投入越多。因此，从利益相关方的角度，公司需要积极履行自身的社会责任，在此过程中，公司可以帮助政府解决一些社会问题，实现社会效应。同时，政府也需要为公司提供一定的税收优惠或者补贴，进而对公司在履责时的成本费用予以弥补。

（2）根据外部性理论，庇古提倡国家对有正外部性的活动给予补贴、对具有外部不经济行为的企业征收税款，通过财政补贴和税收政策提升社会福利水平，以此来对边际社会纯产值和边际私人纯产值进行调节。政府给予企业财政政策支持，能为企业带来更多的社会效益而非经济效益，包括促进地方经济发展、维持或增加就业机会等，能够实现以短期内的补贴资金支出换取更多的财税收入，进而促进地方经济的进一步发展 [27]。政府对上市公司进行补助和扶持，是对社会公共资源的一种分配形式，将公共资源以补贴的形式无偿配置给公司以增进社会的整体福利，意味着营利性组织比政府能够更有效地为社会提供更多的公共利益，起到政府间接从事社会公益的效果 [78]。可见，政府为了激励作为营利性组织的企业主体积极履行社会责任，会通过适当的财政补贴的刺激性手段，以达到整体上公民福利的最大化的目标，这也体现了一种公共福利的有效配置 [30]。

（3）按照交易成本理论和"理性经济人"假说。交易成本广泛存在，企业是最有效的组织形式，但其根本的资本逐利和企业价值最大化的目的不会改变，为使整个社会综合成本降低，政府往往会以各种形式激励和刺激企业承担社会责任。企业同样也是理性的经纪人，承担社会责任会增加企业的成本支出并付出一定的代价，该履行成本会对其利润造成影响，因此会把履行社会责任作为实现其利益最大化的障碍。因此，企业会失去动力履行和承担社会责任，除非在承担社会责任的同时，能够在别处获得一定的补偿，进而能够弥补其社会责任的履行成本。这样，政府作为公共利益的代表就负有这样的责任和义务，协同企业共同完成社会职能。主要方式就是利用其间接干预宏观经济的职能，制定并执行财政补贴、税收优惠或者产业政策等弥补企业负担的履行成本，激励企业承担社会责任[39]。

本研究将上述政府借助财政补贴的利益诱导方式来激励公司积极承担社会责任的情况称作"企业被动型补贴效果"[30]。企业获得政府补助后，会直接增加内部现金流，在各方面的经营活动中会增加支付利益相关者成本的余地，还可以扩大企业规模并增加盈利。通常情况下，由于上市公司接受了来自政府的补助，因此其大都会主动履行社会职责以反哺。原因在于：其一，能够进一步增强和政府间的关系，得到政府的认可，继而为后续继续获得这些补助奠定条件；其二，防止因为没有根据政府的要求履行社会职责而额外增加政治成本[40]。企业获得政府补助后，更容易受到政府机构、外部媒体和社会公众等的共同关注和监督，企业迫于外部压力和视线聚焦，一般情况下会积极主动地从事社会公益活动或进行慈善捐赠，以提升社会声誉。

我国政府对一些企业的财税补贴或者对某一行业的扶持政策能够产生外溢效应，并带动相关产业升级，从而促进当地经济的发展[37]。但是，政府通过为上市公司提供补助与扶持的方式展开公共资源的配置，倘若出现分配不均便会造成社会成果无法得到有效共享，也间接反映了社会资源配置的效率降低。政府补助与否、补助的金额高低以及在不同行业甚至同一产业内部的配置效率高低，影响着政府政策制定和实施的效果。

综上，企业被动接受的政府补助会对社会责任履行产生影响，政府也会借助补助的方式展开干预，进而实现公司的社会效应。

4.2.1.2 企业主动型补贴效果

由前面的分析可知，企业履行社会责任过程中政府具有重要的作用，企业社会责任履行体现了政府补助的社会效果。企业为了获得更有利的经营条件和发展环境，会努力与政府建立或维持一定的政治关系，这种政府关系也包括企业主动通过管理层搭建的政治关联，比如高管政治任职背景（委员会或政府任职背景），这有别于国有股股权结构或国有属性公司特质。基于良好的政府关系的建立，企业就能够从银行获得更多的贷款、获得进入政府管制行业的经营许可甚至持续的政府补贴和享受更优惠的税收政策等[161]。因此，上市公司为了获取一定的企业社会地位、争取一定的企业社会声誉，会主动通过解决企业社会责任问题，承担相应的社会责任，或做出一定的社会捐赠，主动建立与政府之间的政治联系。这种企业以搭建或维持与政府间关系而主动承担社会责任的动机行为，本研究称之为"企业主动型补贴效果"[30]。

首先，企业主动积极地履行社会责任会直接影响政府补贴。

为了维持和稳固企业与政府的政治关联，企业都会选择更好地履行社会责任，而社会责任的良好表现会为企业带来更多的政府支持和补贴。一方面，企业积极履行社会责任，关注利益相关者的利益。如果企业对各个方面的利益相关者均有所兼顾，那么企业的社会声誉和评价会提高，舆论导向也会在一定程度上增加政府的关注，对政府补助的配置产生积极的引导作用。因此，表面上看，政府不会以企业社会责任承担情况来作为补助与否和补助额度的判定标准，但实际上，企业社会责任表现可能在无形中对政府资源的配置产生非常显著的影响。另一方面，通过前面的分析，企业满足社会效益能够实现政府公共福利的意愿。同时，企业积极履行社会责任一般都会有效进行社会责任信息的披露，增加企业在资本市场中的非财务信息披露质量，有利于缓解信息不对称，向利益相关者传递一种具有甄别作用的信号。通过这一信号，利益相关者的认可和支持以及良好的社会声誉会传递给政府，而良好的企业声誉又会加强政府的信任和扶持力度。基于企业和政府的这种互惠和交换关系，企业也增强了进一步获取政治资源和支持的能力。

当然，企业社会责任是一个企业在长期的经营过程中所累积形成的，其范围涉及利益相关者的方方面面，不同企业的社会责任履行的程度不一，社会责任信息披露水平也尚未形成规范，不同企业社会责任承担和披露质量差距较大，所以企业积极履行和披露社会责任，并不是一定就可以增加政府补贴力度，政府补助可能还受到其他众多因素的影响[167]。

其次，企业主动获得的政府关系会间接影响企业社会责任。

政府补助可以使企业获得更多的政府资金支持，增加了企业的现金流量，为企业发展增加物质基础。拥有政治关联的企业可能更容易使企业尤其是民营企业获得更多的政府资金支持，得到更多的政府补助。政治关联能给企业带来贷款、特别是长期贷款的融资便利，从而降低融资约束[5]，公司利用高管的政治地位及政治资源帮助公司走出财务困境。因此，通过企业主动争取的包括政治关联在内的政府关系，一般也可间接为企业带来更多的政府补助。

那么企业主动地间接获得的政府关系会使企业承担更多的社会责任或慈善捐赠吗？上市公司企业社会责任投入背后的制度性或政治性诱因是否有政府关系因素？高管政治关系对企业社会责任的作用主要体现在以下两个方面。

一是互惠机制。同企业获得政府补助的效应一样，企业社会责任是维系政府关系的重要手段。为了增强企业自身的竞争优势和获得政府支持，获得更多的非市场收益，拥有政治关联的企业的管理者倾向于履行企业社会责任，为社会做出更多的贡献；这种互惠性的社会责任在非国有企业中尤为明显，民营企业为了维持和加强政治关联，会更好地履行社会责任。民企的捐赠活动存在一定的策略性，其有可能是希望借助捐赠来加强和政府的关系，进而得到政府的更多支持。企业寻租行为强化了政府补贴的社会绩效，即通过寻租活动获得政府补贴，更有利于企业承担更多社会责任。

二是压力机制。政治关联也会通过正向作用于企业绩效进而促使企业社会责任承担。相对于政府控制的企业，可能由于各方面的原因怠于履行社会责任，而政府等利益相关者通过高管政治关联这一渠道作用，能够传递对企业的压力，会使企业社会责任具有显著的正向影响，对规范和促进企业社会责任信息披露质量也产生正向影响。高管政治关联的特征差异也会对企业受到政府等利益相关者压力的程度产生影响，地区市场化发展水平高的企业更加敏感，在制度环境较差的地区，政治关联对企业社会责任的积极影响增强。不同级别产权属性也会对履行社会责任程度产生影响。

因此，企业主动地间接获得的政府关系也会对企业社会责任履行产生积极影响。从企业主动承担企业社会责任的直接和间接政府补助效果来看，本研究认为这是企业主动构建或强化"政企关系"的一种有效途径。对上述政府补助对企业社会责任的影响机理分析可由图 4-3 表示。政府在给予上市公司补贴时可能会考虑企业社会责任表现情况，即政府补助一方面会影响企业社会责任承担，反过来企业社会责任履行也可能会影响政府补助。不管是"企业被动型补贴效果"还是"企业主动型补贴效果"，政府补贴都会对企业社会责任履行产生一定的积极影响。而由于林业企业社会责任的特殊性，政府补助对于林业上市公司社会责任承担的影响效果可能更加明显。

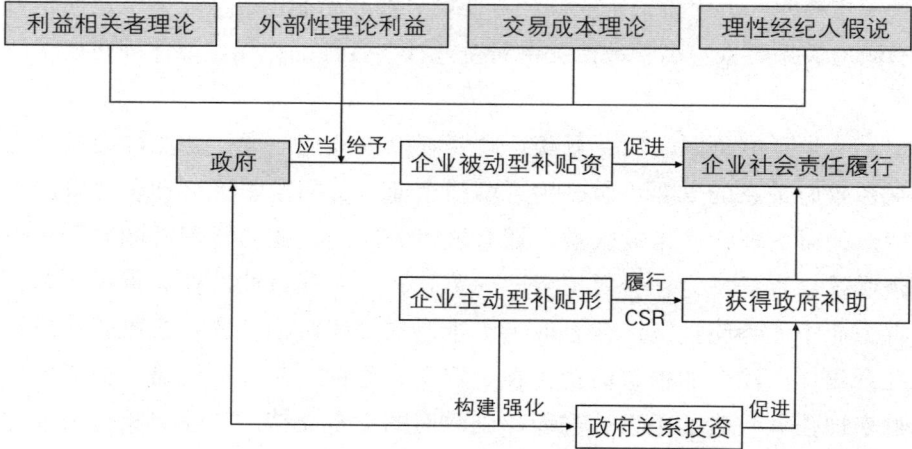

图 4-3　本书分析框架下政府补助对企业社会责任影响的关系图

4.2.1.3 政府补助对社会责任的研究假设

政府对企业进行补贴可能会基于多种目的，政府补助不管是对公司，还是对社会都会产生比较大的影响，涉及宏微观、长短期以及内外部等诸多影响。不过政府补助上市公司所希望达到的社会效应应当是一致的，即通过政府补助资源的配置实现上市公司对各个利益相关者利益的关注与地区或社会的经济发展和社会效应同步，最终目的是促进经济和社会的发展[26]。

林业上市公司对于林业产业的发展起到至关重要的作用，政府运用财税政策扶持林业上市公司发展必然能够推动林业产业的整体进步。林业上市公司获得政府补助后，会直接增加内部现金流，除了在企业各方面的经营活动中会增加支付利益相关者资源成本的余地，还可弥补自身履行生态环境责任资金的不足。同时，林业上市公司为了增进与政府间的关系，获得政府的支持和认可以及持续性的补贴资金保障，并避免未按照政府意愿履行社会责任而导致相应政治成本支出，林业上市公司一般情况下都会积极承担社会责任。此外，一般情况下，我国政府补助林业上市公司是对特定事项进行的补助，更容易受到政府机构、外部媒体和社会公众等的共同关注和监督。我国学者吴成颂和黄送钦（2015）、曾繁荣（2018）和邓娟（2018）以及唐鑫（2016）等众多学者均进行实证研究，证实政府补助对上市公司社会责任履行具有显著正向作用，政府补助的作用比税收优惠更加显著 [30, 37, 39, 40]。与林业上市公司上缴给国家的利税和带来的社会效果相比，政府补贴的数额是微不足道的，但是政府补助能够起到政府扶持企业发展和信号传递效应。

政府补助会增加财政支出和成本支出，所以，政府会期望借助为上市公司提供补助的方式来获取相应的收益与回报，回报涉及的社会效益包括促进地方经济的飞速发展、提升就业率以及增加财政收入等。同时还希望上市公司对各个利益相关者予以关注和满足，包括对上市公司本身的投资者和债权人的回报、就业的增加、税收收入的上升、企业公益捐赠增多、员工福利待遇的提升、环境的改善以及提供更多消费者满意的创新产品和对供应商客户的贡献等，政府补助会对上市公司各个企业的利益相关方责任产生影响 [12]。孔东民和李天赏（2014）通过分析指出，政府补贴对公司主动履行政府、员工和社区捐赠的社会责任发挥了积极作用 [87]。

通过现状分析可知，林业上市公司政府补助盈余管理效果不明显，结合当前对于上市公司配股条件的限制，本研究推断林业上市公司获得的政府补助社会效果显著。本研究认为，相比其他行业，林业上市公司政府补助更能发挥对企业社会责任的正向作用，政府补助资金的注入不仅能够提高林业上市公司总体社会责任履行水平，而且对各个利益相关者责任均有所贡献。因此，本研究提出如下假设。

假设 H2：林业上市公司政府补助对企业社会责任履行有正向影响。

假设 H2a：政府补助对林业上市公司各利益相关者责任均有正向影响。

4.2.2 政府补助、产权性质与社会责任

4.2.2.1 政府补助、产权性质与社会责任影响机理

对于不同产权性质公司，政府补助对其社会责任的影响有以下两个方面。

首先，对国企而言，其获取的政府补助对其履行企业社会责任的影响可能更为明显。在政府干预市场的诸多措施中，补贴是一种比较直接的手段，其主要动机是对社会的维护[27]，财政补贴的外溢效应在国企中的体现尤为显著。

一方面，由干预成本这一视角而言，政府补助其实是国家对市场的一种干预，政府投资或控制国有企业，持有公司的大量的股权，同时对管理层的任命和晋升拥有话语权，可决定公司是否履行的社会职责及其程度。若政府在某领域出现失位情况，国企还可以发挥政府代替者的作用。而对非国企而言，由于其产权和政府间并没有比较密切的关联，政府就无法对其展开直接干预。在政府为国企提供补助过程中，能够对政府补助的使用范围、使用领域等进行干预以达到其社会性目标，这使得财政补贴在国有企业中能发挥更好的效果，可以更好地践行社会责任[30, 37, 39]。另一方面，作为政府管辖和控制的公司得到政府补助也较多，同时其需要履行的社会职责也就比较大。国企在发展过程中，并非始终将利润最大化当作运营目标，其承担着提供社会基础公共产品的任务，以最快的速度积累资本，实现充分就业等，承担更多的企业社会责任，维护社会的稳定。另外国有企业的规模通常都比较大，其自身具有的资源也较为丰富，因而很多大型项目的建设都需要由国企完成。同时，当前不少地区政府比较重视 GDP，所以会从各个方面（诸如出台优惠政策等）促进国企的发展，国企成为地方经济发展的关键支柱。非国企没有过多的政策性负担，即便能够得到政府的补助，也未必会履行更多的责任[27, 30, 37, 39]。

其次，政府补助对社会责任的影响可能在非国有公司更显著。由于非国有上市公司收到政府的补助之后，并不具有协助政府完成部分政策性负担的职责，对这类公司来说，政府补助实质就是借助公共资金来获取更多的个人财富，这极有可能增加民众对其的关注度以及政治成本。

因此，非国有上市公司的经营需要更加透明并且需要积极履行社会责任。尤其是在当前经济转型的大环境下，公众对高质量生活的追求以及在公民意识方面的自我复苏，极大程度地加剧了公司的发展压力，加之自媒体的发展也让公司的行为和活动暴露在公众的视野之下。因此，相比于国有企业，政府补助与企业社会责任的正相关关系在非国有企业中更加显著[40]。

4.2.2.2 政府补助、产权性质与社会责任研究假设

政府期望通过对不同产权属性的林业上市公司提供财税补贴，来促进林业产业的发展，并带来一定的林业社会效益。本研究所选取的样本——林业上市公司中有 8 家公司为国有属性，其余为非国有公司，通过现状分析可知，国有林业上市公司获得政府补助的平均水平较高，国有属性公司经济绩效往往不如非国有公司，但是这并不影响政府对国有林业上市公司的补助和扶持力度。政府补助林业上市公司并直接进行干预，主要动机是对社会的维护和对拥有森林资源的林业上市公司的外溢效应补偿，而在拥有林地资源的林业上市公司中多数为国有属性公司。因此，财政补贴的外溢效应可能在国有林业上市公司中表现更为明显。一方面，政府对国有林业上市公司的干预成本低，能更好地实现政府补助的政策目标，财政补贴在国有林业上市公司中能发挥更好的践行社会责任效果；另一方面，为政府承担政策性负担是国有林业上市公司很重要的一个目标，而可能更多考虑自身资源配置的有效性和经营的市场化。非国有企业政策性负担相对有限，故而政府补助对其社会责任履行的激励效应并不明显[30, 37, 39]。唐清泉（2007）指出，相对于民营企业而言，政府往往能够采取更直接的手段控制国有企业，当前，我国地方上市国有企业分担了大量与民生和政府职能密切相关的事务[27, 30]。唐鑫（2016）和邓娟（2018）的研究均认为，公司获得政府补助对企业社会责任有正向影响，而国有公司这一影响更加显著[37, 39]。因此，本研究提出如下假设。

假设 H2b：政府补助对非国有和国有林业上市公司社会责任均有正向影响；国有林业上市公司更加显著。

4.3 林业上市公司社会责任对投资效率的影响

4.3.1 企业社会责任对投资效率的影响机理

4.3.1.1 从信息不对称角度分析

长期以来，企业投资效率都较大程度地受制于信息不对称问题。由上述分析，投资决策两个阶段的信息不对称均会导致扭曲投资决策，进而损害投资效率。而大量研究表明企业信息披露水平的改进是消除不对称信息问题最可行的方法。提高信息披露水平，能够从两方面改善投资效率。首先，缓解融资约束问题。有效的信息披露能够缓解企业与外部信息方面的不对称局面[7]，瓦解企业和外部投资者之间横亘的信息壁垒，提高信息透明度，促进企业树立诚信可靠的外部形象[128]，有效消除不对称信息局面造成的融资约束问题，进而提升投资效率。其次，强化外部监督作用。对现金流丰富的企业而言，缓解不对称的信息局面，能够促进外部投资者对企业管理层实施有效监督，以防止类似于"帝国建造"的可能会导致企业价值崩溃的投资项目。故而降低信息不对称水平，能够促使外部相关利益者有效的监督管理层，避免其盲目投资。

公司披露的信息主要包括财务信息和非财务信息这两部分，而企业社会责任这一非财务信息在资本市场上逐渐扮演着越来越重要的角色。体现在以下三个方面。

（1）企业社会责任履行本身所释放的非财务信息对财务信息的有效补充治理作用。通常，企业社会责任表现好的公司具有较好的社会责任意识，企业注重利益相关者利益和企业对外声誉的影响，都会主动积极地进行社会责任信息披露。我国资本市场尚不完善、市场监管机制较弱，对投资者的保护机制也不够健全，包括中小股东、债权人等在内的其他利益相关者的治理能力较低。在这种情况下，财务信息如果被操控、被粉饰则难以发挥为外部信息使用者提供有效的信息作用，投资者难以做出正确的投资决策。企业社会责任履行本身所释放的非财务信息，即使不进行有效披露依然可以起到有效补充企业的财务信息，发挥信号传递效应，进而缓解信息不对称导致的投资支出无效率问题。

（2）企业社会责任履行能够提高企业声誉，起到信号传递作用。只有真正履行社会责任的企业才能够进行高质量的 CSR 报告和信息披露，而 CSR 信息的公开透明有助于建立良好的投资者关系，尤其是在当前人们社会责任意识逐渐提高，对企业履行社会责任的关注程度不断上升的大的背景下，能够向外部投资者和债权人树立积极正面的公司外部形象，提高公司声誉。通常情况下，具有良好声誉的公司在股票市场和债务市场更容易筹得投资所需资金，而不会在优质的投资项目来临时，公司因较大的融资约束而放弃原本能为公司带来巨大利润的优良投资项目。不仅如此，受到公司良好形象的影响，可进一步地在公司其他经营活动中起到联动反应，促进企业良性发展。

（3）在缓解股票和债务资本市场的融资约束方面。首先，企业社会责任的履行及公开透明披露，不仅能够向外界传递公司经营业绩良好、具有较好的经济实力的信息，还标志着企业未来具有一定的可持续发展和竞争能力。这样就可以帮助投资者消除对市场的畏惧心理，减少未来的不确定性。既能减少当前投资者风险溢价的补偿，增强其信心，加大对公司的投资，还可以引入更多的新投资者，最终使企业以低资本成本获得所需资金。其次，在股票市场上，承担社会责任能使企业声誉提高，削弱了股票市场中的信息不对称，降低了股价被操控的风险，提高交易价格的公允性，壮大股票交易参与者的规模，从而增强公司股票流动性。从本质上来讲，高流动性代表着购买者愿意支付更高的价格购买公司股票，减少股票投资人因低估企业价值而要求额外的风险补偿，公司的股权融资成本也就越来越低，缓解融资约束产生的投资不足现象。最后，债务市场上，社会责任的有效履行有助于消除和减弱债权人与股东间不对称信息局面，从而使债权人信任企业并更加乐观地预期企业未来的获利潜力，保证债权人做出恰当和准确的决策，进而债权人所要求贷款利率会越来越低，或者给予企业相对宽裕的贷款条件，降低债权人因对企业风险高估而抬高融资成本产生的融资约束 [95]。

4.3.1.2 从利益相关者治理角度分析

代理冲突问题也是导致企业非效率投资的原因之一。管理权独立所致的代理成本问题可借助公司治理而得到有效约束。积极履行社会责任恰好可以有效缓解委托代理冲突引发的投资不足和投资过度问题。

（1）从内部治理角度来看，首先，企业社会责任履行能够考虑各个利益相关者的利益，有利于个各利益相关方形成共同利益的契约共同体，使各个利益相关者的话语权和影响力增加，并能够影响甚至参与企业经营管理和投融资决策，对管理层权力的过度使用形成制衡。如果企业现金流过多，可防止其盲目扩大规模[10]，发挥对股东与管理层的代理问题的监督和制约作用，抑制非效率投资。其次，能够在公司内部形成高度的社会责任与文化氛围，并在潜移默化中渗透和影响经营管理者的行为意识与动机。既加大了管理者追求个体利益的成本与谴责风险，又能够降低管理者谋取个人私利的动机，进而起到对管理者与股东之间的代理冲突引发的非效率投资现象[192]。表现出良好企业社会责任的公司能够吸引高品德和高能力的求职人员，尤其是高管人员，有利于促进企业经营管理水平提高和社会责任履行的良性循环。最后，还可以在一定程度上使企业内部的资源配置实现优化。企业社会责任履行对企业具有战略意义，关乎企业长远利益和可持续发展。在公司拥有相对松弛的投资预算和充裕的内部自有现金流情况下，一方面，积极履行企业社会责任占用了闲散的资金，降低管理者谋取在职消费和代理成本，为企业奠定战略路线；另一方面，有助于企业更科学合理地安排战略资源，从而使经营者不得不为当前与今后的社会责任投入留存更多资金，故而能够在某种程度上促进资源的有效配置，减少过度投资等非效率投资[8, 193]。

（2）从外部治理角度，企业社会责任对投资效率的影响，一方面主要来自公共压力和法律因素方面。外部利益相关者监督作用使企业信息公开透明，从而更有利于缓解信息不对称和投资效率的提高。媒体的正面关注能够促进企业维系积极的社会形象，既能够促进企业重视对社会责任的承担，也能够促进相关利益者更认可企业行为，以实现投资效率与竞争能力的改进[114]。媒体的负面指责和批评会引起利益攸关方的质疑，导致企业面临较大的舆论压力，促进其加快修正不当的经营活动和行为，实现投资的有效改进与发展的可持续性[115]。另一方面，外部治理机制对企业社会责任和投资效率关系的影响，还体现在政府治理机制和市场治理机制方面。企业积极承担和披露社会责任，能够使外部相关利益者更好地监督企业的经营行为。外部利益相关者对企业管理层的监督功能加大，有助于提高经营活动的透明性和规范性，使管理者与所有者削弱因代理而所致的对立和冲突，减少代理成本。积极履行社会责任可以提高企业声誉，从而使投资者萌生乐观可期的盈利目标，相信企业能够产生持续性较强的盈利表现，并通过利好信号的传输，在外界为企业树立诚信可靠的形象。所以，积极承担和披露社会责任，有助于企业走上良性发展之路，基于相关利益群体共同构建的多元共同治理结构可以有效地对各种契约主体的日常经营活动实施高效监督，促进治理绩效的改进与投资效率的提升。

企业社会责任履行对非效率投资的影响机理如图 4-4 所示，可以看出企业社会责任能够有效抑制非效率投资，发挥一定的治理效应[95]。

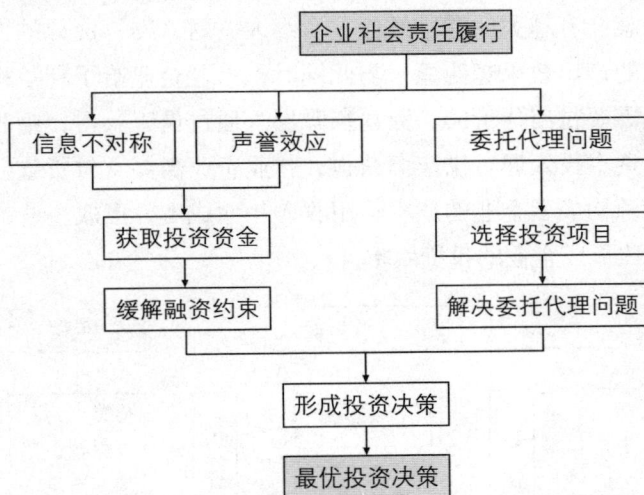

图 4-4　企业社会责任履行对非效率投资影响的传导机制

4.3.1.3 从企业经营和资源配置角度分析

从企业经营和资源配置角度分析，基于资源依赖理论，作为组织形式的一种，企业的发展无法实现完全独立，要借助各类相关的外部利益群体的参与和支持来获得资源。其所掌握的战略性资源是实现和保持长久竞争力的关键，是衡量其对应的社会责任是否能够转化为竞争优势的标准[143]。企业社会责任承担或良好的企业社会责任信息披露水平能够通过增加信息透明度、促进利益相关者之间的沟通，降低与外部利益相关者的信息不对称程度，通过声誉机制从而降低企业的资源获取成本[139]。

具体地，企业系统正常运转、创造并分享公司价值的保障，就是一系列的交易契约的建立。从图 4-5 中可以看到，一方面，林业企业实现生产、销售等目标所需的各类资源需要由利益相关者依据交易契约为林业企业提供，如劳动资本投入由员工提供、原材料等物力资本投入由供应商提供、资金等长短期资本投入由债权人和投资者提供，等等。内外部利益相关者投入上述资源后，林业企业对投入资源加以有效利用，提供消费者所需的产品或服务。按照生产理论，企业利益相关者投入决定了企业的产出[169]。另一方面，利益相关方为林业企业提供关键的资本、资源和能力以后，其所获回报多寡决定了后续利益相关者投入资源的数量和质量，也就是林业企业对利益相关者的满足情况。越高的利益相关者满足，对利益相关方后续资源投入就会有越大的激励效应，后续人、财、物等资源的投入越多，则林业企业的产出效果越明显。与此同时，林业企业给予利益相关者高质量的满足是需要付出代价的，劳动资源投入通过员工获得，企业需要支付工资，物质资本投入通过供应商获得，林业企业需要支付货款，等等，所有付出的资源构成了企业的成本，用收入扣除成本，形成企业的价值，产出与投入之比形成企业的投资效率[3]。

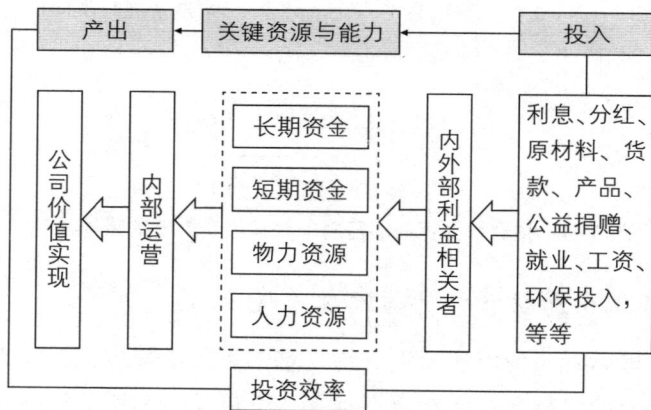

图 4-5　企业社会责任与全要素生产效率关系图

林业上市公司积极履行社会责任可以通过对企业资源、能力和技术等的积极影响，将增加企业的获利能力和生产效率的提升。林业上市公司与外部组织、社会之间也存在这种资源依赖关系，外部系统依赖企业发展社会经济和生态产品需求、解决劳动就业、缴纳政府税收和满足消费者林产品需求等，而林业上市公司则依赖从外部系统中获得的足够的资金、优质的原材料、高素质的劳动力、广泛的顾客群和稳定的供应商等各种优质资源维持其生产经营 [4]。受到有限资源的限制，林业上市公司若要获得更多更好的优质资源以提高投资效率，就必须处理好与外部系统和社会的关系。因此，林业上市公司应当积极主动地承担对各利益相关者的责任，不仅能够获得平稳而可靠的资源供应，为林业上市公司投资效率提升和可持续发展提供有利条件，而且能够增加社会效益。

4.3.2 企业社会责任对投资效率的研究假设

（1）当期企业社会责任对投资效率的影响

企业社会责任履行能够缓解信息不对称、缓解委托代理冲突并降低交易成本，提升企业声誉效应，增加竞争优势，关注利益相关者利益能够带来企业投资效率的提升 [100]。随着环境问题的凸显以及企业规模化扩大化发展，对于企业社会责任的争论已不再是"应不应该履行社会责任"，而是企业社会责任"是什么"和"怎么办"的问题，即承认企业能够协调好自身发展与利益相关者之间的关系 [156, 187]。

由于林业产业上市公司社会责任的特殊性，环境责任承担同样可以对投资效率产生正向影响。日益严重的自然环境破坏对人类和地球的可持续发展构成了巨大威胁。在政府和舆论的压力下，企业必须承担环境责任，但企业环境责任是否有利于企业还没有定论。本研究样本选取的林业上市公司为有营林、造林业务，林产品加工，实施"林板一体化""林纸一体化"或者制造纸浆的上市公司，其生产林木原材料的同时，产生生态环境效益，具有一定的正外部性。按照利益相关者理论，企业对各个利益相关者利益予以关注，并希望获得更多的资源回报。企业履行环境责任并非"无私奉献"，林业上市公司履行环境责任，希望获得经济效益和环境效益兼顾，并且实现环保投入达标和外部良好社会形象。Zeng，Set al.（2019）的研究结果表明，企业环境责任对投资效率有显著的正向影响，但这种影响不是短期的，需要时间来发挥作用，在制度环境良好的地区，企业环境责任对提高投资效率的影响更为显著，随着消费者环保意识的提高，承担环保责任的企业可以解决投资不足的问题 [158]。因此，林业上市公司对环境责任的贡献同样能够获得回报，最终实现发挥林业上市公司对不同利益相关者责任的贡献，更能有效缓解信息不对称和委托代理问题，提高投资决策的有效性和投入产出最大化。如前述分析，Shahzad F. et al.（2018）、Benlemlih M. & Bitar M（2018）、郑阳（2015）、方沙（2016）以及钟马和徐光华（2017）、孙彤和刘璐（2016）、Hoje Jo 和 Maretno A（2012）、Becchetti L. 和 Trovato G（2011）、Samet 和 Jarboui（2017）以及喻婷（2013）等众多学者均认为企业社会责任履行可以促进企业投资效率提升，抑制非效率投资。

（2）滞后期企业社会责任对投资效率的影响

越来越多的学者对企业社会责任履行与企业价值的关系进行研究，且多数学者均证实社会责任履行对企业价值提升具有正向影响，但这种正向效应显著与否具有不确定性[104]。正是这种不确定性给社会责任履行的广度与深度的实践和发展造成了一定程度的阻碍[105]。其根源一方面是缺乏理论视角来深入剖析企业社会责任履行对企业价值的影响机制，另一方面也缘于目前的相关实证研究未考虑样本的行业特性、面板数据时间效应以及内生性等重要因素[163]。从企业福利最大化观点来看，重点应强调的中心应当是：一是企业自身的成长和价值实现；二是进行企业社会责任评价，深入研究如何满足各个利益相关方利益；三是企业社会责任履行与企业价值和发展之间的跨期关系[106]。

短时间看，林业企业履行社会责任势必会产生成本投入，加大短期性的支出，从而导致短期利益损失。然而，从长久而言，社会责任的承担，有助于社会美誉度的培育和提升以及政企联系深入，并提高伙伴供应链的信任度，增强消费忠诚度等形成良性的连带效应，最终实现业绩水平与产出效率的提升，走上可持续发展之路[4]。林业上市公司社会责任的含义是全方位的，不仅包括生态环境责任，还包括社会以及经济责任，环境责任效益的实现在短时间内难以反映出来，因为投资作为林业上市公司的一项长期的项目，投资支出必然受到滞后期投资支出的影响。林业上市公司主要生产和加工森工产品，最大的原料投入就是森林资源，一方面投资周期长、风险高，另一方面社会责任履行的回报具有一定的延迟性与长期性。林业上市公司高效的社会责任承担在当期可能不能带来投资效率的提高。

社会责任对于投资效率滞后期的影响，如前所述，喻婷（2013）、张利（2014）、任晓园（2015）、张洁（2016）的研究结论是滞后期 CSR 与投资效率正相关。丁一兵和付林（2015）利用 BCC–DEA 模型衡量的技术效率 TE 同样得出，中国上市公司滞后期企业社会责任履行对投资效率具有促进作用。

由于社会责任的履行并不能确定长期效益，故而管理者在决策时往往会有不同的决策。林业上市公司社会责任尤其是环境责任的承担，其效益并不是在当期就能够显现出来的，必然要考虑将其滞后期的影响纳入模型中来。而且由于企业社会责任的履行也要占用资金，企业社会责任的信号传递过程需要经历一定的时间和媒介[95]，林业上市公司社会责任对非效率投资的影响可能存在明显的滞后性，二者具体的相关性有待深入探索。基于此，在上述分析的基础上，做如下假设。

假设 H3：林业上市公司当期企业社会责任履行对非效率投资产生正向影响；而滞后期社会责任履行对非效率投资有抑制作用。

4.4 林业上市公司政府补助、社会责任对投资效率的影响

4.4.1 林业产业投资的特点和国家投入资金的主导地位

林业产业是指以森林资源为基础，投入资金和技术，以获取经济效益为目的，组织生产或提供各种物质或非物质林业相关产品的行业，涵盖国民经济第一、第二和第三产业多个门类，具有覆盖范围广、产业链条长的特点，是产品种类繁多的复合产业群体[84]。林业投资包括上述林业三大产业投资，林业投资具有其自身的特点，首先，林业企业投资的回收期长，例如短周期林木的轮伐期约为 6 年，而长周期林木的轮伐期约为 25 年，且投资具有不可逆性，投资直接经济效益相对偏低。其次，林业企业投资的风险大。林业企业投资风险除了涵盖一般企业的风险之外，还有自然风险，例如自然界产生的意外灾害风险，它也是重要的风险因素之一，而且是不可控的。

由于林业产业作为我国的基础性产业，其投资关系到林农问题、国民经济发展问题和生态安全问题。林业产业融资方式长期以来均受到政府不同方式的扶持，如配套政策、直接投资，国有银行信贷支持等。纵观林业资金投入的历史沿革，近年来表现出如下特点。

第一阶段，国有林业资金快速向市场化运作靠拢。建立收支两条线：基于限额采伐机制，南方集体林区，按照市场木材价格，尝试实施商品性经营，以林农为经营主体构建了商品林培育机制；基于环境效益的考虑，财政自 1994 年开始，在林业产业推行国家开发银行基建硬贷款发放贴息资金，为林业建设解决了资金之忧。在林业部主导国家体改委的积极参与下，《林业经济体制改革总体纲要》于 1995 年 8 月出台，虽然对林业在生态环境中的重要作用也有意识，但是重点在建立现代林业经济体制[200]。

第二阶段，借助工程形式将新资金引流到林业建设中。国家于 1998 年起，着力于生态保护工程建设，这些工程于 2001 年被整合成六大生态工程，每年经由这些工程向林业建设输入上百亿的资金，预期投资总额超过千亿元。另外，营林业也加快了基本建设速度与投资规模，从整体的投资结构来看，支撑林基本建设的主要力量也是国家。2003 年 6 月出台的《关于加快林业发展的决定》，标志着林业建设步入新阶段，木材生产这一主导思想已经成为过去式，取而代之的是以生态建设为重点的战略性林业发展部署。为新时期的林业发展指明了五个新目标和转变，首先思想上明确生态建设目标，其次采伐目标以人工林为主，其三强调退耕还林，禁止毁林开荒，其四森林生态效益的使用从无偿变成有偿，其五从部门主导变成社会共同参与办林业。公众改变了对林业的作用和地位的认识，"森林可持续经营"变成新时期林业建设的指导思想[200]。

第三阶段，资金投入主体多元化格局逐渐形成。伴随着市场经济的推进，以往的融资途径显然不足以支撑不断深化的林业产业建设。企业并购、资本市场等各种丰富的融资方式逐渐参与到林业建设中，国家号召和动员包括外资在内的社会资金涉足林业建设，仅就 2002 年至 2006 年的民间资本投入量来看，相当于林业产业建设总投入的 87%[200]。

2015 年党的第十八届中央委员会第五次全体会议以及 2017 年党的十九大报告等均彰显了党和国家对林业建设前所未有的重视程度，开创了新时期林业产业发展的新格局。近年来，林业投入资金结构多元化，具体如国家财政、林业自筹、专项贷款、外资进驻等方式，但是占据主导的依然是国家财政。从资金来源来看，2018 年林业投资完成额情况显示，全部林业投资额 4817 亿元，国家资金达到 2432 亿元，占全部资金比重的

51.49%，其中中央财政资金 23.75%，地方财政资金 26.74%。其余资金来源于国内贷款、企业自筹和利用外资等。投资重点用于造林抚育与森林质量提升等生态建设与保护项目，林业投资重点向生态建设大幅倾斜，用资占比达到 50.49%。可见，我国目前林业投资资金构成中，国家资金依然占比很大，体现出国家对于林业的重视和干预程度较大。

此外，政府财政支持与政府的其他政策倾斜是较为一致的。近年来，我国相继出台的很多林业产业政策会直接对林业上市公司产生影响。比如，为推动林业产业的发展，促进我国经济结构的转型升级，2015 年《林业产业政策要点》发布，指出要在严格执行各类林业税费减免优惠政策、加大贴息扶持力度以及政府扶持的担保和保险机制等各个方面扶持林业重点龙头企业。2018 年 12 月 28 日《建立市场化、多元化生态保护补偿机制行动计划》，以及国家林业和草原局发布的《关于促进林草产业高质量发展的指导意见》（林改发〔2019〕14 号）等多项林业产业政策均对林业产业发展壮大、投入机制以及补偿机制等进行完善。从国家到地方，政府补助林业产业文件政策较多，对于扶持林业行业的支持力度也很大。

可见，由于林业产业的投资特点和特殊性，国家对林业产业投资资金和扶持政策一直也比较多。

4.4.2 政府介入林业产业发展的必要性

投资是公司价值创造的驱动力，投资活动是公司最具有能动性和持久影响力的资源配置行为，是企业利润的主要来源[4]，公司价值的高低从根本上取决于投资效率的高低。在完美的资本市场中，资源的优化配置完全可以由自由竞争的市场机制来完成。如果不能满足一定的假设条件，就时常会出现市场失灵。而林业上市公司投资决策行为受到诸多因素影响，除决定于企业自身经营活动和内部治理等因素外，外部经济环境、行业发展状况以及政府干预等外部治理因素也是重要的制约和影响因素。在我国经济转型进程中，还存在分权化制度改革和市场经济规则等制度不够完善的问题，政府干预经济行为普遍存在[5-6]。投资作为经济发展的三大驱动力之一，政府长期以来通过对基础建设投资和辖区内企业投资进行一定程度的干预，以实现投资促进增长目标[174-175]。

根据外部性理论，林业外部性即是在林业生产经营活动中不可避免的对相邻方造成附带影响，产生一种游离于林业企业生产目标函数的额外的副产品。造林、森林资源经营和利用是林业的主要生产经营过程，对应的林业外部性就包含营林外部性、采伐外部性和木材加工外部性三个方面。第一种一般能够起到空气净化、水源涵养和固沙防风等作用，称为"林业正外部性"，后两种的不当砍伐会带来森林退化、多样性物种减少、土壤沙化、水土流失以及温室效应的不良后果，称为"林业负外部性"。林业上市公司为有营林、造林业务、林产品加工，实施"林板一体化""林纸一体化"或者制造纸浆的上市公司，其生产经营涵盖上述两种外部性，部分林业上市公司拥有林地资源，速生商品林或公益性林都一定程度上具有"正外部性"[170-171]。

根据市场失灵理论，林业外部性也是一种市场失灵的表现。一方面，上述营林过程中所产生的"正外部性"效应具备公共物品特性，其价值无法有效计量并在市场上进行交易；另一方面，上述森林资源采伐和利用过程中所产生的"负外部性"效应并未计入林产品相关成本，其造成的森林生态环境损害也未得到市场的有效补偿和弥补，这样产生的森林环境生态效能的丧失及代价却全部转嫁给其他消费者，他们本应享受的环境福利遭到破坏和丧失，最终导致森林资源的投入产出和配置效率降低。若无法有效解决上述外部性问题，林业产业总体上就难以实现可持续性发展和进步。大量学者进行研究提出，包括补助优惠、征税等措施在内的"政府干预"理论（庇古学说），以及包含采伐许可在内的所有权、经营权、交易权和收益权等的"产权安排"理论（科斯的交易成本理论），这两种理论的有效性取决于实施成本的大小及信息的对称程度。然而，林业上市公司本身就是产权明晰的现代企业制度，但其林业正外部性有公共物品性质，即其生态环境效益同时具备外溢性和信息不对称性的特点，要想实现森林资源的投入产出效率提升和最优配置，单纯依靠企业和市场本身的力量是非常困难的，单纯的"科斯手段"是失效的，这就是所谓的"市场失灵"。因此，作为公共产权组织的政府给予存在"外部性"的林业主体补贴或者征收"庇古税"，进行一系列制度安排和协调，包括政府进入生产市场和政府采购。总之，在市场失灵理论和外部性理论下，政府干预和协调是解决市场失灵问题的最富成效的方法和手段[173, 177]。

一方面，依靠政府出台或制定林业产业政策和发展规划，协调好上下游林业产业链的相互配合，就能够在最大程度上保障森林生态资源和林产品供应的稳定性和可持续性。因此，政府介入林业产业和林业上市公司这类林业龙头企业发展，是提升林业产业竞争力的充分必要条件。我国人均森林资源匮乏，木材和林产品需求量大，这一弱质行业的可持续发展的背后不应当仅有企业自身的努力，更应当有国家干预的导向作用和支持的力量[173, 176]。

另一方面，林业产业作为我国的基础性产业，兼具了公益性强、生产周期长和经济效益低等诸多特征，世界各国对林业大发展历来都是制定和实施较多的扶持政策和优惠条款。由于林业产业具有一定的正外部性和公共品性质，并且关系到林农问题、国民经济发展问题和生态安全问题，所以世界各国对林业产业的补贴和优惠不仅体现在国有林经营方面，对公司林和私有林也是同样的扶持政策。政策上的鼓励和支持应该是对林业产业的首要的扶持手段，但是必要的国家资金投入和物质援助也是不可或缺的。因此政府应通过出台各种政策鼓励和刺激林业上市公司高效运营，而政府补助在所有政府干预手段中最具代表性和有效性。

林业产业关系到国民经济发展和国家生态安全问题，林业企业社会责任更多地被寄予在环境责任方面，因此，政府有权利更有义务通过政府补助资金的直接注入并利用其信号机制干预林业类产业，尤其是作为行业龙头的林业上市公司，以把握行业的整体发展方向[84, 170]。

4.4.3 政府补助、社会责任对投资效率的作用路径

由上述分析可知，公司是市场经济下的产物，在我国目前经济和社会发展阶段，公司形态和特征以及经营活动不可避免会受到社会和思想文化以及政府干预的影响。政府本身作为林业上市公司的外部利益相关者，政府补助是政府干预的最直接意志的体现。其采用直接或间接手段进行干预林业行业龙头公司的政策措施，以及注入林业上市公司的政府补助资金，将直接增加林业上市公司的现金持有量，并产生信号传递效应，影响林业上市公司的投资决策和投资效率。

政府补助资金会对林业上市公司社会责任承担产生影响。当前，根据利益相关者和资源依赖等理论，随着公众对公司的社会期望的不断升高，以及政府对企业社会责任的重视，公司迫于公众压力和社会期待等

因素，"社会期待"具体化为企业的社会责任，需要关注利益相关方利益，公司的"社会性"逐渐形成。政府补助是政府对经济和社会生产生活进行宏观调控的关键手段和重要财政政策，能够对企业积极主动履行社会责任产生激励效应，进而间接促进政府和企业社会效益提高的重要路径和必然选择。

在经济社会发展战略资源中，林业资源至关重要，不仅对区域乃至国家的生态、气候、环境保护起到基础性保障作用，也为林业产业发展提供依托。但是随着经济的发展，乱砍滥伐与过度森林资源利用的粗放式发展模式，导致水土流失等生态问题，大大削弱了森林资源的生态功能。生态与经济效益的不平衡现象导致林业发展受限。出现这一问题的重要原因在于林业自身发展缺乏合理的规划，开发与利用不符合市场规律，或者根本上来看是没有协调好林业产业和各个利益相关方之间的关系，导致经济和社会效益失衡[178]。我国长江与松花江流域在1998年发生严重的洪灾，对人民生活及经济发展带来巨大影响，基于此，国家提出天然林保护工程等诸多林业工程，加强对生态环境的保护，而林业的发展也得到推进。可理解为，在政府的强有力干涉下，森林覆盖面积和林业环境效益得到快速发展，其相关利益者也因此获益。但在整体基础建设投资增加情况下，林业产值却增速较为缓慢，从林业龙头上市企业来看，投入产出比低于市场平均水平，这在某种程度上表现为生态效益比重实现提升的结果。但是，对于林业产业的相关企业尤其是龙头企业林业上市公司来说，这种低投入产出效率的状态需要改变。这种发展趋势倒逼了林业上市公司对利益相关方利益的广泛关注，探索经济效益、社会效益和环境效益可持续发展的模式，形成"社会性"企业[179-180]。这就需要在政府干预与企业按照市场规律自身发展之间寻找新的连接点。"市场失灵"和"政府失灵"情况经常发生于企业生产运营活动中，而企业社会责任承担和履行就是一种必然的选择，是利益相关者对无效的企业行为的非正式约束的制度安排。

公司投资是企业发展的核心和价值创造的源泉，投资经营决策关乎企业的成败。仅仅局限于公司内部所有者和经理人的传统企业受到利益相关者的影响，其"社会性"表现为企业社会责任的承担，而最终实现企业社会责任通过缓解信息不对称和解决委托代理问题对公司投资效率的治理效应。强调公司对利益相关者利益的协调有利于企业获得良好的口碑和声誉，形成企业的优质无形资源，助力企业效率提升和可持续发展，从而对作为公司所有者的股东的长远利益产生积极影响；公司社会责任的大量文献也证实，重视社会责任的公司能够对利益攸关方的利益予以更多的关注，增加利益相关方在企业中的话语权和影响力，更进一步地对企业战略经营和投资决策产生影响。不同安排和配置的政府补助，体现政府这一关键外部利益相关者对公司的治理，会影响利益相关者履行不同的监督职责，也影响不同利益相关者的利益实现。政府补贴资金的有效注入加强了企业对利益相关者的关注，随着利益相关者对公司经营参与权的扩大和他们之间信息不对称程度的减少，一方面，强化政府补助资金对企业投资行为干预的正向作用；另一方面，也使企业投资活动的透明度增大，由于对企业投资的政府干预成本增大，所以能对政府的不合理干预发挥抑制效应。可见，利益相关者理论是政府补助、企业社会责任和投资效率三者关系的纽带。如图 4-6 所示。图中可以看出社会责任是政府补助影响投资效率的作用路径，即政府干预和补贴可以通过改善林业上市公司社会责任来提升投资效率。

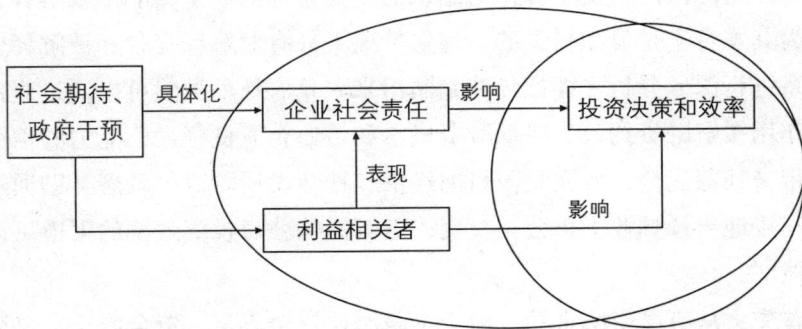

图 4-6　政府补助、企业社会责任和投资效率的关系图

外部压力和文化环境对企业社会责任活动具有显著的正向作用，利益相关者压力增大，意味着政府规制收紧、员工和消费者忠诚度下降以及外部合作伙伴的减少等，会使得企业的成本显著上升而收益减少，最终会迫使企业积极承担利益相关方的责任。包括政府在内的外部利益相关方治理是企业社会责任履行的外部驱动力，而企业社会责任活动又会对企业的内

部经营决策和投资决策造成影响，这一"从外到内"的作用路径体现了企业社会责任履行在政企关系之间的关键纽带作用。

综上，林业上市公司属于具有正外部性的行业和领域，经常发生"市场失灵"现象，由于外溢效应无法计量，得不到市场对价补偿而投入产出效率低下，投资对企业来说是保持持续增长的关键动力，企业社会责任的额外承担会使公司的正外部效应得不到补偿而加剧资金和效率问题，而政府补助可以发挥对企业社会责任履行的支撑作用，进而提升投入产出效率；而林业上市公司同时也属于具有负外部性的行业，由于市场价格机制不完善和无法加征"庇古税"，可能导致政府干预无效，其消耗森林资源等不良的外部公众印象和盲目追求经济利益以及非效率投资问题，可以通过企业履行社会责任而增加对其他利益相关者的贡献，有效弥补政府干预的社会效果，改善信息不对称和利益相关者利益冲突问题，并提升企业声誉，进而提升企业内部经营能力和投资的有效性。

4.4.4 社会责任对政府补助和投资效率的中介效应假设

中介变量是发挥媒介和传导作用的变量，它主要介于原因和结果之间，能够对作为原因的自变量和作为结果的因变量缘何产生影响予以解释，然而因为其本身不是显而易见的，通常情况下只有对解释变量和被解释变量的关系进行深入分析才能推导和判断出来。政府补助虽然可以通过直接和间接作用缓解融资约束，降低融资成本和传递企业良好经营能力和信誉为企业带来经营优势，但在我国目前经济和社会发展阶段，政府补助通过直接或间接地干预林业上市公司投资，进而影响公司投资效率的渠道可能会受到限制。

首先，从直接影响来看，对于本身原始资金不足、资金匮乏，又面临外部融资困难的林业上市公司而言，政府补助可以增加企业内部资金并缓解融资约束，若林业上市公司存在投资不足现象，则缓解投资不足的作用应该比较明显。但是若林业上市公司本身就不存在资金不足问题，政府补助额外资金的注入会导致管理层可支配资金规模扩大，由于委托代理问题而产生"道德风险"，导致职业经理人过度投资，而企业社会责任履行和披露正是可以缓解这一委托代理问题有效途径。

其次，从间接影响来看，一方面，单纯依靠政府和行业内的产业政策和补助资金配置的信号传递，难以实现政府补助对同行业内信号传递所带来的企业竞争和压力机制，而企业社会责任关注各个利益相关者利益，能够形成多方位的利益共同体，使林业上市公司充分利用政府补助，刺激企业良性竞争和发展，使投资效率改善。另一方面，政府补助释放的信号不一定是正确的，也不一定具有有效的"声誉"传导机制，由于中国的市场经济仍处于转型时期，资本市场还不够完善，因此补助的决策机制是否合理，资本市场是否能够正确接收到政府补助信息，并带动联动的资金支持效应，对于补助信号作用的发挥有着重要的影响[84]。而企业社会责任履行和披露的加大正是可以缓解这一信息的不对称程度，强化"声誉效应"，增强信号传递效应，缓解融资约束，并提升林业上市公司投资效率。

最后，政府补贴或补助项目的公开披露还不足以形成真正的多方位监督机制，由于目前我国政府补助依然存在很多不规范的地方，政府也不一定能够精准调查林业上市公司各项信息，严格落实相关程序，企业与外部投资者和信息使用者之间依然存在信息不对称。而林业上市公司社会责任履行正是可以增强企业的社会效应，有效降低各个利益相关方的信息不对称程度，对管理者盲目扩大投资和违规使用资金加以控制，优化投资支出决策和提升投资效率。

在此基础上，本研究主要考察企业社会责任是否在林业上市公司政府补助与投资效率之间起到了中介效应。如果政府补助能够通过企业社会责任影响投资效率，那么，首先应当满足的基本条件就是政府补助影响林业上市公司社会责任承担。通过前面的分析，政府补助可以通过直接和间接作用对企业社会责任产生影响。因此，本研究推断政府补助作为林业上市公司重要的外部资金来源和产业扶持导向是企业社会责任表现优劣的一个前因变量，并可以经企业社会责任履行影响林业上市公司投资效率。

林业上市公司是林业行业的龙头企业，林业上市公司中有一部分公司拥有林地资源，企业投资不仅具有经济效益，更兼顾了生态效益和社会效益。因此，具有显著的正外部性特征，对地方经济发展、社区福利和居民就业均有重要作用，其投资行为必然要和政府关联，受到各级政府的关注。林业投资具有资本回收期长、不可逆性、直接经济效益相对偏低以及风险大的特点，除了涵盖一般企业的风险之外，还有自然风险。农林相关行业的公益性及弱质性特点，国家和政府一直比较侧重于对林业上市公司的补助，林业上市企业一直都是接受政府补助比较多的企业类型之一。政府补助虽然能够为企业带来无偿资金，缓解融资约束和带来"声誉效应"，解决林业上市公司资金问题并优化投资决策。但是在投资者保护机制不完善的新兴资本市场中，政府补助本身的资源配置不合理可能会引发非效率投资问题。如何使政府补助发挥真正的"帮助之手"的作用，发挥优势避免不良作用，需要依赖加强外部制度层面的监管，完善公司内部的治理机制。而基于利益相关者的社会责任履行，一方面有助于构建基于利益相关方的多元化治理结构，进而实现各个契约主体有力监督公司投资行为，降低林业上市公司经理人的非效率投资程度；另一方面，林业上市公司积极履行社会责任强化了林业上市公司良好的文化氛围和外部社会形象，有助于对国家政府补助资金产生反向调节效应，使优势资金合理地在产业内分配，进而形成政企关系优化和良性互动发展，实现国家参与治理的最终目的[181]。

因此，笔者认为，政府补助、企业社会责任与投资效率三者之间存在一定的相关关系：林业上市公司积极承担社会责任能够对投资效率产生积极影响，政府补助不仅对林业上市公司投资效率有正向影响，还能通过林业上市公司社会绩效改善提升投资效率，政府补助产生的资源补给效果在一定程度上可以优化企业社会责任对投资效率的积极影响，进而提高公司整体效益。换言之，在林业上市公司政府补助直接影响投资效率受限的情况下，企业社会责任是政府补助影响投资效率的中介变量。基于以上分析，本研究提出研究假设 H4。

假设 H4：林业上市公司社会责任履行在政府补助与非效率投资之间具有中介效应。

根据林业上市公司政府补助对投资效率、政府补助对企业社会责任以及企业社会责任对投资效率的影响机制和假设，在林业上市公司政府补助与投资效率关系研究中加入企业社会责任中介变量，构造分析模型如图 3-7 所示，模型体现了政府补助对林业上市公司投资效率的直接作用路径，以及政府补助通过林业上市公司社会责任对投资效率的间接作用路径。

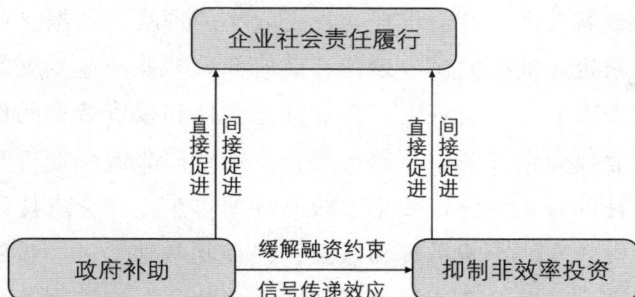

图 4-7　林业上市公司社会责任对政府补助与非效率投资的中介作用路径图

综上，政府补助对投资效率和企业社会责任的影响以及企业社会责任对投资效率的影响机制的相关假设汇总如表 4-1 所示。

表 4-1　林业上市公司政府补助、企业社会责任与非效率投资关系的研究假设

假设 H1:	林业上市公司政府补助对非效率投资具有负向影响。
假设 H1a:	政府补助能够缓解林业上市公司投资不足；政府补助不会带来林业上市公司投资过度；政府补助对林业上市公司缓解投资不足的作用要比对投资过度的作用显著。
假设 H1b:	非国有和国有林业上市公司政府补助对非效率投资均有负向影响；国有林业上市公司更加显著。
假设 H2:	林业上市公司政府补助对企业社会责任履行有正向影响。
假设 H2a:	政府补助对林业上市公司各利益相关者责任均有正向影响。
假设 H2b:	政府补助对非国有和国有林业上市公司社会责任均有正向影响；国有林业上市公司更加显著。
假设 H3:	林业上市公司当期企业社会责任履行对非效率投资具有正向影响；而滞后期社会责任履行对非效率投资具有抑制作用。
假设 H4:	林业上市公司社会责任履行在政府补助与非效率投资之间具有部分中介效应。

4.5 本章小结

本章是对林业上市公司政府补助、社会责任和投资效率影响机理及假设的研究。从非效率投资的主要成因出发，分政府补助与投资效率以及不同产权性质政府补助与投资效率影响机理及假设进行阐释；对政府补助与企业社会责任以及不同产权性质政府补助与企业社会责任的关系进行了机理分析并提出假设；从信息不对称、委托代理问题的利益相关者治理以及经营和资源配置三个角度分析了企业社会责任对投资效率的作用机理，并提出假设；基于上述三者关系的深入剖析，结合第三章林

业上市公司政府补助、社会责任与投资效率的现状，依据林业产业投资的特点和国家投入资金的主导地位、政府介入林业产业发展的必要性，构建了林业上市公司政府补助、企业社会责任和投资效率的作用路径，并提出了企业社会责任的中介效应假设。本章以非效率投资为主线，分别阐述政府补助对企业投资效率、政府补助对企业社会责任以及企业社会责任对投资效率的影响机理和假设，并在此基础上进一步厘清了林业上市公司"政府补助—企业社会责任—投资效率"的作用路径，为后续相关实证研究奠定扎实的理论基础。

5. 林业上市公司政府补助、社会责任对投资效率影响的研究设计

5.1 被解释变量投资效率的测度

对林业上市公司政府补助、企业社会责任对投资效率的影响进行研究，首先必须对林业上市公司投资效率进行正确的评价，作为后续实证分析的基础，在评价过程中，找到影响林业上市公司投资效率的内部影响因素和原因，为提升投资效率的对策提供理论依据。

5.1.1 林业上市公司非效率投资的测度

5.1.1.1 评价方法与模型设计

企业角度的投资研究，主要是分析哪些因素会影响企业的投资支出和投资效率。对这些影响因素的分析，一般是建立投资支出与各个解释变量之间依存的模型[67]。在此基础上，衡量企业的投资效率的方法主要有投资对投资机会的敏感系数模型和最优投资偏离度模型。

投资对投资机会的敏感性模型（FHP模型）。投资—现金流敏感模型也称为FHP模型，最早由Fazzari，Hubbard和Petersen（1988）从融资约束角度基于托宾Q理论提出的，其建立目的是能够考察企业的投资支出相对于自由现金流的敏感系数。该模型基于融资优序假说，构建企业内部现金流量和企业投资机会对固定资产投资的函数，当企业内部现金流量的系数显著为正时，说明企业在面临融资约束时，企业的投资支出对公司内部现金流的依赖性越强。FHP模型不能准确地计算出投资效率值，只考虑自由现金流量因素的影响程度，它不能具体测算过度投资还是投资不足，也不能反映出投资偏离最优支出的程度。而且以投资机会作为唯一变量在我国股票市场尚不完善的情况下具有一定的争议[94]。

因而，大多数学者从不同角度在原始模型的基础上对该模型进行了改进和完善。

最优投资偏离度模型（Vogt 模型和 Richardson 模型）。Vogt（1994）非效率投资判别模型是在 FHP 模型的基础上，引入现金流与托宾 Q 的交互项，计算的交乘项系数的正负可判断企业是否发生非效率投资。弥补了 FHP 模型的不足，企业是否存在投资不足或过度投资现象能够判断出来，却依然不能准确地计算出具体的投资不足或过度投资的大小。而且表示投资机会的托宾 Q，原本为新增一单位资本，预期能创造现金流的现值与重置成本的比率，即为边际托宾 Q，但是在实证中常用企业市价（股价）和企业的重置成本之比来表示托宾 Q，可能在一定程度上会导致估计偏误[68]。

Richardson（2006）在 Vogt（1994）非效率投资模型的基础上建立了一个投资效率评价模型，该模型能够确切地计算出过度投资或投资不足的量[150]。将企业的总投资分解为维持性投资和新项目投资[17]。维持性投资是维持现有资产的支出，通常表示为折旧与摊销。新增投资则又可以进一步分为预期的新增投资与非预期的新增投资，非预期的新增投资即为投资的非效率部分。构建新增投资的回归模型进行最小二乘回归分析，考虑所有影响企业最优投资支出的因素变量，估计最优投资支出的拟合值。结果中得到的残差就是公式中无法解释的影响正常投资支出的残差部分，也就是公司的非预期投资。

FHP 模型、Vogt 模型以及 Richardson 模型是基于投资支出视角对企业投资效率进行评价。Richardson 模型回归所得标准化残差的均值为 0，其假定条件是基于完美市场的前提下进行的，不存在系统性地投资过度或投资不足现象，而且很少有残差等于或非常趋近于 0 的样本，可能会导致客观上放大了企业投资无效的程度；诸如公司的规模、年龄、获利能力等影响因素的考虑都是内部因素。但是 Richardson 模型不仅可以反映公司的非效率投资是投资不足还是过度投资，同时还可以度量出公司的投资不足或过度投资的水平，具有 FHP 模型和 Vogt 模型所无法比拟的优点，因此，本研究选用该方法度量非效率投资。

本研究借鉴 Richardson（2006）的研究，构建非效率投资的计量模型如（5-1）[150]。用普通最小二乘法 OLS 对模型（5-1）进行回归，用回归的残差来衡量公司的非效率投资程度，包括投资过度和投资不足，若残差大于 0 则表示投资过度，若残差小于 0 则表示投资不足。偏离的程度越大，说明其投资越无效。

$$\mathrm{Inv}_{i,t}=\alpha_1+\alpha_2\mathrm{Tobin}_{i,t-1}+\alpha_3\mathrm{Lev}_{i,t-1}+\alpha_4\mathrm{Free}_{i,t-1}+\alpha_5\mathrm{Age}_{i,t-1}+\alpha_6\mathrm{Size}_{i,t-1}+\alpha_7\mathrm{Ret}_{i,t-1}$$

$$+\alpha_8\mathrm{Inv}_{i,t-1}+\sum\mathrm{Industry}+\sum\mathrm{Year}+\varepsilon \tag{5-1}$$

其中，其中 i 表示公司，t 表示年，*Industry* 表示行业虚拟变量，按证监会行业分类，林业上市公司涉及 4 各行业，设置 3 个行业虚拟变量；Year 表示时间虚拟变量，时间虚拟变量按年设置，10 年共设置 9 个时间虚拟变量；ε 表示残差，表示企业投资支出的实际值与拟合最优值之间的差距。本研究使用 SPSS23.0 对数据进行前期加工与处理，并使用 STATA 15.0 进行回归分析。指标变量的具体含义如下。

（1）$\mathrm{Inv}_{i,t}$ 和 $\mathrm{Inv}_{i,t-1}$ 分别代表第 i 家公司第 t 年和第 t-1 的新增投资支出，此处投资被界定为资本投资行为，等于构建固定资产、无形资产和其他长期资产的净值改变量，即购建固定资产、无形资产和其他长期资产支付的现金减去处置固定资产、无形资产和其他长期资产收回的现金净额，并运用年初总资产对其进行标准化处理以消除公司规模带来的影响，反映单位总资产的投资支出水平。一般情况下，公司当年投资支出水平会受到上年投资支出水平的较大影响，前期新增投资水平的加大及其所带来的高额回报率会继续推动公司本期的投资支出增加，进而不断促进公司平稳持续的提高投资支出水平。因此，$\mathrm{Inv}_{i,t-1}$ 应当与 $\mathrm{Inv}_{i,t}$ 正相关，即林业上市公司上一年投资支出越多，当期投资支出也越多。

（2）$\mathrm{Tobin}_{i,t-1}$ 代表第 i 家公司第 t−1 年的投资机会（成长机会）。托宾 Q 为目前使用的最为广泛的度量企业投资机会（成长机会）的指标，它是由詹姆斯·托宾于 1981 年提出的，托宾 Q 值等于企业市价（股价）除以企业的重置成本，即等于市场价值除以期末资产总计，其中市场价值等于股权市值加净债务市值。它本质上是股票市场对企业的资产价值与重置成本的比值进行的估算，当其大于 1 时，公司市值高于重置成本，公司通过较少的股票发行可以买到更多的资产，因而会选择弃旧置新，增加投资支出，反之投资支出会降低。因而，托宾 Q 值越大，代表企业成长性好且有更多的投资机会[145]。

（3）$\mathrm{Lev}_{i,t-1}$ 代表第 i 家公司第 t−1 年的负债程度，即资产负债率。

负债融资是公司进行投资的重要资金来源，因而企业投资会受到负债水平的较大影响。首先，公司负债比例越大，其具有越大的还本付息压力，其资金流运转不畅而造成破产的风险也会加大，此时企业投资策略会更为谨慎，进行削减收益水平相对不高的投资项目；其次，过高的负债比例，债权人分割企业新增投资收益的比例越多，企业的实际投资收益率降低，投资的主动性会降低。因此，负债实际上可以作为一种财务制约机制，反映融资约束的作用大小，故林业上市公司投资支出水平与资产负债率负相关。

（4）$Free_{i,t-1}$ 代表第 i 家公司第 $t-1$ 年内部现金流，采用企业的经营活动现金流量净额，除以企业期初资产总额进行标准化处理。企业可使用的最高现金净额就是公司内部现金流，它是企业必须在先满足生产经营需求的前提下进行再投资之后所剩余的现金流量。内部现金流是一个公司投资能力、抵抗风险能力和偿债能力高低的重要标志。若企业内部现金流充足，能够选择净现值大于零的投资项目越多，获利能力也越强，但是过多的内部现金流量也易于引起过度投资等非效率投资行为。因此，林业上市公司投资水平与其现金持有量正相关。

（5）$Age_{i,t-1}$ 代表第 i 家公司第 $t-1$ 年的年龄，等于当年减去上市年份加一并取对数，随着林业上市公司上市时间的延长，其业务范围、发展领域以及经营规模逐渐趋于稳定不变，同时也会有较少的时期企业发展的市场投资机会供企业选择，因此，林业上市公司的投资需求降低，投资规模减少。故林业上市公司投资支出水平与上市年龄负相关。

（6）$Size_{i,t-1}$ 代表第 i 家公司第 $t-1$ 年的公司规模，等于资产总额取对数。按照经济学中规模效应理论，企业的规模扩大会带来企业的边际收益同时的递增，但是当规模抵达一定临界点时，企业经营规模的扩大则会带来边际收益的递减。考虑到所选取的林业上市公司样本的成立时间长且经营规模相对比较大，可能处于规模边际收益递减阶段，因此，林业上市公司经营规模越大，其具有越小的继续扩大经营规模的需求，进而其投资支出水平也相对较低。

（7）$Ret_{i,t-1}$ 代表第 i 家公司第 $t-1$ 年公司个股收益率，本研究选用基本每股收益来度量，代表公司的盈利能力。一般情况下，企业每股收益增加，意味着企业绩效越好，其融资能力和获取资金的渠道也会随之增加，所有者也会扩大企业的经营规模，进而会进行更多的投资，以获取更多的利润，促进企业的发展壮大。因此，林业上市公司投资支出水平与盈利能力正相关。各变量的名称和含义如表 5-1 所示。

表 5-1 林业上市公司投资效率的变量定义表

变量名称	变量符号	变量含义
投资支出	Inv	新增投资支出，等于构建固定资产、无形资产和其他长期资产的净值改变量 / 期初资产总额
投资机会	Tobin	Tobin Q 值，等于公司市场价值除以资产总计
负债程度	Lev	资产负债率，等于负债总额 / 资产总额
内部现金流	Free	经营活动现金流量净额，等于经营活动现金流量净额 / 期初资产总额
上市年限	Age	上市年限，当年减去上市年份加一后取对数
公司规模	Size	总资产，等于资产总额的自然对数
盈利能力	Ret	每股收益
年度虚拟变量	Year	2013-2018 年，6 年取 5 个年度虚拟变量
行业虚拟变量	Industry	4 各行业，取 3 个行业虚拟变量

5.1.1.2 描述性统计与相关性分析

由表 5-2 所统计的结果来看，总体上，中国林业上市公司新增投资支出水平均值为 0.054，最大值 0.355，最小值 -0.029，标准差 0.059，虽有一定差异但是并不显著，均值显著大于中值，说明可能存在一些离群的较大值，受其影响使得均值偏大。TobinQ 值平均值为 2.150，标准差 1.331，最小值 0.800，最大值 7.660，均值大于 2，说明林业上市公司市价高于企业的重置成本，整体投资机会（成长机会）较高，但是各公司间的差异性也较大，均值显著大于中值，说明位于中值之上的托宾 Q 值较大的公司拉高了整体均值水平。林业上市公司的资产负债率均值为 43.0%，且均值与中位数接近，说明各公司间差距较小。从林业上市公司的年龄来看，各公司的上市时间较集中。样本公司平均经营现金流量为 0.061，相对偏低，这容易导致林业上市公司出现投资不足的问题。资产负债率 Lev、自由现金流量 Free、上市年限 Age 以及企业规模的对数 Size 和每股收益 Ret 的标准差分别为 0.170、0.070、0.237、0.412 和 0.457，表明企业在负债程度、内部融资约束、上市年限和规模以及盈利能力上虽然存在一定的差异，但差异并不大。

表 5-2　变量描述性统计

变量名称	均值	中位数	最小值	最大值	标准差	偏度	峰度
Inv	0.054	0.037	−0.029	0.355	0.059	2.171	6.145
Tobin	2.150	1.705	0.800	7.660	1.331	1.738	3.160
Lev	0.430	0.428	0.098	0.788	0.170	0.064	−0.962
Free	0.061	0.058	−0.389	0.263	0.070	−1.365	9.399
Age	0.998	1.041	0.301	1.362	0.237	−0.665	−0.204
Size	9.704	9.621	8.990	11.024	0.412	0.930	0.670
Ret	0.243	0.200	−3.900	1.700	0.457	−3.912	39.171

变量的 Spearman 相关性检验见表 5-3。通过考察变量间的相关性，可以看出林业上市公司新增投资支出与上一年的投资支出、投资机会、内部现金流和盈利能力均正相关，但是投资机会的相关系数不显著，其他变量均在 1% 水平上显著；与上一年的负债程度、上市年限和公司规模均负相关，但是公司规模的相关系数并不显著，其他变量均在 1% 水平上显著；此外，通过变量间两两相关系数表可以看出，自变量与因变量之间存在较强的关联度，且相关系数绝对值最大为 0.535，均在 0.6 以下，这说明模型的建立不存在严重的多重共线性问题，运用这些变量来对林业上市公司的预期投资进行计算是合适的。

表 5-3　变量相关系数表

变量	Inv	Inv	Tobin	Lev	Free	Age	Size	Ret
Inv	1.000							
Inv	0.535***	1.000						
Tobin	0.070	0.039	1.000					
Lev	−0.189***	−0.098	−0.422***	1.000				
Free	0.240***	0.057	0.201***	−0.257***	1.000			
Age	−0.335***	−0.407***	−0.185***	0.477***	−0.017	1.000		
Size	−0.017	−0.006	−0.394***	0.534***	−0.031	0.378***	1.000	
Ret	0.421***	0.326***	0.176***	−0.307***	0.334***	−0.440***	0.057	1.000

5.1.1.3 非效率投资度量结果与分析

（1）投资期望模型回归分析

表 5-4 为模型（5-1）回归结果，本研究所构建的投资期望模型的拟合优度是 0.465，大于 0.3，说明自变量解释了投资不足的 46.5%，模型拟

合效果较好。F检验为9.1，P=0.00，小于0.01，在1%的显著水平下显著，说明回归方程通过了显著性检验，模型因变量与自变量的线性相关程度明显，回归方程是有效的。所以可以用方程残差度量林业上市公司的非效率投资。上期投资支出水平、投资机会、内部现金流、获利能力均正向影响当期投资支出水平，影响系数分别是0.274、0.007、0.112和0.030，且均通过了显著性检验，即内部现金流量越大、投资机会越多时，越能促进林业上市公司的投资支出。林业上市公司负债程度和上市年限均负向影响投资支出，债务约束对林业上市公司投资支出的抑制作用明显，随着上市时间的增加，上市公司倾向于保守的投资决策。其中，公司规模对投资支出的影响是正向的，在成长初期，林业上市公司往往倾向于大规模投资，随着逐渐走向成熟，投资增量可能会呈递减趋势。公司规模和上市年限对投资支出的影响均不显著，说明林业上市公司投资支出的多寡受到公司上市年限和规模大小的影响并不明显。

表5-4　林业上市公司投资期望模型回归结果分析表

Inv	系数	标准差	t统计量	P>|t|	95% 置信区间	
常数项	−0.129	0.095	−1.360	0.175	−0.316	0.058
Inv	0.274***	0.064	4.290	0.000	0.148	0.400
Tobin	0.007*	0.004	1.960	0.051	0.000	0.014
Lev	−0.061**	0.030	−2.030	0.044	−0.120	−0.002
Free	0.112**	0.055	2.030	0.043	0.003	0.220
Age	−0.009	0.019	−0.490	0.625	−0.046	0.028
Size	0.019	0.011	1.630	0.104	−0.004	0.041
Ret	0.030**	0.013	2.390	0.017	0.005	0.055
年份	控制	控制	控制	控制	控制	控制
行业	控制	控制	控制	控制	控制	控制
R-squared	0.465					
F（7, 233）	9.1					
Prob>F	0.0000					

（2）投资效率分析

回归分析同时得到关于企业实际投资水平与企业最优投资水平的残差值（表5-5），2013年至2018年林业上市公司全样本投资效率的标准差是0.040，极小值是−0.100，极大值是0.167，说明总体上投资效率存在一定的差异性。

表 5-5   全样本非效率投资残差描述性统计

变量	N	均值	标准差	极小值	极大值	偏度	峰度
e	174	0	0.040	−0.100	0.167	1.190	2.907

通过非效率投资残差的分布表 5-6 和图 5-1，可以看出随机误差项服从正态分布。林业上市公司投资效率衡量结果中，残差值小于 0 的样本数有 108 个，约占 62.07%，表明有 108 家林业上市公司存在投资不足的情况，残差值大于 0 的样本数有 66 个，约占 37.93%，说明这些企业存在过度投资。其中，小于 −0.1 的仅有 1 家，大于 0.1 的有 5 家，有 94 家公司投资效率集中在 −0.05~0 之间。可以看出投资不足的数量明显多于投资过度的数量，但平均过度投资程度却远大于平均投资不足的程度。所以，我国林业上市公司投资不足现象普遍，但程度上没有过度投资明显，过度投资问题相对严重。这可能是由于一方面，我国近几年经济发展平稳，增长速度较快，给林业上市公司带来许多的投资机会，同时由于资本市场和融资冲突，林业上市公司将更多的资金投入到能给企业带来规模扩大化的项目，而不是投入到能够直接给企业带来内部价值增加的项目，导致企业投资过度 [92]。

表 5-6   全样本残差分布表

残差	<−0.1	−0.1~0.05	−0.05~0	0~0.05	0.05~0.1	>0.1	合计
样本数	1	13	94	49	12	5	174

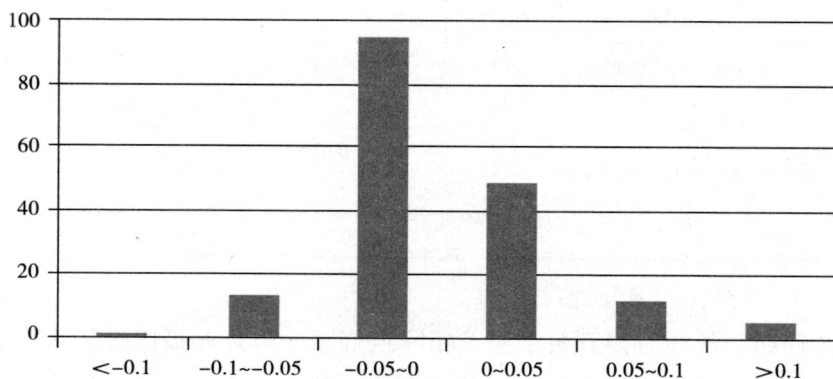

图 5-1   全样本残差分布图

纵向来看，由表5-7可知，从标准差可以看出林业上市公司初期出现投资效率的大幅度波动，后期相对比较稳定。只有2018年投资不足与投资过度公司数量相当，其他年份投资不足的公司数量均远大于投资过度的公司数量，因此，不论是从六年的整体状况来看，还是从单独每一年来进行分析，我国林业上市公司非效率投资行为更偏向于投资不足，投资不足现象比严重投资过度现象普遍。投资不足公司2013年均值是 −0.030，2018年是 −0.023，呈波动下降的趋势，其中2013年投资不足现象最为严重；投资过度公司均值由2013年的0.068下降至2018年的0.021，呈波动下降的趋势，其中2013年投资过度现象最为严重；2015年和2016年无论是投资不足还是投资过度程度均是6年中最低的年份。林业上市公司投资效率的标准差由2013年的0.062下降至2018年的0.033，2013年差异性最大，2016年最大值与最小值之间相差最小，呈现下降的趋势。

表 5-7　非效率投资残差分年度描述性统计

年份	样本量	残差小于零	均值	残差大于零	均值	最小值	最大值	标准差
2013 年	29	20	−0.030	9	0.068	−0.100	0.167	0.062
2014 年	29	18	−0.022	11	0.036	−0.075	0.099	0.038
2015 年	29	18	−0.021	11	0.034	−0.075	0.095	0.034
2016 年	29	19	−0.016	10	0.030	−0.053	0.119	0.032
2017 年	29	18	−0.024	11	0.039	−0.051	0.101	0.039
2018 年	29	14	−0.023	15	0.021	−0.072	0.094	0.033

综上，林业上市公司负债程度有利于抑制过度投资行为，上年投资支出、现金流量和投资机会对当期投资支出均起到促进作用，上市年限和规模对林业上市公司的投资支出均不相关，因此林业上市公司在投资决策时要客观分析公司的财务状况和企业所处的市场环境，科学预测未来投资环境的变化，抑制非效率投资；纵向来看，初期出现投资效率的大幅度波动，后期相对比较稳定，林业上市公司投资效率的差异性虽然呈现波动下降的趋势，但不论是从6年的整体状况来看，还是从单独每一年来进行分析，我国林业上市公司投资不足现象普遍，但程度上没有过度投资明显，过度投资问题相对严重，且投资过度问题呈日益严重的态势。

5.1.2 林业上市公司资源配置效率的测度

5.1.2.1 评价方法与模型设计

企业资源配置效率以全要素生产效率替代，其衡量方法可以分为两大类：前沿效率分析方法和非前沿效率分析方法。

非前沿效率分析方法。非前沿效率分析方法（Non-Frontier Efficiency Analysisi Method）主要包括比率分析法和层次分析法（AHP 方法）。比率分析法采用资产报酬率、收入利润率等传统的财务比率来衡量效率，这些比率更大程度上反映的是企业的经营绩效，对于效率而言能够提供的信息相对有限，难以全面准确反映企业的效率水平；层次分析法是按照组成效率的各要素的重要性，由高到低排列为相互关联的若干层次，确定每一次各要素的权重，量化计算企业效率综合评分，此方法在选取要素和确定权重中都含有大量的主观判断，且计算也较为复杂烦琐[137]。

前沿效率分析方法。前沿效率分析（Frontier Efficiency Analysisi Method）是一种相对效率分析方法，是由样本中最优个体构成效率前沿，其他样本的效率水平则根据它们与效率前沿的相对位置进行确定。根据是否需要对参数进行估计，又可以将前沿效率分析方法分为参数方法和非参数方法两类。参数方法，主要包括随机前沿法（SFA）和自由分步法（DFA），需要先确定效率前沿的函数形式。非参数方法中使用最广泛的是数据包络分析（DEA），不需要设定函数形式。其中以 SFA 和 DEA 应用最为广泛[140]。

非参数的 DEA 数据包络分析法（Data Envelopment Analysis）。该方法是研究生产边界的一种定量分析方法，1978 年由著名的运筹学家 A.Charnes，W.W.Cooper 和 E.Rhodes 等人（简称模型）首先提出，这种方法可以采用线性规划的方法评价多投入、多产出决策单元（DMU）间的相对有效性。目前模型是 DEA 模型中应用最广泛的，模型由 Banker，Charnes and Cooper 于 1984 年提出（简称模型），该模型假设规模报酬是可变的，在技术效率分析过程中，将决策单元规模因素纳入进来，可测算出纯技术效率和规模效率两个方面[138]。

参数的 SFA 随机前沿分析法（Stochastic frontier analysis）。Meeusen 等（1997）、Aigner 等（1997）最早共同提出了随机前沿分析模型（SFA），

如公式（5–4）所示，该模型是一种需要提前设定参数的效率分析方法，需要构建有效的生产前沿面的生产函数。在投入一定的情况下，它能够测算出实际产出相对于前沿产出的比值，并以此来衡量技术效率。它考虑个体样本受随机因素的影响，可以分离技术无效率项和随机误差，因此评价结果更具可靠性[183]。

DEA 模型和 SFA 模型更多是应用于宏观层面效率或企业全要素生产效率的分析，它们都以投入和产出为基础进行效率测算，而后，与最优产出进行对比，通过判断差异程度对企业投入产出效率进行衡量。DEA 模型、SFA 模型可以用来对企业的全要素投入产出效率的度量。鉴于 DEA 方法不能得出回归结果的显著性检验来分析林业上市公司投入要素的资源配置效率，本研究也只是需要确定林业上市公司综合要素的投入产出效率，因此，本研究选取 SFA 方法评价林业上市公司资源配置效率，进而考察政府补助、企业社会责任对资源配置效率的影响。

$$\begin{cases} Y = F(X)\,\mathrm{e}^{\varepsilon} \\ \ln Y = \ln F(X) + \varepsilon \\ \ln Y = \ln X\beta + v - u \end{cases} \tag{5-2}$$

原始模型如公式 5–2 所示，实际产出是 Y，生产前沿函数是 $F(X)$，代表在某一投入要素资源下实际产出情况，是各要素投入量之间的一种"线性"函数。

SFA 模型首先要界定投入与产出变量，按照本研究对投资的界定和全要素投入规模的现状分析，确定林业上市公司投入变量。由于参数的随机前沿分析方法在应用时只能选取单一指标为产出指标，因此本研究在投入产出指标选择时采用"多输入单输出"的形式。考虑到企业广义的投入产出效率，投入指标应该包括对内投入和对外投入、直接投入和间接投入以及长期投入和短期投入，是涵盖劳动投入在内的人、财、物的广泛的投资概念，所以选取综合性最强的净利润作为产出指标。净利润能够反映林业上市公司的获利能力，其因各林业上市公司的规模、投资状况以及管理经营水平不同而有所差异[139]。

本研究模型构建根据 Battese 和 Coelli（1955） 及 Kumbhakar 和 Lovell 的研究成果，选用随机前沿生产函数的对数型柯布—道格拉斯生产函数，构建不考虑外生影响因素的林业上市公司投资效率评价模型，对投资效率进行测算[198]。如公式（5-3）所示。

$$\ln（Y_{it}）=\beta_0+\beta_1\ln（L_{it}）+\beta_2\ln（WK_{it}）+\beta_3\ln（SK_{it}）+\beta_4\ln（LK_{it}）+v_{it}\text{-}u_{it}$$

$$（5\text{-}3）$$

其中 i 为林业上市公司的排列序号，t 为时期序号，Y 表示输出变量净利润，L、WK、SK、LK 和分别表示劳动资本投入、营运资本投入、短期资本投入和长期资本投入，β_i 为待估参数，分别表示四个投入变量的产出弹性。式中的误差由两个部分组成，v_{it} 为第 i 家林业上市公司在 t 期生产过程的随机误差项，包括经济波动、测量误差及各种不可控的影响因素，服从正态独立同分布 $N^+（0,\sigma_v^2）$；u_{it} 为第 i 家林业上市公司在 t 期生产过程的技术无效率项，是可控的影响因素，服从单边非负截断（Non-negative Truncations）正态分布 $N^+（0,\sigma_v^2）$，其值越大效率越低下，v_{it} 且和 u_{it} 相互独立[198]。

按照参数的随机前沿分析模型的基本思路写出技术效率（Technical Efficiency，TE）的表达公式如模型（5-4）：

$$\text{TE}=\frac{Y}{F（X）e^{v\text{-}u}}=F（X）e^{v\text{-}u}/F（X）e^v \quad（5\text{-}4）$$

$$\text{TE}=\frac{E（Y|u>0，X）}{E（Y|u=0，X）}=\frac{\exp（X'\beta\text{-}u）}{\exp（X'\beta）}=\exp（-u） \quad（5\text{-}5）$$

$$m_{it}=\delta_0+\delta_i Z_{it} \quad（5\text{-}6）$$

$$\gamma=\frac{\sigma_v^2}{\sigma_v^2+\sigma_u^2} \quad（5\text{-}7）$$

TE_{it} 是第 i 家林业上市公司第 t 期的投资效率。当 $u_{it}=0$ 时，则 $\text{TE}_{it}=1$，代表林业上市公司的投资最为有效，此时该公司的生产点位于最优生产前沿面上。当 $u_{it}>0$ 时，则 $0<\text{TE}_{it}<1$，代表林业上市公司的投资效率属于非效率状态，此时该公司的生产点位于最优生产前沿面下。一般情况技术效率位于 0~1 之间，较少有完全无效率或完全有效率的状态[198]。

m_{it} 是产出变量的无效率项分布函数的均值，m_{it} 可以表示成企业非效率投资的影响因素 Z_{it} 的函数，本研究不予考虑。参数 γ 表示非效率项 σ_v^2 占总的误差干扰项 $\sigma_v^2+\sigma_u^2$ 的比例，其值越接近于 0，则表明模型不存在技术无效率项，所有公司的生产点相对于最优前沿的偏离都是由随机噪声引起的；反之，其值越接近 1 则表明模型的误差项主要来源于非效率项影响因素。

由模型（5-8）可知，TE 介于 0~1 之间，当 u 无限增大时，意味着实际产出与前沿产出（最优产出）之间偏离的程度也逐渐变大，此时 *TE* 无限趋近于零。在 TE=0 时，投资效率处于最低点，投资无效率偏度则处于最高点。因此，林业上市公司的技术无效率（Technical Inefficiency，TIE）与投资效率之间具有如下关系：

$$TIE=1-TE \qquad\qquad (5-8)$$

本研究采用 SPSS23.0 进行数据的前期处理，运用 Frontier4.1 软件进行计算。

5.1.2.2 资源配置效率测度结果与分析

基于构建的随机前沿生产函数模型（5-3），对 2013 年至 2018 年 29 家林业上市公司的平衡面板数据进行定量估计，将所有变量对数化处理，对负数变量参考高冲等（2015）的做法，按照年份将其减去每年 29 家公司中的最小值加 1 后取对数的做法，以准确反映面板数据间异质性差异[198]。计算的投资效率值介于 0~1 之间，其值越大代表投资效率越高。各公司投资效率估计值及排序见表 5-8。

在 29 家样本企业中，投资效率值最高的为太阳纸业，其近 6 年的投资效率平均值达到 0.736，而投资效率值最低的企业为威华股份，近 6 年的投资效率平均值为 0.631。在所有样本中，投资效率值在 0.8 以上的企业共有 0 家，投资效率值在 0.7~0.8 之间的企业共有 8 家，投资效率值在 0.6~0.7 之间的企业有 15 家，投资效率值在 0.5~0.6 之间的企业有 3 家，投资效率在 0.4~0.5 之间的企业有 1 家，其余公司均不足 0.4。说明林业上市公司投入资源配置效率偏低，且不同公司投入产出水平差异较大。其中国有属性公司中排位靠前的公司数较少，说明样本中国有林业公司全要素投入产出效率普遍不高。

表 5-8　2013 年至 2018 年林业上市公司资源配置效率表

公司名称	均值	排序	公司名称	均值	排序	公司名称	均值	排序
太阳纸业	0.736	1	华泰股份	0.678	11	顺灏股份	0.615	21

公司名称	均值	排序	公司名称	均值	排序	公司名称	均值	排序
索菲亚	0.729	2	青山纸业	0.667	12	岳阳林纸	0.615	22
宜华生活	0.724	3	齐峰新材	0.666	13	博汇纸业	0.605	23
晨鸣纸业	0.718	4	中顺洁柔	0.659	14	凯恩股份	0.579	24
山鹰纸业	0.714	5	景兴纸业	0.658	15	**永安林业**	0.572	25
美盈森	0.708	6	浙江永强	0.652	16	合兴包装	0.571	26
福建金森	0.706	7	**冠豪高新**	0.642	17	平潭发展	0.444	27
大亚圣象	0.701	8	兔宝宝	0.638	18	**民丰特纸**	0.388	28
德尔未来	0.685	9	喜临门	0.630	19	威华股份	0.290	29
丰林集团	0.684	10	**恒丰纸业**	0.616	20	均值	0.631	

注：29 家公司中国有属性有 8 家，用加粗注明

表 5-9   林业上市公司资源配置效率分年度描述性统计

项目	2013 年	2014 年	2015 年	2016 年	2017 年	2018 年	2013-2018 年
最小值	0.114	0.171	0.242	0.321	0.405	0.489	0.114
最大值	0.604	0.665	0.720	0.768	0.811	0.846	0.846
均值	0.474	0.542	0.607	0.668	0.723	0.771	0.631
中位数	0.503	0.571	0.636	0.695	0.748	0.794	0.652
标准差	0.116	0.115	0.110	0.102	0.092	0.080	0.144
偏度	−1.675	−1.821	−1.950	−2.060	−2.152	−2.228	−0.961
峰度	2.963	3.551	4.105	4.607	5.047	5.423	1.024

由表 5-9 可以看出 2013 年至 2018 年林业上市企业的投资效率均值在波动提高，由 2013 年的 0.474 提高到 2018 年的 0.771。这与理查德森残差非效率投资评价结果的变动趋势是相一致的。各公司间差距不明显，均值历年来均在中值之下，说明林业上市公司中小于中位数的公司投资效率水平偏低，拉低了总体效率水平。2013 年至 2018 年六年间，我国林业上市公司的投资效率年均值为 0.631，说明在当前的劳动力资本、营运资本、短期资本和长期资本投入水平下，净利润可在现有基础上有 36.9% 的提高空间，可见我国林业上市公司投入产出效率还有很大的提升空间，因此需进一步进行有针对性的分析，采取有效的措施来提高我国林业上市公司的投入产出效率。

参数估计结果见表 5-10。可以看出，四个要素的产出弹性分别为 0.045、–0.053、1.401 和 –0.823，长期资本投入和短期资本投入的参数均在 1% 的水平上显著，这说明上述输入指标对产出水平有着十分重要的影响，其中短期资本投入影响最大，其增长 1% 可以促进林业上市公司产出指标上升 1.401 个百分点，短期资本投入能够有效带来净利润的显著提升。营运资本投入和劳动资本投入没有通过显著性检验，说明林业上市公司营运资本和劳动资本投入对于净利润产出效率的影响不明显。人力成本投入虽然正向影响产出水平，但是缺乏显著性，说明林业上市公司劳动投入存在一定程度的不合理现象，或者可能存在冗余现象。长期资本和营运资本输入指标的参数估计结果均与预期结果不一致，二者对于林业上市公司投资效率均呈负向影响，即长期资本投入增长 1%，导致企业净利润产出降低 0.823 个百分点，说明林业上市公司长期资产投资受到投入时间长、投资风险高的特点影响，其短期内投入的增加会直接导致产出的骤减；林业上市公司营运资本投入也可能存在不合理的现象，流动资产和流动负债没有实现良好的配置，资本运营效率差，因此并不会有效促进产出增加。

gamma 值为 0.036，且 T 值不显著，可判断非效率项的影响几乎可忽略，此模型几乎不存在技术无效率项，效率的实际值与理论值的偏差几乎完全来源于随机误差[198]。

表 5-10 随机前沿生产函数估计的参数结果

变量	估计的参数	系数	标准差	T 检验值
常数项	β_0	3.363	2.577	1.305
$\ln L_{it}$	β_1	0.045	0.424	0.106
$\ln WK_{it}$	β_2	−0.053	0.075	−0.714
$\ln SK_{it}$	β_3	1.401***	0.503	2.784
$\ln LK_{it}$	β_4	−0.823***	0.325	−2.531
sigma-squared		4.235***	0.512	8.271
gamma		0.036	0.063	0.569
eta		0.221	0.167	1.320
log likelihood function		−373.507		
LR test of the one-sided error		2.404		

综上，林业上市公司资源配置效率呈波动上升，但均值为 0.631，与最优值具有较大差距。因此，应当合理配置长期资本、短期资本、营运资本和劳动资本，尤其是长期资本、营运资本和劳动资本，提升林业上市公司全要素的投入产出效率。

5.2 中介变量企业社会责任的测度

目前，我国林业上市公司统一的社会责任评价指标体系尚未形成，所以需要先构建评价指标体系，然后采用合理的方法进行评价，作为后续实证分析的基础。在评价过程中，找到影响林业上市公司社会责任履行的内部影响因素，为践行企业社会责任的对策提供理论依据。

5.2.1 林业上市公司社会责任评价指标的识别

当前企业社会责任的度量方法较多，问卷调查法量表具有较高的信度和效度，专业机构数据库法不仅评价内容全面、专业，而且评价结果质量高、可扩充性强，因此得到学者们的广泛应用。但是我国相对比较权威的企业社会责任评级机构润灵环球并没有对所有上市公司进行综合评价，大部分林业上市公司没有被评价得分情况，而问卷调查法又过于片面而且不适用于数据相对公开透明的上市公司的研究 [180]。

企业社会责任的指数法是我国学者以企业披露的财务报告中的与企业社会责任相关的财务指标为基础提出的，它包括社会责任贡献法。该方法通过有偏好地选择特定财务指标，构建线性模型的方式来对企业社会责任履行情况进行衡量 [177]。由于每个学者对企业社会责任的理解角度因人而异，因此，用以构建模型的变量选取也各不相同。比如沈洪涛等（2007）基于利益相关者理论，采用 2006 年 3 月由上海证券交易所指出的每股社会贡献值来衡量公司的社会责任表现。该指标囊括了企业对政府、员工、债权人、股东、社区和自然环境等各个维度的责任，具有很强的实用性。该方法对选取特定的财务指标进行简单的线性求和，所需的数据容易获得，计算方法简单，因此也被广泛使用 [36]。为此，在第 2 章界定的林业上市公司社会责任概念的基础上，本研究选用指标分析法，以利益相关者作为基础构建一级评价指标，构建林业上市公司社会责任的评价指标体系，并采用熵值法进行综合评价，以期更有效地评价林业上市公司社会责任履行情况[178]。

　　企业社会责任的利益相关者评价模式最突出的优点是评价对象的清晰性，企业有多少个利益相关方，就有多少个特定责任和评价维度，而且其理论和实际应用成熟，利益相关者的维度已经基本固定。我国林业上市公司现已发布的企业社会责任报告是按照利益相关者角度进披露和报告的，基于利益相关者角度的社会责任框架体系还有：《深圳证券交易所上市公司社会责任指引》《中国林产工业企业社会责任报告编写指南（团体标准）》，等等。按照第 2 章的对社会责任的界定，将林业上市公司的利益相关者界定为股东及债权人、伙伴、消费者、政府、社区、员工和环境 7 大类[176]。本研究基于利益相关者的企业社会责任指标选取参考范围包括以下几方面。

　　①基于利益相关者的企业社会责任评价应当包括学者们的研究文献结果和资料，由于利益相关方框架标准清晰且框架易于搭建，大量的学者在进行研究时，均以利益相关者作为标准和原则，因此本研究基于全面的内容分析，将文献资料也包括在分析和识别范围内。在知网等文献数据库以"企业社会责任评价"或"林业"和"社会责任"为关键字进行主题搜索，查阅文献，主要借鉴的文献有：Helena et al.（2014）、Anna-Maija et al.（2013）、Jane Lister（2011）、Lei Wang 和 Heikki Juslin（2013）、Juha Nasi et al.（1997）、Marc T（1996）、Lober et al.（1996）、隋爽等（2012）、刘梦瑶（2015）、姚骥等（2016）、赵奥琳等（2017）、张胜荣（2013）、白睿洁（2013）、刘雯雯等（2013）和喻婷（2013）等[130, 151-153, 172-175, 177, 179, 181, 182, 186, 191]。

　　②主要参考的倡议和指引标准，包括国内、国际和国外企业和组织所已经颁布的标准和指南。国际组织倡议的社会责任指标体系主要有SDGs、SA 8000、SAI、GRI G4、ISO 26000 等；国外企业社会责任评价标准指标体系有 DJSI、KLD 等；国内组织倡议的社会责任指标体系有深圳证券交易所上市公司社会责任指引》、GSRI-CHINA1.0 和 2.0、《中国工业企业社会责任评价指标体系》、CASS-CSR4.0 等；国内企业社会责任评价标准指标体系主要有灵润环球（RKS）采用的 MCT 社会责任报告评级体系、和讯网公开公布的上市公司 CSR 评价体系等；考虑到并不是所有的上述社会责任指标都适合林业行业，本研究通过对上述表 3-8

中 2008 年至 2018 年发布过独立报告的 16 家林业上市公司的社会责任报告或环境报告书（简称 CSR 报告）进行内容分析法，进一步修正指标来源。《中国林产工业企业社会责任报告编写指南》和《中国企业社会责任报告编写指南（CASS–CSR4.0）》（简称指南）也在内容分析范围内，它们对林业企业社会责任做了一些特殊的规定和要求，本研究也借鉴该指南的相关内容。

笔者首先进行广泛的文献回顾搜集，对上述参考的原始资料库中的企业社会责任指标展开识别，识别后，对识别结果进行比较判断和剔除同质性指标、歧义性指标。基于利益相关方视角的林业上市公司社会责任指标来源情况见附录中表 1。考虑到上市公司评价主要依据客观的财务指标，在识别过程中主要选取能够通过公开报表资料获取的各利益相关者的指标，以保证林业上市公司社会责任的真实、客观和公正。包括七个利益相关者和 25 个主要指标。其中，环境责任（ENVI）主要体现在生态环境保护和环境管理两个方面。大量学者对我国林业上市企业的社会责任履行状况评价结果显示，环境责任是我国林业企业最基本的社会责任[145]。根据前文的研究对林业上市公司社会责任的评价需凸显环境责任的重要性，设置生态环境保护责任用林地面积和生物资产表示，设置环境管理责任用森林认证和环境管理体系认证表示，这是与其他行业社会责任评价的主要区别。指标选取及含义表如表 5–11 所示。

表 5–11　指标选取及含义

利益相关者	指标含义	指标名称	指标计算	方向
股东和债权人（SHAR）	收益性	股利支付率	普通股每股现金股利 / 普通股每股收益 ×100%	+
		每股收益	（净利润 − 优先股股息）/ 平均普通股股数 ×100%	+
	成长性	资本积累率	股东权益变动额 / 期初股东权益 ×100%	+
	安全性	利息保障倍数	息税前利润 / 利息费用	+
伙伴（PART）	供应商	应付账款周转率	主营业务成本 / 平均应付账款	+
		存货周转率	主营业务成本 / 平均存货	+
	经销商和客户	应收账款周转率	年赊销净收入 / 平均应收账款	+
		营业收入增长率	营业收入变动额 / 期初营业收入	+

续表

利益相关者	指标含义	指标名称	指标计算	方向
消费者（CONS）	质量合格	质量的认定ISO9000	未通过为0，通过为1	+
	产品畅销	销售收到现金比率	销售商品劳务收入现金/营业收入	+
	产品创新	研发投入强度	研发支出总额/营业收入	+
		研发人员数量占比	研发人数/全体员工人数	+
政府（GOVE）	纳税	上缴的税费净额	支付的各项税费－收到的税费返还	+
		税收增长率	全部税金变动额/期初全部税金×100%	+
	守法合规	罚款支出比率	支付的罚款及滞纳金/主营业务收入	－
社区公益（COMM）	就业	就业人数增加率	员工人数变动额/期初员工人数×100%	+
		就业贡献率	支付给职工及为职工支付现金/平均净资产	+
	捐赠	对外捐赠率	捐赠和赞助支出/主营业务收入	+
员工（EMPL）	工资水平	在职员工年均收入	应付职工薪酬/在职员工人数	+
		员工薪酬增长率	职工薪酬变动额/期初职工薪酬×100%	+
	劳动效率	劳动生产率	营业收入/在职员工人数	+
环境（ENVI）	生态环境保护	林地面积	查阅公司年报、网站、社会责任报告等资料	+
		生物资产	公益性生物资产＋消耗性和生产性生物资产	+
	环境管理	FSC森林认证	未通过为0，通过为1	+
		环境管理体系认证	未通过为0，通过为1	+

注：表中（＋）代表正指标，为越大越好的指标；（－）为负值标，其值越小越好。

上述构建的社会责任评价指标体系均是数值型指标（财务指标），对林业上市公司可量化的数值型指标根据公开披露的财务数据和指标计算得出准确数值，数据主要来源于万得资讯网站（WIND）。具体解释如下。

股东和债权人的责任（SHAR）。①收益性：对股东的回报，用股利支付率表示，等于应付股利/营业收入，代表公司股利政策与分红情况，指标越大代表对股东回报越多；是否拥有较强的盈利能力，用每股收益表示，等于企业一定期间内获得的净利润在扣除优先股股利基础上得到的余额除以企业发行在外的普通股平均股数，该指标数值越大，说明公司的获利能力越强。②成长性：是否能够实现资产保值增值，用资本积累率表示，等于股东权益变动额除以期初股东权益，指标越大，表示公司实现资本保值增值情况越好。③安全性：企业支付债务利息的能力，用利息保障倍数表示，等于息税前利润与利息费用的比值，反映企业支付债务利息的能力，该指标越大反映企业对债权人的利息越有保障。上述指标越大，说明企业对股东和债权人利益的保障程度越高，企业对股东和债权人的社会责任履行得越好[130]。

对伙伴的责任（PART）。①对供应商的责任：对供应商采购价格合理，按期付款，用应付账款周转率表示，等于营业成本除以平均应付账款余额，该指标值越高，说明企业越能及时履行合同，并及时偿还对供应商的负债；稳定及时地为经销商供货，用存货周转率表示，等于营业成本除以平均存货，该指标越大，反映包括原材料和产成品在内的流转速度越快，供应商的利益越有保障[114, 115]。②对经销商和客户的责任：能够为分销商或客户业务增加价值，用应收账款周转率表示，等于主营业务收入除以平均应收账款，该指标越大，说明应收账款周转越快，企业为客户提供的货物越多，能够与经销商或客户诚信互惠；持续稳定的货物供应和市场占有率，用营业收入增长率表示，等于营业收入变动额／期初营业收入 ×100%，该指标越大表示企业的产品市场竞争能力强，为经销商或客户的供应稳定增长，并诚信互惠。上述指标越大反映公司对供应商和经销商及客户的货物和货款越能及时周转，对伙伴的社会责任承担越好。

对消费者的责任（CONS）。①质量合格：代表能否生产质量合格、消费者认可的林产品，用是否通过 ISO9000 质量的认定表示。②产品畅销：消费者认可度，用销售收到现金比率表示，等于销售商品劳务收入现金除以营业收入，企业为消费者提供的产品越能够满足消费者的期望，并吸引更多的潜在的购买群体。③产品创新：企业是否能够提高研发投入，用研发投入强度表示，等于研发投入除以营业收入；企业能够增加研发人员，用研发人员构成强度表示，是研发人员数量占全体员工人数的比例[181]。可持续林业的发展进步不仅要靠资本、劳动和土地等有形资投入，更要靠科技的力量，林业上市公司加大研发投入，积极申请专利进行科技成果转化，对科技营林与生产是至关重要的，因此，本研究将科学技术这种无形的投入作为林业上市公司对社会责任影响的重要体现，它不但能够促进林产品的研发，体现对整个社会消费的福利和满意度，而且能够实现对森林的科技经营，实现森林可持续经营的同时增加社会效益和生态效益，实现林业上市公司社会责任的承担。上述指标越大，说明企业越照顾消费者的利益，履行消费者的社会责任程度越好。

对政府的责任（GOVE）。①纳税：企业及时足额纳税、税收贡献额的情况，用上缴的税费净额表示，等于支付的各项税费减去收到的税费返还，该指标越大，表明企业横向比上缴的税费多，企业对政府的贡献越大；税收增长率，等于全部税金变动额除以期初全部税金，该指标越大表示企业税收纵向比税收呈上升趋势，则对政府的贡献程度日益增加[26]。②守法合规：遵守法律法规及政策，合规合法经营情况，用罚款支出比率表示，等于支付的罚款及滞纳金除以营业收入，罚款支出比率能够比较直观地反映一个企业是否遵纪守法，也能够体现企业与企业外部监管者之间的关系。该指标越小，表明林业上市公司对政府履行社会责任的程度越好[153]。

对社区公益的责任（COMM）。①就业：确保就业及带动就业，用就业人数增加率这一指标代替，等于本年员工人数和上年员工人数之差除以上年员工人数，企业员工的数量越多，说明企业提供了更多的就业机会，能有效地解决社会就业问题，则社会责任履行越好。对社区发展的影响和保护林农利益，用就业贡献率表示，等于支付给职工的现金除以平均净资产，企业支付给职工的现金越多，表明对有关保护林农利益的相关制度与政策落实越到位，能够关心社区建设，帮助政府实现对社会的贡献，促进当地就业和经济发展。②捐赠：积极参与社区公益事业，进行公益性捐赠，用对外捐赠率表示，等于捐赠和赞助支出除以营业收入，主要反映企业为社会公益事业所做的贡献程度，企业的慈善捐赠比率越高，说明企业的公益事业做得越好。上述指标越大，说明企业帮助政府完成社会目标的贡献越多，履行社区公益的社会责任程度越好[30, 34, 153]。

对员工的责任（EMPL）。①工资水平：提高员工的薪酬福利水平，用在职员工年均收入表示，等于应付职工薪酬除以在职员工人数，体现了企业对员工的基本待遇，该指标越大，员工的平均工资越高，表明企业对员工的责任履行得越好；员工薪酬福利的增长幅度，用员工薪酬增长率表示，等于职工薪酬变动额除以期初职工薪酬的百分比，该指标越大，表明企业越能够稳定持续地提高员工薪酬水平，而不是工资水平停滞不前[17, 30]。②劳动效率：提供员工各种经费促进劳动素质提高，用全员劳动生产率这一指标替代，等于营业务收入除以在职员工人数，它反映了企业对社会劳动资源的利用水平，体现了企业为提高劳动者的素质所履行的社会责任。上述指标越大，说明企业对员工的工资福利和员工发展投入越多，履行员工的社会责任程度越好[36]。

对环境的责任（ENVI）。①生态环境保护：持有生物资产的情况，用资产负债表中生物资产净值来代替，等于消耗性生物资产与生产性生物资产净值之和，生物资产的多少反映了林业企业中对林木的投资额的大小，该项指标反映企业投资造林的重视程度，增加生物资产也能反映林业企业生态效益的能力。建立企业的原料林基地，用林地面积代替，查阅公司年报、网站、社会责任报告等资料获知，林地面积是林业上市公司自愿（慈善）责任，林地面积越大则森林生态环境保护责任履行越好。②环境管理：进行森林认证，是否通过了 FSC–FM/COC 等森林认证，通过认证赋值 1，否则为 0，森林认证有利于公司增加林产品消费者认可度和克服林产品贸易的绿色壁垒，树立良好的企业形象，进行森林认证是对环境责任的体现。③降污减排：建立完善的环境管理体系，用是否通过 ISO 14000 环境管理认证表示，企业通过认证，得分为 1 分，反之为 0 分，该认证是为了加强全球环境管理而制定的，用于第三方环境管理认证，目的是提高企业环保意识，改善环境质量，该指标值越大越好[152]。

5.2.2 林业上市公司社会责任履行的评价方法

熵值法 TOPSIS（Technique for Order Preference by Similarity to Ideal Solution）是通过计算某一样本与正理想解和负理想解之间的加权欧式距离，得到其与正理想解的接近程度，以此作为依据来评价方案优劣[140]。熵值法的权重的确定是根据各个评价指标之间数值的变异程度所反映的信息量大小来确定的。指标的信息熵越小，会提供越大信息量，对综合评价结果产生的影响也越大。熵值法是客观赋权法，计算和排序顺序依据决策矩阵本身所反映的信息，避免主观判断，能够得出相对客观的综合评价结果。因此，本研究采用的熵值法来评价林业上市公司社会责任履行情况。

利用熵值法可以把各层次社会责任指标作为一个整体对各林业上市公司进行客观的评价，以得出各林业上市公司的社会责任履行水平[182]。设有 m 个评价对象、n 个评价指标，可以用矩阵 $\boldsymbol{X} = (x_{ij})_{mn}$ 来表示原始评价对象矩阵。计算的具体步骤如下。

第一步，对指标进行标准化处理，以消除在社会责任评价指标体系中各指标在量纲等方面的巨大差异。

正指标处理：

$$x'_{ij} = \frac{x_{ij} - \min(x_{ij})}{\max(x_{ij}) - \min(x_{ij})} \tag{5-9}$$

逆指标处理：

$$x'_{ij} = \frac{\max(x_{ij}) - x_{ij}}{\max(x_{ij}) - \min(x_{ij})} \tag{5-10}$$

可得到标准化的矩阵 $\boldsymbol{X} = (x'_{ij})_{mn}$，为计算方便，仍然记为 $X = (x_{ij})_{mn}$。

第二步，计算第 i 个林业上市公司的第 j 项社会责任指标的比重 p_{ij}。

$$p_{ij} = \frac{x_{ij}}{\sum_{i=1}^{m} x_{ij}} \tag{5-11}$$

第三步，计算第 j 项社会责任指标的熵值 e_j 与信息冗余程度 d_j。

$$e_j = -k \sum p_{ij} \ln(p_{ij}) , \quad d_j = 1 - e_j \tag{5-12}$$

公式（5-12）中，$k = \dfrac{1}{\ln m}$，$\dfrac{1}{\ln m} \geq 0$，如果 $p_{ij} = 0$，则定义 $\dfrac{\ln m}{p_{ij} \to 0}$

$p_{ij} \ln p_{ij} = 0$。

第四步，进一步的计算确定各社会责任指标的权重 w_{ij}。

$$w_{ij} = \frac{d_j}{\sum_{j=1}^{n} d_j} \tag{5-13}$$

第五步，计算各林业上市公司的综合得分 s_i，s_i 也是本次评价所求的各林业上市公司的社会责任履行水平。

$$s_i = \sum_{i=1}^{m} w_j x_{ij} \tag{5-14}$$

公式（5-14）中，$s_i \in (0, 1)$，是各林业上市公司社会责任重视程度和履行情况的体现，s_i 越大，表示其社会责任履行情况越好，水平越高[182]。本研究使用 SPSS23.0 对数据进行前期加工与处理并进行熵值法的计算。

5.2.3 林业上市公司社会责任履行的评价结果分析

按照上述构建的林业上市公司社会责任评价指标体系，采用熵值法对林业上市公司社会责任水平进行评价。

（1）林业上市公司 CSR 综合得分总体情况

由表 5-12 可以看出，29 家林业上市公司 2013 年至 2018 年 6 年间社会责任综合评价得分均值在 0.4 之上的只有索菲亚一家公司，得分均值在 0.3~0.4 之间的有 13 家公司，其余公司得分在 0.2~0.3 之间，有 14 家公司。可见林业上市公司 CSR 综合得分较低，多数公司 CSR 履行情况不好。样本区间内林业上市公司 CSR 得分均值是 0.297，中位数是 0.286，说明林业上市公司多数公司在履行 CSR 较差的年份得分值较高，拉高了整体的平均值，但并不明显。

表 5-12　2013 年至 2018 年林业上市公司 CSR 评价结果

公司简称	均值	排序	公司简称	均值	排序	公司简称	均值	排序
索菲亚	0.455	1	大亚圣象	0.311	11	浙江永强	0.262	21
晨鸣纸业#	0.379	2	山鹰纸业	0.308	12	中顺洁柔	0.261	22
太阳纸业#	0.372	3	景兴纸业	0.308	13	冠豪高新	0.259	23
兔宝宝#	0.364	4	喜临门	0.300	14	威华股份#	0.257	24
德尔未来	0.347	5	凯恩股份	0.286	15	民丰特纸	0.249	25
齐峰新材	0.344	6	合兴包装	0.285	16	博汇纸业#	0.248	26
宜华生活#	0.330	7	福建金森#	0.279	17	永安林业#	0.246	27
华泰股份#	0.321	8	美盈森	0.272	18	恒丰纸业	0.240	28
岳阳林纸#	0.316	9	青山纸业#	0.272	19	平潭发展#	0.177	29
顺灏股份	0.314	10	丰林集团#	0.262	20	均值	0.297	
						中位数	0.286	

注：29 家公司中国有属性有 8 家，用加粗注明。拥有森林资源的 13 家公司用#注明。

纵向来看，通过图 5-2 可知，林业上市公司十年来 CSR 得分均值由 2013 年的 0.274，上升到 2018 年的 0.362，上升了 32.22%，虽然呈波动上升的态势但上升幅度较大。这说明尽管林业上市公司社会责任水平各年不同，各个利益相关方层次责任表现有所差异，但是总体上林业上市公司承担社会责任的意识在不断提升，社会责任履行的水平向好的方向发展，其原因可能与国际上和国家层面对生态环境的重视和社会大众的社会责任意识不断上升有关。

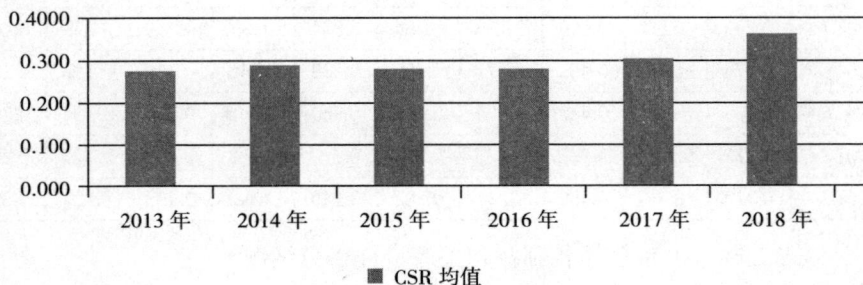

图 5-2 2013 年至 2018 年林业上市公司 CSR 得分变动情况

（2）分产权性质林业上市公司社会责任得分情况

CSR 得分排名前十名的林业上市公司中，有 6 家公司拥有森林资源，或者建立了企业自己的原料林基地，实施"林纸一体化"或者"林板一体化"经营战略，在降低原材料供应风险的同时，实现了良好的生态效益；其中 2 家是国有公司，说明拥有森林资源的林业上市公司更能兼顾经济、社会和环境责任。而总体上履行社会责任较好的公司集中在民营公司，民营林业上市公在兼顾经济、社会和环境责任进而承担更多的社会责任方面好于国有企业。进一步的，从表 5-13 分产权性质进行比较，国有林业上市公司只有在 2015 年 CSR 均值大于非国有公司，各年份最大值也都低于非国有公司，非国有公司均值大于中位数的年份也较多。总体上非国有和国有公司 CSR 得分近年来均呈现波动上升的趋势。国有属性公司应当是承担更多的社会责任，兼顾各利益相关方的利益满足的主体，但是在我国林业上市公司中，国有属性公司整体 CSR 绩效弱于民营公司。这一结论与现状分析结果不符。我国林业上市公司第一大股东为国有的公司约占三分之一，国有特点并不明显，但是从这一评价结果也可以看出，由于产权性质不同，国有林业上市公司政府干预程度和政策支持程度较高，加之弱的融资约束对于环境责任的投入较大，而可能由于制度和体制等内部治理原因，经营效率低下，造成经济方面的责任贡献较差。

表 5-13　2013 年至 2018 年分产权性质林业上市公司 CSR 评价结果

年度	非国有公司					国有公司				
	平均值	增长率	最大值	最小值	中位数	平均值	增长率	最大值	最小值	中位数
2013 年	0.284	—	0.457	0.165	0.274	0.246	—	0.351	0.202	0.266
2014 年	0.295	3.92%	0.496	0.195	0.284	0.274	11.30%	0.319	0.235	0.282
2015 年	0.276	−6.35%	0.455	0.177	0.258	0.288	5.25%	0.389	0.196	0.260
2016 年	0.286	3.38%	0.430	0.124	0.287	0.260	−9.80%	0.373	0.194	0.280
2017 年	0.312	9.11%	0.471	0.133	0.305	0.272	4.81%	0.407	0.147	0.297
2018 年	0.370	18.64%	0.459	0.234	0.382	0.340	24.82%	0.433	0.220	0.353

（3）林业上市公司各利益相关者责任得分情况

从企业对各利益相关方的贡献角度来看（见表 5-14），林业上市公司对政府的责任得分最高，为 0.59，其次是对消费者、伙伴以及股东债权人的责任，分别是 0.0552、0.0531 和 0.0496。得分最低的是生态环境保护，只有 0.0118，其次是员工和社区的责任，分别为 0.0364 分和 0.0321。说明林业上市公司重视政府和消费者、伙伴以及投资者等经济方面的责任，高于对其他方面的重视程度。原因是我国政府近年来十分重视生态建设，制定惠林和惠农政策，林业上市公司的补助也有所增加，同时政府是政策的制定者和社会的监督者，林业上市公司会更愿意履行政府的责任，包括尽量减少违反法律法规，倡导政府的产业政策和公益事业，增加上缴税金。近年来，林业上市公司的盈利能力提升，投入产出效率逐年向好，经济方面的责任是企业最基本的保障，履行好其他责任必须首先保障经济效益。因此，林业上市公司投资者、合作伙伴和消费者的责任履行情况较好。

同时林业上市公司拥有的森林资源是有限的，拥有林地的公司和无林地的公司差异较大，且生产经营以森林资源及其产品为主要对象，总体上对生态环境保护的责任贡献有限。对社区和内部员工的贡献和关注度相对较少，林业上市公司对社区就业和捐赠，以及人力资本的投入，提高员工的薪酬福利、雇佣合法化、林业职工的子女教育以及安全生产等投入有限。纵向来看，近年来林业上市公司除了对消费者和环境履行责任以外，对其他利益相关方的责任履行均不同程度波动上升，林业上市公司在增加产品创新和满足消费者利益以及环境责任方面发展缓慢。

表 5-14　2013 年至 2018 年林业上市公司各利益相关者责任得分均值

责任	2013 年	2014 年	2015 年	2016 年	2017 年	2018 年	均值
SHAR	0.0419	0.0490	0.0433	0.0327	0.0372	0.0936	0.0496
PART	0.0464	0.0540	0.0487	0.0540	0.0562	0.0592	0.0531
CONS	0.0602	0.0560	0.0522	0.0524	0.0540	0.0567	0.0552
GOVE	0.0551	0.0646	0.0641	0.0544	0.0551	0.0609	0.0590
COMM	0.0262	0.0282	0.0257	0.0301	0.0438	0.0388	0.0321
EMPL	0.0321	0.0257	0.0340	0.0431	0.0427	0.0408	0.0364
ENVI	0.0117	0.0118	0.0116	0.0119	0.0120	0.0116	0.0118

进一步由表 5-15 可知，历年来，国有林业上市公司对股东债权人、合作伙伴、消费者、社区以及员工责任均不如非国有公司，但是在政府责任和环境责任方面显著优于非国有公司。因此可以看出，国有林业上市公司在生态环境责任方面负有主要义务，在上缴国家利税方面贡献程度大。产权性质会对公司治理各方面产生影响，企业产权性质不同，企业的资源条件、目标都会存在差异。我国国有林业上市公司承担着与其他产权性质企业不一样的社会责任[12]。

表 5-15　2013 年至 2018 年不同产权性质林业上市公司各利益相关者责任得分均值

责任		SHAR	PART	CONS	GOVE	COMM	EMPL	ENVI
2013 年	非国有	0.0444	0.0523	0.0626	0.0538	0.0287	0.0366	0.0057
	国有	0.0352	0.0311	0.0537	0.0584	0.0196	0.0202	0.0276
2014 年	非国有	0.0512	0.0605	0.0580	0.0639	0.0290	0.0268	0.0059
	国有	0.0434	0.0370	0.0506	0.0666	0.0259	0.0226	0.0275
2015 年	非国有	0.0443	0.0530	0.0554	0.0621	0.0252	0.0307	0.0058
	国有	0.0408	0.0374	0.0437	0.0692	0.0269	0.0428	0.0270
2016 年	非国有	0.0345	0.0598	0.0550	0.0542	0.0314	0.0449	0.0060
	国有	0.0277	0.0388	0.0457	0.0550	0.0267	0.0384	0.0275
2017 年	非国有	0.0382	0.0636	0.0566	0.0561	0.0448	0.0466	0.0060
	国有	0.0346	0.0367	0.0471	0.0524	0.0410	0.0325	0.0279
2018 年	非国有	0.0973	0.0654	0.0577	0.0592	0.0397	0.0448	0.0059
	国有	0.0840	0.0432	0.0541	0.0654	0.0363	0.0303	0.0266

　　实证研究的结果体现了林业上市公司履行企业社会责任的真实的实际状况。本研究得出的结果与和讯网等主要机构排名也有所区别，主要是因为林业上市公司社会责任包括七个利益相关者方面的维度，只有企业同时兼顾各个利益相关者利益，才能有更高的社会责任绩效，而不能有所偏重。投资者、伙伴、消费者等经济方面的责任是基础，政府、社区和员工等社会公益方面的责任是保障，而生态环境责任是更高层次的利益体现，它们缺一不可，相辅相成，本研究设置的指标体系和评价结果证明了这一点，因而说明指标设置和评价方法具有较好的适用性。

　　综上，通过构建一套林业上市公司社会责任评价指标体系并进行评价，显示六年间林业上市公司 CSR 呈上升趋势，但得分均值较低，为 0.297 分；总体上对政府、消费者、伙伴以及股东债权人的责任贡献较多；国有公司普遍低于非国有公司，在政府责任和环境责任方面显著优于非国有公司。林业上市公司应当继续提升企业社会责任意识，积极主动地履行各利益相关者的责任。

5.3 解释变量政府补助与其他控制变量设计

　　（1）解释变量：政府补助（SUB）

　　对林业上市公司政府补助指标选取公开披露的财务报表附注中"政府补助"金额，并进行对数化处理，以消除规模过大产生的不稳健影响。众多文献研究通常用是否获得政府补助和政府补助的力度来反映，由于林业上市公司在样本区间均获得了政府补助，因此，只选取政府补助力度指标。

　　（2）其他控制变量

　　为了充分衡量政府补助、企业社会责任与投资效率之间的关系，本研究参考以往关于三者关系的相关实证研究，选取上市年限（AGE）、盈利能力（ROA）、现金持有量（CASH）、收益质量（CFOPS）、营运能力（ROT）、股权制衡度（OZ）、成长能力（GROWTH）、公司规模（SIZE）和资本结构（LEV）以及年度虚拟变量（YEAR）作为本研究的控制变量。

　　①上市年限（AGE）

　　随着林业上市公司的不断发展，其所面临的投资机会也会不同，进而会表现出不同的投资行为。通常情况下，处于上升期的林业上市公司可能会面临更多的投资机会，投资支出更加有效，而成熟期和衰退期的上市公司投资机会相对变化不大，投资机会稳定甚至出现投资机会减少的情况。上市年限也会影响林业上市公司社会责任履行情况，林业上市公司上市年限最低6年，最高22年，差异化比较明显，上市时间越长的公司可能由于处于成熟期或衰退期，对各个利益相关者利益满足的动力不足，缺少投资和发展机会而出现承担社会责任乏力的现象。因此，参考刘进（2019）、吴训彬（2017）和邹汝嫦（2017）的研究，本研究选择上市年限加1的自然对数来代表上市公司的不同发展阶段。

②盈利能力（ROA）

盈利能力越强的林业上市公司，越有能力增加投资支出水平和投资规模，受到融资约束的可能性小，因此投资效率也就越高 [67, 68, 19]。而企业的投资效率高低会直接影响企业的获利能力，进而影响企业下一会计年度的投资决策。吴成颂（2015）、邹汝嫦（2017）和邓娟（2018）等许多学者研究发现，企业社会责任表现与财务绩效的好坏有很大关系 [30, 38, 39]。一般情况下，获利能力较强的林业上市公司具有较强的经济实力，企业往往不只关注经济效益，还想方设法提高知名度，会更有实力也更愿意考虑企业的长远发展利益，去履行社会责任，通过聚焦社会服务、关注员工发展、投身公益事业和绿色营销以及保护生态环境等方式，实现林业上市公司利益相关者的满足。因此，本研究选取总资产净利率（净利润/平均总资产）指标衡量企业盈利能力，总资产净利率反映企业在一段时间内的公司经营业绩，是衡量企业盈利能力的重要指标。

③现金持有量（CASH）

现金持有量是企业内部融资的主要来源，会影响林业上市公司的投资支出水平和投资成本，进而影响投资效率，可以反映一个公司融资约束的大小。Richardson（2006）的研究证实，现金流充裕的样本企业中多会发生投资过度现象。企业内部现金持有量也是公司短期负债资金支付利息的保障，关乎投资者、债权人、供应商和客户以及其他利益相关方利益的实现 [150]。借鉴赵栓文（2016）、吴静（2017）、唐安宝（2018）、刘进等（2019）的研究，使用货币资金除以期初总资产来衡量林业上市公司内部融资对投资效率和社会责任的影响 [10, 59, 66, 75]。

④收益质量（CFOPS）

基于本书第 2 章提到的融资优序假说，企业受到融资成本的约束时，会更加倾向于内部融资。众多学者对投资效率的研究均选择企业经营活动现金净流量消除规模影响后的指标作为融资约束的替代变量[19]。企业可使用的最高现金净额就是公司内部现金流，它是企业必须先满足生产经营需求的前提下进行再投资之后所剩余的现金流量。内部现金流是一个公司投资能力、抵抗风险能力和偿债能力高低的重要标志。若企业内部现金流充足，能够选择净现值大于零的投资项目越多，获利能力也越强，但是过多的内部现金流量也易于引起过度投资等非效率投资行为。林业上市公司投资效率与其经营活动产生的现金净流量正相关。但是代表收益质量的每股经营活动产生的现金流量净额除了能够反映内部融资的约束情况，还可以考察在现有内部融资金额范围内对于股东的贡献，收益质量的高低关乎公司利益相关者的利益实现，是公司收益能力的真实体现，因此，参考蒋丽迁（2016）的研究，本研究选择每股经营活动产生的现金流量净额作为收益质量指标，综合考量对林业上市公司社会责任和投资效率产生的影响。

⑤营运能力（ROT）

营运能力主要是企业的资金利用效率，一定时期内营运能力越强，代表企业的流动资产、固定资产和总资产的周转速度越快，周转的天数越少。林业上市公司营运能力也是企业绩效的一个方面，反映企业的日常经营活动运转是否高效，与盈利能力一起共同作用于投资效率和社会责任履行情况，影响政府补助的作用效果。政府补助作为外部政府干预，林业上市公司被动接受补助之后所产生的效应，应主要考虑公司内部因素。虽然众多学者在研究政府补助的经济后果时，对地区经济发展水平、政府干预程度以及财政赤字或财政收入等外部因素予以控制，但是本研究的研究对象主要是同类型的林业上市公司，且林业上市公司分布地区过于集中，此类外部因素不是本研究考虑的重点。因此，参考张洁（2016）的研究，选取总资产周转率（营业收入 / 期初总资产）作为林业上市公司营运能力的衡量指标。

⑥股权制衡度（OZ）

委托代理问题是产生公司非效率投资的主要原因之一，传统的委托代理问题表现为股东和经理人利益冲突的第一类代理问题，现有研究通常用管理费用率（管理费用/营业收入）来表示代理成本。而现代公司的委托代理问题多表现为大股东与中小股东之间的利益冲突，即第二类委托代理问题，通常以第一大股东持股比例、股权制衡度等股权结构指标来反映。本研究的对象林业上市公司的第一大股东持股比例达到 31.2%，据此推测第二类代理问题是影响林业上市公司投资效率的因素之一。如果出现股权集中度过高，容易导致大股东攫取私人收益，从而危害其他中小股东的利益。唐鑫（2016）、吴成颂（2015）、邹汝嫦（2017）、邓娟（2018）、聂帅（2018）和姜雪娜（2014）均认为第一大股东，特别是国有企业的第一大股东，可能会通过各种政治关联来影响政府补助对企业社会责任的履行程度[30, 36, 37, 38, 39, 147]。在我国上市公司普遍存在治理结构不够完善的情况下，大股东是公司的主要决策者，相对于其他中小股东，他们重视公司的可持续发展，追求长期的利益最大化，往往会积极主动地承担企业社会责任。参考孔东民和李天赏（2014）的研究，本研究选取 Z 值指数（第一大股东持股比例/第二大股东持股比例）的倒数作为股权制衡度变量，该值越大这说明林业上市公司股权制衡度越高，其他股东对第一大股东具有更强的制约，可以综合影响政府补助、社会责任和投资效率的关系。

⑦成长能力或成长机会（GROWTH）

企业成长性代表企业的发展程度与潜力，可反映林业上市公司不同林产品市场竞争程度和企业所处行业竞争程度。成长性越强的企业，其面临的投资机会也多，在优秀的投资项目或投资机会来临时，企业为了满足高速成长阶段的要求，会把握净现值为正的优质投资机会，扩大投资，进而直接影响投资的效率。同样，企业成长越快，则会拥有更加可观的发展前景，增强企业的实力并发展壮大，就会有更多的动机和能力去履行社会责任，为获得优质资源而满足各方利益。参考胡诗仪（2019）、管纯一（2018）和聂帅（2018）的研究，采用营业收入增长率作为成长能力或成长机会的替代变量。该指标越大，表明公司产品市场越有竞争力，成长性越强。

⑧公司规模（SIZE）

选取公司期末总资产的自然对数来衡量公司规模。相比小规模公司，大规模公司组织结构和管理模式有可能会相对更完善，信息透明度、抗风险能力和获利能力越具有优势，进而形成规模效应，降低各方面的成本。他们市场地位越高，高管的投资决策往往会更注重长期利益，也更容易获得更多的投资机会，投资者可能也更愿意投资大规模企业的项目，因此企业的投资效率会更高。同时能够更有能力提供更多的就业岗位和社会福利，因此，一般来说，规模大的企业拥有更充足的资源，应当愿意承担更多的社会责任[20]。

⑨资本结构（LEV）

用资产负债率来衡量。资产负债率越高，公司的融资成本和融资约束就越大，负债的增大使得林业上市公司破产风险增加，基于管理层一定的压力，并限制过度投资，同时债务水平的增加也会使得管理者还本付息压力增大，使管理者竭力经营，造成投资不足的约束作用。根据理论分析，一定程度上说负债具有相机治理作用，因此，负债比率越大非效率投资程度越轻，同时因公司风险和成本加大各种限制也相对较多，企业履行社会责任也会力不从心

⑩年度虚拟变量（YEAR）

为了避免年度间的差异，消除年度间差异可能对结果产生的影响。本研究的研究期间为2013年至2018年，所以设置5个年度虚拟变量，来控制不同年份产生的固定效应。

此外，不同产权属性的林业上市公司投资效率与政府补助的相关性不同，对政府补助与企业社会责任的履行也有影响，因此，本研究根据产权属性将林业上市公司分为国有和非国有公司，其中国有公司包括中央和地方国有两类公司，而包括民营、外资等在内的其他性质公司均划分至非国有属性公司一类，进行分产权属性性质考察三者关系问题。相关变量汇总于表5-16。

表5-16　相关变量名称及含义

	变量名称	符号	变量含义
因变量	投资效率	NINV	理查德森非效率投资残差的绝对值（NINVI 表示投资不足，理查德森非效率投资残差小于零组的绝对值；NINVO 表示投资过度，理查德森非效率投资残差大于零组）
解释变量	政府补助	SUB	政府补助金额的自然对数

	变量名称	符号	变量含义
中介变量	企业社会责任	CSR	熵值法计算的综合得分（CSRI 表示各个利益相关者责任）
控制变量	上市年限	AGE	上市年限加 1 的自然对数
	盈利能力	ROA	总资产净利率（净利润／平均总资产）
	现金持有量	CASH	货币资金／期初总资产
	收益质量	CFOPS	每股经营活动现金流量（经营活动产生的现金流量净额／总股数）
	营运能力	ROT	总资产周转率（营业收入／平均总资产）
	股权制衡度	OZ	Z 指数的倒数（第二大股东持股比例／第一大股东持股比例）
	成长能力	GROWTH	营业收入增长率（△营业收入／期初营业收入）
	公司规模	SIZE	总资产增长率（△资产总额／期初资产总额）
	资本结构	LEV	资产负债率（负债总额／资产总额）
	年份	YEAR	年度虚拟变量

5.4 主要回归分析方法

在古典的线性回归模型的基本假设中，有着一个非常重要的假设：随机误差项和解释变量之间为正交的。即对于如下矩阵形式模型：$y=X\beta+u$，以下等式成立：$E(u|X)=0$。该假定的含义是：给定解释变量 X 的任何值，随机误差项 u 的期望值为零。即：解释变量 X 与随机扰动项 u 不相关，$Cov(X, u)=0$。换句话说，当该假定成立时，此解释变量是外生的，这一假设实际上保证了我们的普通最小二乘 OLS 估计量是一个无偏的估计量。如果违背这一假设，即 $Cov(X, u) \neq 0$ 时，如果继续使用普通最小二乘 OLS 估计，将会产生很大的问题。本研究采用面板数据进行实证研究，政府补助、社会责任以及投资效率三者关系在理论上可能存在违背上述假设情况，因此需要采用合适的回归分析方法[157]。

5.4.1 面板数据所特有的内生性问题

面板数据（Panel Data）是时间序列和截面数据的混合。是指对一组个体（如居民、国家、公司等）连续追踪观察多期得到的资料。所以很多时候也称其为"追踪资料"。由于资料结构的复杂性，也对模型的估计和分析提出了更高的要求。面板数据模型的主要用途之一就在于处理这些不可观测的个体效应或时间效应。包含的信息量更大，降低了变量间共线性的可能性，增加了自由度和估计的有效性，便于分析动态调整。

采用固定效应模型（FE）或者随机效应模型（RE）进行面板数据模型的估计，实际上隐含着一个严格的假设条件，即解释变量和随机干扰项不相关，如果这个假设条件不满足，就会导致内生性问题。此时，采用固定效应和随机效应估计量都是非一致的，这也是一般情形下的内生性问题，在截面数据中也存在的内生性问题[157]。

假设面板数据模型（5–15）：

$$y_{it}=a_i+b_1z_{it}+b_2z_{it}+u_{it} \qquad （5–15）$$

a_i 是不随时间变化而变化的个体效应，是随机误差项，如果把 a_i 看作是 $n-1$ 个虚拟变量来反映截距的差异，则上述模型是一个固定效应模型（FE），相反，如果把 a_i 看作是随机误差项 u_{it} 的一部分，构成 e_{it}，则每个截面之间的干扰项的差别是随机的，那么上述公式便可以变形为随机效应模型（RE）。按照解释变量和随机干扰项之间的关系，解释变量可以被分为两个部分：

z_{it}，外生变量，是严格外生的解释变量，满足 Corr（z_{it}，e_{it}）=0；

x_{it}，内生变量，可能存在与随机干扰项 u_{it} 或者个体效应 a_i 相关的问题，Corr（x_{it}，e_{it}）≠ 0。

因此，在面板数据模型中，内生性问题就可以分为两类。第一类是一般意义上的内生性问题，即：Corr（x_{it}，u_{it}）≠ 0。第二类是面板数据特有的内生性问题，Corr（x_{it}，a_{it}）≠ 0，此时，FE 估计的结果是一致的，而 RE 估计结果则不是一致的。对于面板数据采用随机效应（RE）进行估计时，由于可能存在 Corr（x_{it}，u_{it}）≠ 0，也会产生内生性问题，这主要是由于 e_{it} 中包含两个部分，一部分是 a_i，另外一部分是真正意义的干扰项 u_i[157]。

Robert 和 Whited（2012）认为，在公司金融领域内生性问题时常存在。Wintoki et al.（2010）认为内生性的来源除了有联立性（解释变量受到被解释变量的影响或者二者相互影响）和不可观测异质性（遗漏变量引起的解释变量与被解释变量之间的相互影响），还包括动态内生性（解释变量与被解释变量之间的跨期作用）[196]。对于内生性问题，主要有以下解决的方法。

①代理变量法（Procy）：利用非传统数据作为遗漏变量的替代以控制潜在的遗漏变量，也就是通常所说的代理变量法。

②滞后变量法：未被观察到的因子是否都被控制是我们所难以掌握的，而且"穷举式"的模型的建立在理论和实践上都难以实现，所以利用滞后变量作为不可观测个体异质性和历史因子的替代变量是一个很好的替代方案。用变量的前期或者前几期的数据带入模型分析是滞后变量法的核心思想。

③工具变量法（IV）：假定我们有一个可观测到的变量 Z，它满足两个假定：

Z 与随机干扰项 u_{it} 不相关，即 Corr $(z_{it}, u_{it})=0$；

Z 与内生变量 x_{it} 高度相关，即 Corr $(z_{it}, x_{it}) \to 0$。

则称 Z 是 X 的工具变量（Instrumental Variable），简称 IV，在引入工具变量后，在进行研究时可以用 2SLS 或 3SLS 解决一般意义上的内生性问题[197]。违反上述假设的情况下，通常都可以采用工具变量法或者广义矩估计方法（GMM）来进行估计。为防止内生性问题对研究结果造成影响，本研究采用系统广义矩估计方法（SYS–GMM）进行估计。

5.4.2 系统广义矩估计方法（SYS–GMM）

自从 L.Hansen（1982）提出广义矩估计方法（GMM），在最近二十多年以来被计量经济学家广泛应用，也由此构造出许多的统计量和方法，动态面板数据模型主要应用的就是广义矩估计方法（GMM）。如果说工具变量法（IV 估计）的核心是找到一个替代变量 Z，使得它与可能存在内生性的变量 X 高度相关，但是与随机干扰项不相关。而广义矩估计（GMM）实际上是这一思想的扩展，虽然不能保证所有获得的矩条件，即矩阵 Z 满足 $Z'u=0$，但是可根据最小平方法的基本思路，让所有的矩条件都尽量接近于零[157]。

即要满足 $Z'\varepsilon=0$，可以写成：$Z'(y-X\beta)=0$，进而，$Z'X\beta=Z'y$。

进而得到 GMM 估计量为：$b_{GMM}=(Z'X)^{-1}Z'y$，也就是说，IV 估计是理论上假设工具变量和干扰项是完全不相关的，而在 GMM 估计下则是尽量满足这一条件。以方程（5–16）为例：

$$y_{it}=a_i+\sum_s K_s+y_{i,t-s}+\beta X_{it}+\gamma Z_{it}+\eta_i+\varepsilon_{it}, \cdots s=1,\cdots,p \qquad （5–16）$$

公式中，X_{it} 是解释变量，Z_{it} 是控制变量，y 是被解释变量，η_i 是个体效应，ε_{it} 是随机误差项。在存在动态内生性问题的情况下，为了获得一致无偏的估计，在计量中通常采用动态面板 GMM 估计，该方法由 Holtz-Eakin，Newey & Rosen（1988），Arellano & Bond（1991）提出[190]。它的基本估计过程包括两步。

首先，写出上述模型（5–16）动态模型的一阶差分形式如模型（5–17）：

$$\triangle y_{it} = a_i + k_p \sum_p \triangle y_{it-p} + \beta \triangle x_{it} + \gamma \triangle Z_{it} + \triangle \varepsilon_{it}, \cdots p > 0 \qquad (5–17)$$

一阶差分可以排除任何潜在估计偏差，尤其是不可观察异质性。在 GMM 估计中，被解释变量的滞后值通常被作为当前解释变量的工具变量。这样就可以估计来自方程（5–16）的工具变量、因变量或自变量的滞后值，如：$y_{t-k}, X_{t-k}, Z_{t-k}$（$k > p$）[197]。

此处需要说明的是，工具变量要满足：一是它们能够解释当期的解释变量，用公式可表示成 $X_t = f(y_{t-k}, X_{t-k}, Z_{t-k})$；二是工具变量的滞后值必须是外生于当期解释变量的变动，即与方程（5–16）的误差项不相关。方程（5–16）中已设定 p 阶滞后期，也就含义是已经被涵盖了所有的滞后效应，其他超过 $t-p$ 阶滞后期的值是外生于其他变量的，后续的实证部分本研究将采用 Sargarn 检验或 Hansen 检验进行确认[189]。

如外生假设得到满足，利用滞后值就可得到如下的正交条件：

$$E(x_{it-s} \varepsilon_{it}) = E(z_{it-s} \varepsilon_{it}) = E(y_{it-s} \varepsilon_{it}) = 0, \cdots s > p \qquad (5–18)$$

其次，为了对方程（5–16）进行上述 GMM 估计，采用联合估计是最好的办法，组建水平形式和差分形式的联立方程组，形成系统广义矩方法（SYS–GMM）。通过对模型一阶差分处理，解释变量差分变量或滞后变量作为工具变量，可以保证工具变量自身外生性同时与内生性变量的相关性。SYS–GMM 增加了被解释变量的一阶差分滞后值作为水平方程的工具变量，可以同时估计一阶差分方程和水平方程[190]。即：

$$\begin{bmatrix} y_{it} \\ \triangle y_{it} \end{bmatrix} = \alpha + k \begin{bmatrix} y_{it-p} \\ \triangle y_{it-p} \end{bmatrix} + \beta \begin{bmatrix} X_{it} \\ \triangle X_{it} \end{bmatrix} + \gamma \begin{bmatrix} Z_{it} \\ \triangle z_{it} \end{bmatrix} + \varepsilon_{it} \qquad (5–19)$$

假设尽管解释变量以及控制变量存在不可观察的异质性，但是这种关系在短期内是固定的。用数学形式表示则为：

$$E[\triangle x_{it-s}(\eta_i + \varepsilon_{it})] = E[\triangle z_{it-s}(\eta_i + \varepsilon_{it})] = E[\triangle y_{it-s}(\eta_i + \varepsilon_{it})] = 0, \cdots \forall s > p$$

$$(5–20)$$

系统 GMM 估计构建以后，便获得了一个可以有效控制联立性、不可观察异质性和动态内生性影响的估计方法。差分 GMM 容易导致弱工具变量问题，而系统 GMM 估计比一步和二步差分 GMM 估计更为准确，原因是系统 GMM 对差分方程和水平方程同时使用，某种程度上能够通过增加矩条件达到增加参数估计的有效性[197]。

Wintoki 等（2012）指出，在存在动态内生性的情况下，动态面板的系统广义矩估计 GMM 模型更为有效。与普通最小二乘法和面板的固定效应模型相比，动态面板 GMM 模型优点体现在：首先，个体固定效应模型的应用能够解决不随时间改变的不可观测的异质性问题，优于普通最小二乘法；其次，被解释变量的滞后值引入影响当期的解释变量，优于固定效应模型；最后，可以使用一些变量的滞后值的组合作为有效的工具变量来解决联立内生性问题，在处理面板数据时具有普通最小二乘法和固定效应模型无法比拟的优点。GMM 模型可以解决三种内生性问题[196]。

系统广义矩方法估计是一种比差分广义矩估计更有效的估计方法，估计结果更准确，需要注意的是该方法需要检测工具变量的有效性。一个就是 Sargan 检验，用来检验工具变量的设定是否是有效的。另外一个是干扰序列相关检验，验证工具变量是否符合外生性要求，通常采用的是 Arellano & Bond（1991）检验序列相关，AR（1），AR（2）是验证方法，如果工具变量是有效的，一阶序列要相关，但二阶序列不相关。其原假设是被估方程不存在一阶和二阶序列相关，即 AR（1）的 P 值要尽量小而拒绝原假设，与此同时 AR（2）的 P 值又要尽量大到能接受原假设，外生性要求才被满足。如果一阶相关，必须取滞后二阶或更高阶的工具变量才有效，以此类推，如果存在二阶相关，工具变量必须取滞后三阶或更高阶才有效[197]。

政府补助可能不是外生变量，由彭昊（2013）、冯韵竹（2015）的研究，政府补助同样会受到企业社会责任履行情况的影响[34, 110]，由王克敏等（2017）等的研究，政府补助也有可能受到投资支出的影响。企业社会责任也不是外生变量，其与包括投资效率在内的企业价值等变量可能存在相互影响作用。因此，三者关系可能存在一定的内生性问题；从国内外研究现状可知，众多学者为了控制内生性问题，将解释变量滞后一期或两期，或者分析对被解释变量未来几期的影响，将其扩展为动态面板数据模型。实际上，解决动态面板数据模型内生性问题的最有效方法是广义矩估计（GMM），其相对优势在于可以利用被解释变量的滞后项作为工具变量来克服解释变量的内生性问题，而不需要寻求其他的工具变量。而且考虑到林业上市公司政府补助、企业社会责任与投资效率具有一定的持续性特征，所以本研究采用动态面板模型，选择两步法系统广义矩估计（SYS-GMM）进行动态面板分析，并同时与混合多元回归估计模型（OLS）、面板固定效应估计模型（FE）同时对比列示，将考虑外生性、考虑部分内生性和考虑全部内生性回归的结果分别进行对比分析，以期增加对林业上市公司这一小样本面板数据回归分析的稳健性和可靠性。

5.5 模型构建

自 Baron 和 Kenny （1986）提出检验中介效应的逐步法（Causal steps approach）之后，众多学者进行中介效应检验多采用该方法[162]。

基于自变量 X 与因变量 Y 之间的关系，若自变量 X 通过影响变量 M 而对因变量 Y 产生影响，此时 M 为中介变量。在回归分析中，避免存在与方程无关的截距项，需要进行中心化变量处理或者标准化处理，数据处理后用回归方程描述数据间的关联性：

$$Y = cX + e_1 \tag{5-21}$$

$$M = aX + e_2 \tag{5-22}$$

$$Y = c'X + bM + e_3 \tag{5-23}$$

分析方程（5-21），自变量 X 对因变量 Y 的总效应系数为 c；方程（5-22）自变量 X 对中介变量 M 的效应用系数 a 表示；方程（5-23），系数 b 表示在控制自变量 X 的情况下，中介变量 M 对因变量 Y 的效应，而系数 c' 表示在控制中介变量 M 的情况下，自变量 X 对因变量 Y 的直接效应；回归残差用 $e_1 \sim e_3$ 表示。这类中介模型构造较为简单，中介效应为系数乘积 ab，与间接效应等同，总效应与直接效应、中介效应之间的作用关系可用 $c = c' + ab$ 表示。多数情况下采取逐步检验回归系数检验中介效应，也被称为逐步法。传统方法下，采取 sobel 法作为系数乘积 ab 的检验工具。学者温忠麟等人（2014）则提出 sobel 法存在弊端，在中介效应检验过程中提出基于 Bootstrap 法的改进方法，具体包括以下流程。

第一步，先对模型（5-21）的系数 c 进行检验，显著则表明符合中介效应，不显著则符合遮掩效应。但是不论其检验结果如何均可进行后续检验。

第二步，继续检验模型（5-22）的系数 a 和模型（5-23）的系数 b，二者皆显著则说明间接显著，可直接进行第四步检验操作。如果检验的结果显示至少一个存在不显著，则进行第三步检验。

第三步，选取 Bootstrap 法对原假设 H_0，即 $ab = 0$ 进行检验。结果显著说明间接效应显著，可进行第四步检验。如果间接效应不显著，则不再进行后续的检验。

第四步，对方程（5-23）的系数 c' 进行检验，结果显著说明直接效应显著，可进行第五步检验。若不显著，则直接效应不显著，说明仅存在中介效应。

第五步，对 ab 和 c' 的符号进行对比，同号说明存在部分中介效应，需列出在总效应中中介效应占比为 ab/c；异号说明存在遮掩效应，需列示间接效应与直接效应比值的绝对值为 $|ab/c'|$。

间接效应被证实后，第一步检验为遮掩效应，后续结论均以其为主进行适当阐释原因；如果第一步检验为中介效应，则结论以 ab 和 c' 为主进行阐释：符号相反，选择遮掩效应作为结论阐释。可理解为，虽然一开始以中介效应为主进行立论，最后也可能会存在遮掩效应解释[162]。

本研究为了检验假设 H1、H2 和 H4，考察林业上市公司政府补助、企业社会责任与投资效率三者间的关系，借鉴上述温忠麟等（2014）的中介效应检验方法[162]，构建模型（5-24）、模型（5-25）和模型（5-26）。

$$\text{NINV}_{i,t}\,(\text{NINVI}_{i,t}/\text{NINVO}_{i,t}) = \beta_0 + c\,\text{SUB}_{i,t} + \sum \beta_j Z_{i,t} + \varepsilon_{i,t} \qquad （5\text{-}24）$$

$$\text{CSR}_{i,t}\,(\text{CSRI}_{i,t}) = \beta_0 + a\text{SUB}_{i,t} + \sum \beta_j Z_{i,t} + \varepsilon_{i,t} \qquad （5\text{-}25）$$

$$\text{NINV}_{i,t} = \beta_0 + b\text{CSR}_{i,t} + c'\text{SUB}_{i,t} + \sum \beta_j Z_{i,t} + \varepsilon_{i,t} \qquad （5\text{-}26）$$

其中，模型（5-24）是中介效应检验的第一个步骤，检验假设 H1 政府补助对林业上市公司投资效率的影响；$NINV_{i,t}$ 表示第 i 家林业上市公司第 t 年的投资效率，即非效率投资。是按照理查德森模型计算的残差，该指标越小越接近于零，表明投资效率越高。为了便于理解，在回归分析时也取绝对值处理，该值越大，表明非效率投资程度越大，投资效率越低。$SUB_{i,t}$ 代表林业上市公司获得的政府补助；在这一分析过程中，为了进一步检验假设 H1a 和假设 H1b，对全样本区分投资不足样本和投资过度样本以及非国有属性和国有属性样本，验证林业上市公司政府补助对投资不足和投资过度的影响，以及对不同产权属性林业上市公司投资效率的影响；其中，$NINVO_{i,t}$ 和 $NINVI_{i,t}$ 分别代表投资过度和投资不足。投资不足为理查德森非效率投资残差模型估计结果中残差小于零组，为了便于理解，取绝对值后，其值越大表示投资不足程度越严重。

模型（5-25）是中介效应检验的第二个步骤，检验假设 H2 政府补助对林业上市公司社会责任履行的影响；$CSR_{i,t}$ 代表林业上市公司社会责任履行情况，采用上述林业上市公司 CSR 评价的综合得分，得分越高说明林业上市公司 CSR 履行情况越好；在这一分析过程中，为了进一步检验假设 H2a 和假设 H2b，对全样区分非国有属性和国有属性样本，以及对不同利益相关者责任作为被解释变量，考察林业上市公司政府补助对不同类型利益相关者社会责任的影响程度，以及对不同产权属性林业上市公司社会责任的影响；其中，$CSRI_{i,t}$ 表示林业上市公司对股东和债权人、伙伴、消费者、政府、社区、员工和环境的七个方面的社会责任履行。

模型（5-26）是中介效应检验的第三个步骤，检验假设 H4 林业上市公司社会责任履行对政府补助和与投资效率的中介效应。

$Z_{i,t}$ 为其他控制变量，包括上市年限（AGE）、盈利能力（ROA）、现金持有量（CASH）、收益质量（CFOPS）、营运能力（ROT）、股权制衡度（OZ）、成长能力（GROWTH）、公司规模（SIZE）和资本结构（LEV）以及年份（YEAR）虚拟变量。$\varepsilon_{i,t}$ 表示残差项。Sys-GMM 模型回归中本身带有的滞后一期值，用以控制被解释变量自身的内生冲击。本研究使用 SPSS23.0 对数据进行前期加工与处理，并使用 STATA 15.0 进行回归分析。在进行中介效应分析之前，本研究将各变量的值进行标准化以消除部分异常值得影响。

5.6 本章小结

本章是林业上市公司政府补助、社会责任与投资效率关系的研究设计。采用理查德森非效率投资残差模型（Richardson）和参数的随机前沿分析法（SFA）评价林业上市公司投资效率，得到被解释变量——林业上市公司非效率投资（NINV）和资源配置效率（TFP），林业上市公司非效率投资程度虽然呈逐年下降趋势，但投资不足现象普遍，过度投资问题相对严重，资源配置效率呈波动上升趋势，但与最优值具有较大差距；对林业上市公司社会责任行为和社会议题进行识别，构建社会责任评价指标体系，采用熵值法进行客观评价，得到中介变量——林业上市公司社会责任履行（CSR），林业上市公司 CSR 呈上升趋势，但得分均值较低，总体上对政府、消费者、伙伴以及股东债权人的责任贡献较多，国有公司普遍低于非国有公司，主要是由于经济方面的绩效较差造成的，但在政府责任和环境责任方面显著优于非国有公司；对解释变量政府补助和其他控制变量进行设计；基于前述理论分析，阐述了内生性解释变量的来源、面板数据所特有的内生性和解决方法，引入本研究的主要实证回归分析方法，统广义矩估计方法（Sys-GMM）；在上述变量设计和方法介绍的基础上，进行中介效应分析的模型构建。本章对主要变量进行设计和测度，评价结果能够找到林业上市公司投资效率和社会责任的内部影响因素，为后续实证分析和对策的提出奠定基础。

6. 林业上市公司政府补助、社会责任对投资效率影响的实证检验

6.1 面板数据单位根和协整检验

6.1.1 面板数据的单位根检验

在当代计量经济学实践中，单位根检验（Panel unit root tests）已经几乎是处理时间序列的必经之路，它是对单个变量的时间序列稳定性进行检验。在使用 STATA15 对模型进行面板数据回归之前，首先对每个变量序列进行平稳性检验，以防时间序列不平稳，出现伪回归现象。因为非平稳的时间序列数据本身不一定具有直接的关联性，但是往往表现出共同的变化趋势。平稳的时间序列真正含义是一个时间序列数据剔除不变的均值和时间趋势，剩余时间序列为零均值，且方差相同。而时间序列数据是否平稳的检验方法最常用的就是单位根检验[157]。

面板数据单位根检验可以克服传统单个时序单根检验的小样本偏误，利用面板从一定程度上控制不可观测的个体效应和截面相关性。Levin 检验、APS 检验、ADF 检验、PP 检验等是最常用的面板数据单位根检验方法，检验结果因不同的原理和规则而并非完全一致。本研究的面板数据符合大 N 小 T 的特点，即有 29 家林业上市公司 6 年的平衡面板数据，因此首先选用 Levin 检验方法。该检验方法下模型的估计采用 xtreg，fe 命令，因此允许个体效应。特点是考虑截面异质性（heterogeneous panels）和干扰项的序列相关问题。它假设面板中的所有截面对应的序列都是非平稳的，所有序列均服从 AR（1），且相关系数相同，但允许个体固定效应。最后得到的统计量是对单个截面执行 ADF 检验后得到的 t 值的平均值，并做相应调整。该统计量在 H_0 下服从正态分布。若 H_0 被拒绝，则认为所有序列均平稳[157, 184]。APS 检验要求面板是平行的（balanced）面板数据，符合本

研究样本特点,它同样假设 H_0 面板中的所有截面对应的序列都是非平稳的,能够考虑截面异质性(heterogeneous panels)和干扰项的序列相关问题,对单个截面执行 ADF 检验后得到的 t 值的平均值[185]。ADF 检验、PP 检验均采用 STATA 中的 xtfisher 命令来实现,H_0 均假设所有序列都是非平稳的,备择假设是至少有一个序列是平稳的。以上检验方法若原始数据时间序列本身不平稳,可尝试先进行一阶差分处理,然后再进行平稳性检验[185]。

　　由于本研究的面板数据较短,设定林业上市公司投资效率、政府补助和企业社会责任变量的三者关系在一阶滞后期发挥作用,采用 STATA15.0 对被解释变量、解释变量、中介变量和控制变量分别进行 Levin,APS,ADF,PP 检验,单位根检验时有三种检验模式:只有截距、既有趋势又有截距和以上都无。本研究在检测时不设有时间趋势选项,没有进行一阶差分设置。检验结果如表 6-1 所示,可见 T 值绝大多数均显示高度拒绝原假设 H_0,即以上变量均含有单位根,属于一阶单整平稳序列。

表 6-1　面板数据单位根检验

变量	Levin 检验 T 值和系数	APS 检验 T 值和 P 值	ADF 检验 T 值和 P 值	PP 检验 T 值和 P 值	结果
NINV	−11.9810	−1.7720*	100.6460***	381.3715***	平稳
	−0.9915***	0.0860	0.0004	0.0000	
SUB	−20.8390	−4.6180***	88.8786***	323.4041***	平稳
	−2.2728***	0.0000	0.0056	0.0000	
CSR	−15.2200	−2.7120***	259.0158***	71.2584***	平稳
	−1.0156***	0.0000	0.0000	0.1134	
AGE	−36.9630	−19.0060***	1150.0373***	775.6452***	平稳
	−0.0844***	0.0000	0.0000	0.0000	
ROA	7.1930	1.0610	205.9471***	152.6310***	平稳
	1.5288***	0.4903	0.0000	0.0000	
CASH	−81.2600	−4.1650***	432.1790***	109.4725***	平稳
	−0.6955***	0.0000	0.0000	0.0001	
CFOPS	−21.4570	−2.8310***	176.4808***	295.1192***	平稳
	−1.0775***	0.0000	0.0000	0.0000	
ROT	−65.8430	−17.5530***	136.9780***	77.3045***	平稳
	−1.2071***	0.0000	0.0000	0.0460	
OZ	−232.1040	−17.3560***	427.0088***	277.4028***	平稳

变量	Levin 检验 T 值和系数	APS 检验 T 值和 P 值	ADF 检验 T 值和 P 值	PP 检验 T 值和 P 值	结果
	−1.1165***	0.0000	0.0000	0.0000	
GROWTH	−36.2710	−4.1930***	297.1001***	200.3093***	平稳
	−1.9350***	0.0000	0.0000	0.0000	

注：　***表示通过了 1% 水平的显著性检验；**表示 5%；*表示 10%。

6.1.2 面板数据的协整检验

根据面板单位根检验结果可知，林业上市公司投资效率、政府补助、社会责任以及控制变量之间满足一阶单整。则需要进一步做面板协整检验（Panel cointegration tests），对所有变量之间是否存在长期均衡的协整关系进行判断。若两个或两个以上非平衡的变量时间序列，进行某个线性组合后的时间序列呈现均衡平稳性，则称这些变量序列具备协整关系。因而其前提是具备同阶单整关系。只有单位根检验的结果是变量之间具有同阶单整，才可以进行下一步的协整检验。

总体上，目前应用广泛的面板数据协整检验的方法有两大类。一类是基于残差的检验：其基本思想是若两个序列都是单位根过程，同时又存在协整关系，对这两个序列进行简单的普通最小二乘回归，得到它们的残差将是一个平稳过程，即表明二者存在协整关系。基于上述思想，Nyblom and Harvey（2000）认为在面板数据的基础上，将上述残差序列汇合成一个矩阵，进而来检验残差序列构成的矩阵的 Rank（秩）是否为零，如果等于零，则表明面板数据中序列不存在协整关系，反之则存在协整关系，而整个矩阵的秩数恰好等于协整向量的个数（Nyblom and Harvey，2000）。另一类是基于误差修正模型的检验，基于时间序列中的 Johansen 协整检验是它的根本思想：如果两个序列存在协整关系，就可以进一步建立误差修正模型，它们长期的误差修正部分系数应该显著不等于零。残差为基础的检验方法需要假设长期误差修正系数（变量的水平值）与短期动态调整系数（变量的差分值）相等，当上述条件无法满足时，会使残差为基础的检验统计量的鉴定力大幅降低，以误差修正模型为基础的协整检验方法可以避免这一限制（Persyn，D. and J. Westerlund，2008）。若协整检验通过，意味着模型中各个变量之间的关系是长期稳定的均衡关系，其回归残差是平稳的，故在此基础上可以直接对原模型方程进行回归分析，此时能够得到相对准确的回归结果。

由于本研究的面板数据具有样本量小和变量多的特质，选择 Kao（1997）提出的方法进行面板数据的协整关系检验。Kao 检验是由 Kao, C.（1999）基于 Engle and Granger 二步法而提出的检验方法，属于基于残差和平稳性为基础的检验方法，对截面内的序列相关、截面异质性和截面间的相关性均予以考虑[194]。在变量间不存在协整关系的原假设基础上，分为两个阶段检验：第一阶段将回归模型设定为截距项不同、系数相同，然后第二阶段基于 DF 检验和 ADF 检验的原理，对上一阶段计算的残差序列进行均衡和平稳性检验[194]。Kao 检验要求所有面板单位的协整向量均相同，而不同个体的残差自回归系数也相等。STATA15.0 可通过命令 xtcointtest 来实现 Kao 检验，检验结果见表 6-2。

表 6-2   Kao 协整检验结果

	统计量	P 值
Modified Dickey-Fuller t	1.6859*	0.0102
Dickey-Fuller t	−3.7093***	0.0001
Augmented Dickey-Fuller t	−2.7761***	0.0028
Unadjusted modified Dickey-Fuller t	−2.6916***	0.0036
Unadjusted Dickey-Fuller t	−6.8061***	0.0000

注： *** 表示通过了 1% 水平的显著性检验；** 表示 5%；* 表示 10%。

表 6-2 汇报了 5 种不同的检验统计量，除了第一个调整后的 Dickey-Fuller 统计量其余对应的 p 值均小于 0.01，故可在 1% 水平上强烈拒绝"不存在协整关系"的原假设，判定结果是模型各变量间存在长期均衡的协整关系，可以进行面板数据模型估计。

6.2 描述性统计与相关性分析

6.2.1 描述性统计分析

表 6-3 是林业上市公司 2013 年至 2018 年六年间所有变量的描述性统计。

由表 6-3 可知，2013 年至 2018 年林业上市公司非效率投资（NINV）平均值为 0.028，最大值 0.167，最小值 0，标准差 0.029，说明整体存在一定的投资过度或者投资不足情况，虽有一定差异但是并不显著；样本区间内林业上市公司政府补助金额只有民丰特纸一家公司在 2014 年为 0，其他公司均或多或少有政府补助，政府补助的覆盖面广泛，但是政府补助（SUB）的标准差比较大，不同林业上市公司间的差异化较为明显，补助并非平均进行发放，与政府补助的意图及企业项目申请等诸多因素有关；林业上市公司社会责任绩效（CSR）得分的平均值为 0.297，标准差 0.072，最大值 0.496，最小值 0.124，表明整体来说林业上市公司 CSR 的履行情况较差，而且存在一定差异；上市年限（AGE）、总资产净利率（ROA）、现金持有量（CASH）、每股经营现金流量（CFOPS）、总资产周转率（ROT）、股权制衡度（OZ）和营业收入增长率（GROWTH）的标准差分别为 0.237、0.051、0.092、0.870、0.302、0.281 和 0.186，表明林业上市公司每股经营现金流量存在较大差异，收益质量两极分化较为严重；总资产净利率和现金持有量差异化较小，林业上市公司普遍面临同样的获利能力和融资约束方面的问题；上市年限、股权制衡度和成长能力虽然存在一定的差异但并不大。

表 6-3　全样本变量描述性统计

变量名称	均值	最小值	最大值	标准差
NINV	0.028	0.000	0.167	0.029
SUB	16.217	2.197	20.099	1.868
CSR	0.297	0.124	0.496	0.072
AGE	0.998	0.301	1.362	0.237
ROA	0.036	−0.385	0.164	0.051
CASH	0.139	0.022	0.553	0.092
CFOPS	0.474	−5.020	4.854	0.870
ROT	0.637	0.083	1.806	0.302
OZ	0.275	0.006	1.000	0.281
GROWTH	0.136	−0.367	0.938	0.186

通过表 6-4 分投资不足和投资过度组变量进行描述性统计分析可以看出，总体上林业上市公司投资不足组（108 个）远大于投资过度组（66 个）样本量。投资不足组政府补助均值大于投资过度组的政府补助均值，具体

地，投资不足组政府补助均值大于中位数，说明多数公司在投资不足的年份获得较多政府补助，拉高了政府补助的平均值；投资过度的年份政府补助的均值小于中位数，说明多数公司在投资过度的年份获得较少的政府补助，拉低了整体平均值；体现了政府补助总体上倾向于补助投资不足的林业上市公司。投资不足组社会责任得分低于投资过度组，具体地，投资过度组社会责任得分均值与中位数相当，投资不足组社会责任得分均值大于中位数，说明多数公司在投资不足的年份依然努力履行社会责任满足利益相关者利益。此外，投资过度组的公司上市年限、总资产收益率、现金持有量、股权制衡度和营业收入增长率均大于投资不足组，投资不足组具有较高的每股经营活动现金净流量和总资产周转率。

表 6-4   分投资不足和投资过度组变量描述性统计

变量	投资不足组（N=108）				投资过度组（N=66）			
	均值	中位数	最小值	最大值	均值	中位数	最小值	最大值
NINVI/NINVO	0.023	0.017	0.000	0.100	0.037	0.025	0.000	0.167
SUB	16.267	16.169	11.513	20.099	16.136	16.336	0.000	19.973
CSR	0.294	0.281	0.147	0.459	0.303	0.302	0.124	0.496
AGE	0.975	1.021	0.301	1.362	1.037	1.097	0.301	1.362
ROA	0.034	0.030	−0.385	0.164	0.040	0.034	−0.064	0.159
CASH	0.134	0.105	0.022	0.553	0.147	0.114	0.022	0.467
CFOPS	0.507	0.355	−3.855	4.854	0.419	0.335	−5.020	2.142
ROT	0.644	0.579	0.083	1.771	0.624	0.573	0.104	1.806
OZ	0.260	0.163	0.013	1.000	0.299	0.133	0.006	1.000
GROWTH	0.133	0.096	−0.367	0.785	0.142	0.109	−0.191	0.938

通过表 6-5 分不同产权属性变量进行描述性统计分析可以看出，总体上林业上市公司非国有属性（126 个）远大于国有属性组（48 个）样本量。国有属性林业上市公司政府补助的均值大于非国有公司政府补助均值，具体地，民营林业上市公司政府补助均值大于中位数，意味着多数非国有公司获得了较高的政府补助，拉高了政府补助的平均值；国有林业上市公司政府补助的均值小于中位数，说明多数国有公司获得了较低的政府补助，从而拉低了政府补助的平均值，体现了林业上市公司政府补助倾向于补助国有公司，对不同产权属性林业上市公司均有所照顾。非国有属性组的林业上市公司社会责任得分均值高于国有属性组，这与第 4 章林业上市公司

社会责任评价结果相同；具体地，非国有林业上市公司社会责任得分均值大于中位数，说明民营林业上市公司社会责任履行情况普遍较好，拉高了社会责任得分的均值；国有产权属性林业上市公司社会责任得分的均值也是大于中位数，说明国有公司社会责任表现普遍偏高，拉高了社会责任得分的均值；体现了林业上市公司社会责任得分偏高的公司较多，少数得分偏低，非国有公司社会责任总体上表现好于国有属性公司。此外，国有林业上市公司上市年限和股权制衡度水平大于非国有公司，但在获利能力、现金持有量、收益质量、营运能力和成长能力等方面均不如非国有公司。

表6-5　分不同产权性质变量描述性统计

变量	非国有组（N=126）				国有组（N=48）			
	均值	中位数	最小值	最大值	均值	中位数	最小值	最大值
NINV	0.029	0.020	0.000	0.167	0.025	0.017	0.000	0.151
SUB	16.170	16.144	11.408	19.296	16.342	16.424	0.000	20.099
CSR	0.304	0.296	0.124	0.496	0.280	0.265	0.147	0.433
AGE	0.948	0.954	0.301	1.362	1.132	1.190	0.301	1.362
ROA	0.047	0.045	−0.078	0.164	0.008	0.017	−0.385	0.059
CASH	0.159	0.118	0.022	0.553	0.087	0.081	0.022	0.185
CFOPS	0.561	0.371	−1.585	2.820	0.245	0.211	−5.020	4.854
ROT	0.722	0.627	0.197	1.806	0.414	0.402	0.083	0.711
OZ	0.246	0.139	0.006	1.000	0.352	0.221	0.016	1.000
GROWTH	0.158	0.135	−0.184	0.785	0.080	0.047	−0.367	0.938

6.2.2 相关性分析

非效率投资（NINV）变量的 Spearman 相关性检验见表6-6。通过考察变量间的相关性，可以看出政府补助与林业上市公司非效率投资在5%显著水平上负相关，政府补助与林业上市公司社会责任履行在1%显著水平上正相关，但是林业上市公司社会责任履行与非效率投资正相关但是不显著。经初步判断，林业上市公司政府补助可以促进投资效率提高，抑制非效率投资，林业上市公司获得的政府补助资金越多，社会责任履行情况越好，但林业上市公司社会责任履行不能显著提升投资效率。此外，通过变量间两两相关系数表可以看出相关系数绝对值均在 0.5 以下，这说明模型的建立不存在严重的多重共线性问题[67]。

表 6-6　变量相关性分析

变量名称	NINV	SUB	CSR	AGE	ROA	CASH	CFOPS	ROT	OZ	GROWTH
NINV	1.000									
SUB	-0.150**	1.000								
CSR	0.039	0.208***	1.000							
AGE	-0.249***	0.250***	-0.090	1.000						
ROA	0.202***	-0.083	0.489***	-0.289***	1.000					
CASH	0.119*	-0.104	0.175**	-0.276***	0.380***	1.000				
CFOPS	-0.086	0.156**	0.246***	0.138*	0.253***	0.149**	1.000			
ROT	0.060	-0.213***	0.406***	-0.034	0.470***	0.122	0.275***	1.000		
OZ	0.064	0.254***	0.242***	-0.026	0.009	0.173**	-0.008	0.034	1.000	
GROWTH	0.036	-0.057	0.409***	-0.122	0.440***	0.173**	0.004	0.338***	0.237***	1.000

注：***，**和*分别表示通过了 1%、5%和 10%水平的显著性检验。

6.3 林业上市公司政府补助对投资效率的影响

6.3.1 政府补助与投资效率的回归分析结果

（1）政府补助对非效率投资的影响

为检验假设 H1，证明中介效应的第一步骤，林业上市公司政府补助对投资效率的影响，对模型（5–24）进行回归。由于本研究的样本较少，为了得到更加稳健的结果，从外生性角度、内生性角度和动态内生性角度，采用普通最小二乘回归（OLS）、固定效应模型（FE）和系统广义矩估计（GMM）三种估计方法检验林业上市公司政府补助对非效率投资的影响。为防止产生异方差问题，OLS 和 FE 估计均采用 robust 稳健回归方法进行处理；GMM 模型两步法工具变量设置方法如下。①差分方程：用内生变量的第 t–2 期，第 t–3 期，…，第 1 期值和所有外生变量的差分值作为工具变量。②水平方程：用内生变量的之后 1 期的差分值和截距项自身作为工具变量[61]。回归结果如表 6–7 所示。

表 6-7　林业上市公司政府补助对投资效率影响的检验结果

被解释变量	NINV		NINV		NINV	
估计方法	OLS 方程 1		FE 方程 2		GMM 方程 3	
SUB	−0.136***	−0.126**	−0.160	−0.201**	−0.124**	−0.145**
	（−4.362）	（−2.209）	（−1.078）	（−2.247）	（−2.178）	（−2.422）
AGE		−0.096		−1.068*		−0.331*
		（−0.871）		（−1.823）		（−1.739）
ROA		0.245***		0.283**		0.323***
		（2.662）		（2.477）		（4.778）
CASH		0.000		0.175		0.181**
		（0.005）		（1.455）		（2.100）
CFOPS		−0.102		−0.092*		−0.069***
		（−1.539）		（−1.916）		（−3.150）
ROT		−0.014		−0.003		−0.011
		（−0.210）		（−0.010）		（−0.069）
OZ		0.139		0.245		0.278***
		（1.476）		（1.318）		（3.443）

续表

GROWTH		−0.301**		−0.389**		−0.256***
		（−2.102）		（−2.190）		（−2.731）
NINV（−1）					0.154***	0.153***
					（5.398）	（3.100）
常数	0.478*	0.428	0.476*	−0.116	−0.132	0.212
	（1.677）	（1.591）	（1.827）	（−0.348）	（−1.272）	（1.348）
YEAR	控 制	控 制	控 制	控 制	控 制	控 制
R-square	0.078	0.2122	0.0787	0.2639		
AR（1）					0.0176	0.0024
AR（2）					0.5717	0.8762
Sargan test					0.3934	0.4893

注：　*** 表示通过了 1% 水平的显著性检验；** 表示 5%；* 表示 10%。变量后加（−1）表示变量的滞后一阶值，Sargan 检验是过度识别检验（工具变量的使用是否合理，Sargan 检验 P>0.1 才能说明模型估计是有效的），原假设是存在过度识别问题，可见检验结果均拒绝了原假设；AR（2）检验结果显示不存在二阶序列相关（AR（2）检验 P>0.1，则意味着干扰项不存在序列相关）。下面的表格相同。

回归的结果分别分析了在单独引入解释变量 SUB 并不加任何控制变量的情况和加入控制变量的情况。表 6-7 中，被解释变量非效率投资的一阶滞后项高度显著且为正值，这体现林业上市公司非效率投资是一个逐步积累的过程，表明本研究设置了合理的模型[4]。在方程 1 和方程 2 中调整后的 R^2 较低，可能是因为林业上市公司投资效率的影响因素并没有全部被捕获，这些其他因素也许可以通过问卷调查或访谈等其他研究方法来确定。这一现象在同类问题的研究中也常有发生。由方程 1 和方程 3 可以看出三种回归方法下林业上市公司政府补助（SUB）对投资效率的影响系数分别为 −0.126、−0.201 和 −0.145，三种回归方法下显示均在 5% 显著水平上显著。说明政府干预进行资金补贴起到"帮助之手"的作用，政府补助能够缓解林业上市公司面临的融资约束，获得政府补助可以有效解决现有投资活动中的资金问题，不仅能为林业上市公司注入资金流，而且发挥信号传递作用，使林业上市公司外部融资能力增强，缓解投资不足和投资过度，促进投资效率的提升，这一结果验证了假设 H1。

林业上市公司上市年限（AGE）、每股经营现金流量（CFOPS）、总资产周转率（ROT）和营业收入增长率（GROWTH）负向影响非效率投资，其中上市年限和每股经营现金流量在 OLS 回归方法下缺乏显著性，总资产周转率在三种方法下均不显著。说明林业上市公司代表收益质量的每股经营现金流可以显著缓解融资约束，促进投资效率提升。营业收入增长率越快，林业上市公司就会有充足的资金进行有效的投资决策，而上市年龄越长也会投资更加稳健，避免盲目投资于净现值过低的项目。因此，林业上市公司上市时间越长、成长能力以及收益质量越强，越能够有效抑制非效率投资，而资产利用效率和营运能力高的林业上市公司并不能显著提升投资决策的有效性。说明林业上市公司投资支出决策容易受到公司上市时间长短的影响，上市时间越长的公司非效率投资情况越有所缓解，反而可能在初创期和成长期的公司更容易产生投资过度行为。

林业上市公司总资产净利率（ROA）、现金持有量（CASH）和股权制衡度（OZ）（第二大股东与第一大股东持股比例之比）正向影响非效率投资，现金持有量和股权制衡度只在 GMM 估计方法下显著。不论是否考虑内生性问题，总资产收益能力均不能贡献投资效率，林业上市公司总体收益能力较差，并未能与每股现金收益能力发挥共同的促进效应。林业上市公司股权制衡度不仅不会发挥对非效率投资的抑制作用，反而会加剧非效率投资，主要的原因可能是我国林业上市公司仍然存在比较严重的"一股独大"的问题，样本区间内第一大股东持股比例总体均值为 31.2%，这明显符合我国上市公司股权结构的大股东控制的特点，其他主要股东股权占比不高，无法对控股股东的决策产生制约，导致股权制衡机制失效。现金持有量水平反映一个公司面临的融资约束程度，林业上市公司存在一定的融资约束产生的非效率投资，即现金流量的增加不能很好地抑制非效率投资，仍然存在投资不足或投资过度，这也正体现了政府补助的弥补林业上市公司资金不足的作用。

（2）政府补助对投资不足和投资过度的影响

为了验证假设 H1a，参考管纯一（2018）、刘进（2019）、吴训彬（2017）、胡诗仪（2019）等众多学者的研究，查看解释变量政府补助对林业上市公司投资不足和投资过度的具体影响情况，分别对投资不足组和投资过度组采用 OLS、FE 和 GMM 估计方法对模型（5-24）再次进行回归，分析结果见表 6-8。其中对投资不足组进行取绝对值，其值越大越无效率。需要说明的是，此处不是进行中介效应检验，采用分组回归，目的是考察全样本政府补助对非效率投资在三种方法回归分析结果均显著的前提下，分析政府补助对投资不足与投资过度的具体影响效果，其他控制变量不做分析。

表6-8　林业上市公司政府补助与投资不足和投资过度回归结果

| 被解释变量 | NINV（投资不足组） | | | NINV（投资过度组） | | |
估计方法	OLS 方程 1	FE 方程 2	GMM 方程 3	OLS 方程 4	FE 方程 5	GMM 方程 6
SUB	-0.131***	-0.243	-0.179***	-0.202**	-0.107	-0.214**
	(-3.924)	(-1.153)	(-3.741)	(-2.626)	(-0.628)	(-2.169)
AGE	-0.056	-0.996***	0.059	-0.166	-0.013	
	(-0.602)	(-2.790)	(0.225)	(-0.632)	(-0.014)	
ROA	0.199***	0.185**	0.115	0.426	0.549	
	(3.010)	(2.724)	(0.974)	(1.236)	(1.695)	
CASH	0.019	-0.260*	-0.190	-0.065	0.451**	
	(0.262)	(-1.910)	(-1.362)	(-0.463)	(2.718)	
CFOPS	-0.164*	-0.143	0.006	-0.058	0.047	
	(-1.967)	(-1.299)	(0.082)	(-0.421)	(0.326)	
ROT	0.033	-0.602	-0.009	-0.034	0.205	
	(0.443)	(-1.549)	(-0.024)	(-0.202)	(0.553)	
OZ	0.043	0.101	0.129	0.152	0.596	
	(0.492)	(0.550)	(1.455)	(0.747)	(1.205)	
GROWTH	-0.116*	-0.133	-0.219**	-0.145	-0.308	0.034
	(-1.662)	(-1.095)	(-2.131)	(-0.921)	(-1.054)	(0.313)
NINV（-1）			-0.160***			0.770**
			(-3.627)			(2.101)
常数	0.075	0.156	-0.398***	1.108	0.936	0.070
	(0.325)	(0.719)	(-8.970)	(1.620)	(0.780)	(0.245)
YEAR	控制	控制	控制	控制	控制	控制

由表 6-8 可以看出，林业上市公司政府补助对投资不足和投资过度的影响均为负向，在 OLS 和 GMM 估计方法下未加入控制变量时均显著，加入控制变量后只有在 OLS 回归方法下对投资不足的影响在 10% 显著水平上显著（由于样本量小，加入控制变量后的 GMM 估计未列出）。说明林业上市公司政府补助对缓解投资不足有效，能够提升企业的投资水平，带动企业的发展。这与汪健和汤畅（2019）、刘进等（2019）等多数学者的研究结论一致 [75, 76]。即政府对林业上市公司的无偿拨付可以缓解企业存在的资金短缺的问题，减轻投资压力，缓解其融资约束、投资乏力等问题，实现对资源的有效配置，政府干预对林业上市公司起到了"支撑"作用 [19]。政府补助不会刺激林业上市公司产生投资过度，反而还会抑制过度投资问题，这与李燃（2018）和徐卓亚（2018）的政府补助能够缓解融资约束、提高国有和民营公司投资效率的实证研究结论相似 [85]。李刚（2017）也认为政府补助主要是能够加剧市场化低的民营企业的过度投资问题 [77]。林业上市公司主要分布于市场化程度较高的华东和华南地区，这一结果产生的原因可能是位于政府干预程度较弱的发达地区的林业上市公司不会因为政府补助多而盲目进行投资，投资决策更趋于合理化和理性化。这一结论部分验证了假设 H1a。通过表 5-10 和表 5-11 还可以发现，林业上市公司政府补助对投资不足的影响程度和敏感性要强于对投资过度的影响。出现这种结果可能与林业上市公司普遍存在投资不足现象有关，致使政府补助对投资不足产生的作用比过度投资明显。综上，假设 H1a 得到全部验证。

6.3.2 不同产权性质林业上市公司政府补助对投资效率的影响

为了检验假设 H1b，采用 OLS、FE 和 GMM 回归分析法进行分组回归，考察不同产权性质林业上市公司政府补助对投资效率的影响。根据控股股东性质的不同将总样本划分为国有属性和非国有属性两个独立样本，再次对模型（5-24）进行回归，分析结果见表 6-9。同样，此处不是进行中介效应检验，目的是考察全样本政府补助对非效率投资在三种方法回归分析结果均显著的前提下，分析不同产权属性的林业上市公司政府补助对非效率投资的具体影响效果，其他控制变量不做分析。

表 6—9　分产权性质林业上市公司政府补助与投资效率回归结果

被解释变量	NINV（非国有组）			NINV（国有组）		
估计方法	OLS 方程 1	FE 方程 2	GMM 方程 3	OLS 方程 4	FE 方程 5	GMM 方程 6
SUB	-0.258***	-0.348	-0.223***	-0.251**	-0.284*	-0.354
	（-2.863）	（-1.205）	（-3.822）	（-2.268）	（-2.204）	（-1.607）
AGE	-0.224	-1.094	0.003	-0.460	-1.124**	
	（-1.346）	（-1.275）	（0.018）	（-1.671）	（-3.153）	
ROA	0.294**	0.313	0.218**	0.140	0.188	
	（2.422）	（1.611）	（1.984）	（1.132）	（1.437）	
CASH	0.004	0.170	0.112	0.174	0.013	
	（0.055）	（1.596）	（1.207）	（0.491）	（0.024）	
CFOPS	-0.133	-0.292	0.047	0.041	0.103	
	（-0.944）	（-1.384）	（0.251）	（0.720）	（1.542）	
ROT	0.026	-0.032	0.004	0.305	-0.433	
	（0.300）	（-0.103）	（0.022）	（0.686）	（-0.573）	
OZ	0.002	-0.058	0.499**	0.482**	0.856*	
	（0.015）	（-0.280）	（2.211）	（2.080）	（2.227）	
GROWTH	-0.218*	-0.308*	-0.319*	-0.092	-0.182	
	（-1.945）	（-1.806）	（-1.927）	（-0.932）	（-0.968）	
NINV（-1）			0.196***			0.030
			（7.762）			（0.311）
常数	0.428	0.406	0.327	1.017	0.467	0.401
	（1.335）	（1.369）	（1.086）	（1.470）	（0.554）	（0.825）
YEAR	控制	控制	控制	控制	控制	控制

对林业上市公司不同产权性质分子样本进行回归分析，回归的结果分别分析了在单独引入解释变量 SUB 时，不加任何控制变量和加入控制变量的情况。由表 6-9 可知，不同产权属性林业上市公司政府补助在没有加入控制变量之前，在 OLS 方法下均与非效率投资显著负相关，这一结果部分验证了假设 H1b，即政府补助对国有和民营林业上市公司投资效率都具有促进作用。在 GMM 方法下非国有公司比国有属性公司对政府补助的敏感性更强。原因可能在于国家和地方政府通过除政府补助以外的其他方式，来实现对国有林业上市公司投资有效性的激励，比如政府采购、优惠贷款等，这些资源都是民营林业上市公司很少能获得的；国有企业获得政府补助相对非国有企业而言更为容易，当企业在经营过程中出现危机时，政府会给予适当的帮助，很少会出现缺乏资金的危机感，故其资金的使用效率较低。因此，单独来看，政府补助对非国有属性林业上市公司投资支出有效性的积极影响效应更强。

由表 6-9 还可以发现，民营林业上市公司加入控制变量之后二者相关性均不显著，国有林业上市公司政府补助加入控制变量之后，在 OLS 和 FE 方法下也显著负向影响非效率投资，这说明国有属性的林业上市公司政府补助对投资效率的影响不仅敏感而且稳定（由于样本量小，加入控制变量后的 GMM 估计未列出）。这与许罡（2014）和张力群（2016）等学者认为民营公司投资效率对政府补助的多寡更加敏感的研究结论有所区别[35, 58]。原因可能是国有林业上市公司相对于其他样本公司可能更需要政府补助资金，获得大量政府补助以后，国有公司相应地合理增加投资支出，运用无偿获得的资金于生态环境相关的建设，有效解决资金不足和投资乏力问题，在本研究综合控制变量因素影响下，政府补助更能发挥对国有公司投资支出的有效激励作用。本研究的结论与胡雯君（2019）的研究结论一致。因此，假设 H1b 全部得到验证。

6.4 林业上市公司政府补助对企业社会责任的影响

6.4.1 政府补助与企业社会责任的回归分析结果

（1）政府补助对企业社会责任的影响

为检验假设 H2，证明中介效应的第二步骤，政府补助对林业上市公司社会责任履行的影响，对模型（5-25）进行回归，分别采用普通最小二乘回归（OLS）、固定效应模型（FE）和系统广义矩估计（GMM）三种估计方法进行检验。回归结果如表6-10所示。

表6-10　林业上市公司政府补助对企业社会责任履行影响的检验结果

被解释变量	CSR		CSR		CSR	
估计方法	OLS 方程1		FE 方程2		GMM 方程3	
SUB	0.185***	0.262***	0.037	0.092	0.043	0.200***
	（4.454）	（5.282）	（0.485）	（1.184）	（1.537）	（3.423）
AGE		−0.133**		−0.233		−0.278**
		（−2.129）		（−0.862）		（−2.285）
ROA		0.311**		0.154*		0.026
		（2.582）		（1.780）		（0.526）
CASH		−0.019		0.113*		0.05
		（−0.306）		（1.836）		（0.853）
CFOPS		0.09		0.031		−0.099***
		（1.036）		（0.571）		（−3.690）
ROT		0.154**		0.407***		0.530***
		（2.433）		（3.682）		（4.488）
OZ		0.077		0.024		0.185**
		（1.164）		（0.257）		（2.393）
GROWTH		0.254***		0.300***		0.251***
		（3.832）		（4.990）		（7.059）
CSR（−1）					0.607***	0.454***
					（12.568）	（5.487）
常数	−0.309*	−0.314**	−0.332***	−0.388***	0.885***	−0.236*
	（−1.775）	（−2.526）	（−2.944）	（−2.914）	（13.214）	（−1.731）
YEAR	控制	控制	控制	控制	控制	控制
R-square	0.2076	0.564	0.3835	0.6858		
AR（1）					0.0011	0.001
AR（2）					0.8693	0.5921
Sargan test					0.2502	0.4633

由表6-10可知，被解释变量企业社会责任的滞后项高度显著且为正值，这体现林业上市公司社会责任是一个逐步正向积累的过程，也表明本研究模型设置合理[4]。在三种回归方法下，政府补助对林业上市公司社会责任履行均具有正向影响，而且OLS和GMM方法下均通过了1%显著性检验，

回归结果与相关性分析结果一致。说明政府补贴可以有效地激励林业上市公司承担社会责任，对林业上市公司社会责任履行起到了支持作用，获得政府补助越多的林业上市公司对各个利益相关者责任的履行情况越好。本研究的结论与孔东民（2014）、吴成颂（2015）、邓娟（2018）等学者的研究结论一致。这一结论验证了假设 H2，即"政府补贴的社会效应"假说得到了验证[30, 39, 87]。本研究为政府直接以补助的方式来促进林业上市公司承担社会义务提供了可靠的依据。

在三种估计方法下，总资产净利率、总资产周转率、股权制衡度和营业收入增长率均正向影响林业上市公司社会责任履行，只是显著性会有所差异。说明林业上市公司社会责任履行情况主要受到公司盈利水平、营运能力和成长能力的积极影响，林业上市公司获利能力越强、增长速度越快以及总的资金利用率越高，越注重社会责任投资和公司的持续经营。股权制衡水平能促进林业上市公司社会责任履行，对大股东制衡能力越强的林业上市公司社会责任履行水平也越高。林业上市公司上市年限与社会责任履行负相关，且在 OLS 和 GMM 方法下通过了 5% 显著性检验，意味着上市年限越长的林业上市公司不一定越注重企业的社会绩效，可能对利益相关者利益的关注程度不如上市年限短的公司。现金持有量和每股经营现金流对林业上市公司社会责任履行产生的影响在三种分析方法下不相同，在外生性视角和内生性视角下得出不同的作用方向。现金持有量在外生性视角下负向影响而在内生性视角下正向影响社会责任履行，且在 FE 估计方法下显著，代表收益质量的每股经营现金流量在 OLS 和 FE 估计下均不显著，在 GMM 估计下显著负向影响林业上市公司社会责任承担。说明林业上市公司社会责任履行受到内部资金融资约束影响，在内生性视角下才体现出来，林业上市公司履行社会责任的内部现金持有量不稳定、每股现金流收益质量较差。

（2）政府补助对各利益相关者责任的影响

为了进一步检验假设 H2a，分析政府补助对林业上市公司各个利益相关者责任的影响，采用系统广义矩估计（GMM）对模型（5-25）进行回归分析，结果见表 6-11、表 6-12 和表 6-13。需要说明的是，此处不是进行中介效应检验，目的是在考察政府补助对企业社会责任在 GMM 方法回归分析结果显著的前提下，分析政府补助对企业社会责任的具体利益相关方的影响效果，其他控制变量不做分析。

表6-11　林业上市公司政府补助对各利益相关方贡献的回归结果

被解释变量 估计方法	SHAR OLS 方程1	SHAR FE 方程2	SHAR GMM 方程3	PART OLS 方程1	PART FE 方程2	PART GMM 方程3	CONS OLS 方程1	CONS FE 方程2	CONS GMM 方程3
SUB	-0.100	-0.126***	-0.144**	-0.013	-0.018	-0.058	-0.015	-0.019	-0.024
	(-1.546)	(-2.773)	(-2.106)	(-1.103)	(-0.328)	(-1.606)	(-1.080)	(-0.281)	(-1.402)
AGE	-0.071	-0.224	-0.493***	-0.027	-0.274	-0.115	-0.095	0.098	0.223
	(-1.122)	(-0.847)	(-3.291)	(-0.473)	(-1.331)	(-1.444)	(-1.137)	(0.317)	(1.430)
ROA	0.366***	0.334***	0.314***	0.217**	0.095*	-0.137***	0.186*	0.005	-0.049
	(3.824)	(3.206)	(11.673)	(2.175)	(1.818)	(-6.651)	(1.724)	(0.053)	(-0.676)
CASH	0.025	0.021	0.038	0.016	0.011	0.112***	-0.000	0.066	-0.081
	(0.441)	(0.230)	(1.084)	(0.281)	(0.268)	(4.134)	(-0.005)	(0.962)	(-1.515)
CFOPS	0.039	0.019	-0.038	0.008	0.025	-0.057***	0.174**	0.082***	0.027
	(0.567)	(0.254)	(-1.399)	(0.164)	(0.868)	(-3.358)	(2.108)	(2.931)	(1.265)
ROT	-0.014	-0.166	-0.117	0.433***	0.395***	0.379***	0.077	0.231	0.117
	(-0.273)	(-1.122)	(-1.097)	(5.404)	(2.358)	(5.666)	(0.738)	(1.496)	(1.148)
OZ	0.046	0.056	0.210**	0.062	0.063	0.038	0.135	0.210	0.172
	(0.816)	(0.518)	(2.381)	(1.125)	(0.664)	(1.201)	(1.652)	(1.265)	(1.383)
GROWTH	0.133**	0.212***	0.136***	0.341***	0.306***	0.344***	-0.158*	-0.126**	-0.139***
	(2.001)	(4.071)	(3.338)	(4.875)	(5.950)	(11.937)	(-1.692)	(-2.359)	(-5.371)
CSRI (-1)			0.043			0.569***			0.447***
			(1.022)			(8.613)			(5.682)
常数	-0.253**	-0.385**	-0.042	-0.172	-0.323**	0.245***	0.273	0.399	-0.123
	(-2.053)	(-2.696)	(-0.475)	(-1.528)	(-2.536)	(4.056)	(1.387)	(1.660)	(-0.895)
YEAR	控制	控制	控制	控制	控制	控制	控制	控制	控制
R-square	0.6556	0.6872		0.6266	0.661	0.0595	0.1396	0.1542	0.7564
AR (2)			0.312			0.3189			0.296
Sargan test			0.1279						

表 6-12　林业上市公司政府补助对各利益相关方贡献的回归结果（续表）

被解释变量	GOVE	GOVE	GOVE	COMM	COMM	COMM
估计方法	OLS 方程 1	FE 方程 2	GMM 方程 3	OLS 方程 1	FE 方程 2	GMM 方程 3
SUB	0.430***	0.111	0.117*	0.125*	0.102	0.258***
	（6.702）	（1.266）	（1.857）	（1.774）	（1.361）	（3.957）
AGE	−0.018	0.023	−0.140	−0.306***	0.485	0.164
	（−0.185）	（0.075）	（−0.808）	（−3.258）	（1.572）	（1.506）
ROA	0.069	−0.002	−0.057**	−0.123	−0.131**	−0.130***
	（0.760）	（−0.016）	（−2.094）	（−1.434）	（−2.184）	（−3.183）
CASH	−0.003	0.218**	0.146***	0.171**	0.090	0.009
	（−0.045）	（2.264）	（5.848）	（2.238）	（0.840）	（0.085）
CFOPS	0.022	−0.091	−0.001	0.104**	0.066	−0.006
	（0.216）	（−1.171）	（−0.017）	（2.093）	（1.402）	（−0.169）
ROT	0.108	−0.074	−0.143	0.055	0.393**	0.583***
	（1.343）	（−0.453）	（−0.977）	（0.544）	（2.075）	（4.292）
OZ	0.053	−0.181	−0.135	0.107	−0.035	−0.010
	（0.704）	（−1.526）	（−1.467）	（1.493）	（−0.183）	（−0.088）
GROWTH	0.176	0.298*	0.234***	0.133	0.038	−0.120**
	（1.552）	（1.706）	（3.681）	（1.358）	（0.422）	（−2.231）
CSRI（−1）			−0.000			0.402***
			（−0.003）			（6.348）
常数	−0.179	−0.266	0.294***	−0.458***	0.032	−0.349***
	（−0.812）	（−1.076）	（2.610）	（−3.237）	（0.158）	（−3.371）
YEAR	控制	控制	控制	控制	控制	控制
R-square	0.3207	0.2579		0.3428	0.3418	
AR（2）			0.7301			0.4924
Sargan test			0.6557			0.1361

表 6-13   林业上市公司政府补助对各利益相关方贡献的回归结果（续表）

被解释变量	EMPL	EMPL	EMPL	ENVI	ENVI	ENVI
估计方法	OLS 方程 1	FE 方程 2	GMM 方程 3	OLS 方程 1	FE 方程 2	GMM 方程 3
SUB	0.242***	0.076	0.061	0.278***	0.030**	0.059***
	（3.495）	（0.727）	（0.776）	（3.938）	（2.227）	（18.826）
AGE	−0.145	−0.625	−0.182	0.190***	−0.046	−0.091**
	（−1.506）	（−1.686）	（−1.583）	（3.610）	（−0.653）	（−2.107）
ROA	0.053	−0.014	−0.004	0.086	0.037*	0.029**
	（0.678）	（−0.175）	（−0.107）	（1.535）	（1.709）	（1.964）
CASH	−0.183***	0.056	0.002	−0.098	−0.012	−0.008**
	（−2.615）	（0.796）	（0.038）	（−1.309）	（−1.184）	（−2.173）
CFOPS	−0.054	−0.051	−0.196***	0.028	0.031*	0.010***
	（−0.622）	（−0.507）	（−2.893）	（0.464）	（1.905）	（5.779）
ROT	0.130*	0.667***	0.576***	−0.341***	−0.013	0.003
	（1.751）	（3.424）	（5.443）	（−4.210）	（−0.411）	（0.291）
OZ	−0.228***	−0.129	0.080	0.077	0.021	0.022**
	（−3.496）	（−0.624）	（0.989）	（1.230）	（0.677）	（2.098）
GROWTH	0.152*	0.173**	0.136***	−0.027	0.006	−0.007
	（1.941）	（2.089）	（4.031）	（−0.396）	（0.585）	（−1.825）
CSRI（−1）			0.236***			1.010***
			（4.736）			（114.177）
常数	−0.303*	−0.525**	0.032	0.109	−0.024	0.055***
	（−1.843）	（−2.650）	（0.234）	（0.708）	（−0.570）	（4.220）
YEAR	控制	控制	控制	控制	控制	控制
R-square	0.2413	0.3721		0.3089	0.1456	
AR（2）			0.7976			0.7066
Sargan test			0.5427			0.2857

由表 6-11、表 6-12 和表 6-13 可知，在三种估计方法下，林业上市公司政府补助与环境责任高度相关，均通过了 1% 或 5% 显著性检验，林业上市公司政府补助会显著正向刺激环境责任的履行。林业上市公司获得的政府补助资金主要贡献于政府（GOVE）、社区责任（COMM）、员工

（EMPL）和环境（ENVI）的责任履行，政府补助资金越多的林业上市公司，向政府税收贡献越多且守法合规、林地和生物资产等生态环境资源持有量越大、对社区就业贡献和捐赠水平越高、员工福利待遇和工作效率越高。政府进行补助的资金并没有提高林业上市公司对投资者和债权人的责任履行情况，相反起到了显著的负向作用，即政府补助越多会导致林业上市公司收益性、成长性和资金的安全性程度越低。政府补助对林业上市公司合作伙伴和消费者责任并无显著影响，说明林业上市公司对供应商和客户贡献的收入和资金周转增长以及消费者产品市场扩大和创新水平不是政府补助资金的主要应用对象。通过描述性统计可知，国有林业上市公司获得的政府补助大于民营公司，但国有上市公司社会责任履行得分却低于民营公司（第4章的社会责任评价结果也说明了这一点，国有林业上市公司尤其在股东、伙伴和消费者等经济责任绩效方面弱于民营公司），这可能也是政府补助对总体上林业上市公司投资者和债权人、合作伙伴以及消费者责任的作用均为负向的原因。因此，林业上市公司进行政府补助的资金有效配置，应当关注企业的收益能力和成长能力，加大研发投入和产品创新，依靠消费者产品市场扩大和资金周转增长促进实现可持续发展。综上，假设 H2a 得到部分验证。

6.4.2 不同产权性质林业上市公司政府补助对企业社会责任的影响

为了检验假设 H2b，考察不同产权性质林业上市公司政府补助对社会责任履行情况的影响，采用 OLS、FE 和 GMM 回归分析法进行分组回归，再次对模型（5–25）进行回归，分析结果见表 6–14。同样，此处不是进行中介效应检验，目的是在考察全样本政府补助对企业社会责任分析结果显著的前提下，分析国有属性和民营属性子样本的政府补助对企业社会责任的具体影响效果，其他控制变量不做分析。

表6-14　分产权性质林业上市公司政府补助与社会责任回归结果

被解释变量	CSR（非国有组）			CSR（国有组）		
估计方法	OLS 方程1	FE 方程2	GMM 方程3	OLS 方程1	FE 方程2	GMM 方程3
SUB	0.016 (0.142)	0.009 (0.066)	0.093** (2.306)	0.296*** (4.413)	0.028 (0.383)	0.661 (1.378)
AGE	-0.176* (-1.846)	-0.283 (-0.731)	-0.814 (-1.287)	-0.155 (-0.882)	0.434** (2.771)	
ROA	0.466*** (4.440)	0.278*** (2.916)	-0.079 (-0.955)	0.175* (1.825)	0.091 (1.888)	
CASH	-0.037 (-0.620)	0.125 (1.702)	0.049 (0.661)	-0.335* (-1.709)	-0.042 (-0.300)	
CFOPS	0.327*** (3.980)	0.091 (1.369)	0.004 (0.052)	-0.030 (-0.519)	-0.033 (-0.899)	
ROT	0.090 (1.346)	0.451*** (3.577)	0.534** (2.449)	0.069 (0.242)	-0.489 (-1.767)	
OZ	-0.056 (-0.620)	0.034 (0.245)	0.040 (0.425)	0.148 (0.996)	0.034 (0.210)	
GROWTH	0.297*** (3.437)	0.250*** (3.260)	0.188*** (2.965)	0.221* (1.745)	0.382*** (4.283)	
CSR (-1)			0.666*** (11.883)			1.559** (2.299)
常数	-0.421** (-2.518)	-0.557* (-1.961)	-0.061 (-0.319)	-0.823** (-2.366)	-0.944*** (-4.444)	-0.081 (-0.211)
YEAR	控制	控制	控制	控制	控制	控制

由表 6-14 可知，政府补助对国有属性林业上市公司社会责任履行的影响在 OLS、FE 和 GMM 估计均显著为正向，在 OLS 估计方法下显著正相关，而在 GMM 估计方法下缺乏显著性（由于样本量小，加入控制变量后的 GMM 估计未列出）。在三种估计方法下，政府补助对非国有属性林业上市公司社会责任履行均有正向影响，且在 GMM 估计下通过了 5% 显著性检验。这一结果部分验证了假设 H2b。

在不考虑内生性问题的情况下，政府补助对国有属性公司社会责任履行"支持作用"要大于民营公司，而考虑内生性之后，政府补助对民营属性公司社会责任履行贡献要强于国有公司，总体上对国有公司的影响系数更大，作用效果也更加显著。通过描述性统计可知，国有林业上市公司政府补助大于民营公司，但国有上市公司社会责任履行得分却低于民营公司（第 4 章的社会责任评价结果也说明了这一点），这可能是在总体上政府补助与林业上市公司社会责任正相关的前提下，在不同估计方法下政府补助对不同产权属性公司作用效果矛盾的原因。国有林业上市公司获得的政府补助多，但是社会责任绩效较低，尤其是对包括股东、合作伙伴和消费者等在内的经济责任表现较差。出现这种现象的原因可能是：不同产权属性的林业上市公司政府补助会受到林业上市公司自身社会责任履行情况影响。在不考虑内生性问题时，国有林业上市公司政府补助与社会责任履行具有很强的相关性，国家干预的补助资金，与相关性分析相同，更多地流向国有上市公司，而可能不会受到国有林业上市公司社会责任绩效的高低影响；在考虑内生性前提下，民营林业上市公司政府补助与社会责任履行相关性更大，国家补贴可能会更倾向于补助社会责任履行情况较好的民营林业上市公司。但是总体上国有林业上市公司社会责任履行对政府补助的多寡更加敏感，国有企业确实承担了部分政府职能。因此，假设 H2b 全部得到验证。

6.5 林业上市公司社会责任对政府补助与投资效率的中介效应检验

（1）企业社会责任的中介效应回归分析结果

为了检验假设 H3 和假设 H4，考察林业上市公司政府补助、企业社会责任和投资效率的关系，验证林业上市公司社会责任的中介效应，对模型

（5-26）进行回归，同样分别采用普通最小二乘回归（OLS）、固定效应模型（FE）和系统广义矩估计（GMM）三种估计方法，分析结果如表6-15所示。

表6-15　林业上市公司社会责任对政府补助和投资效率中介效应的检验结果

被解释变量	NINV		NINV		NINV	
估计方法	OLS 方程 1		FE 方程 2		GMM 方程 3	
CSR	0.134	0.034	0.150	0.210	0.161**	0.233***
	（1.555）	（0.313）	（1.020）	（1.204）	（2.393）	（3.358）
SUB	−0.161***	−0.135**	−0.154	−0.193	−0.100*	−0.205***
	（−4.678）	（−2.116）	（−1.019）	（−1.293）	（−1.678）	（−3.285）
AGE		−0.092		−1.019*		−0.186
		（−0.823）		（−1.828）		（−1.032）
ROA		0.234**		0.251**		0.223***
		（2.425）		（2.512）		（3.608）
CASH		0.001		0.151		0.11
		（0.014）		（1.234）		（1.149）
CFOPS		−0.089		−0.061		0.023
		（−1.410）		（−1.019）		（0.957）
ROT		−0.02		−0.083		−0.144
		（−0.281）		（−0.310）		（−0.857）
OZ		0.137		0.24		0.254***
		（1.443）		（1.329）		（2.597）
GROWTH		−0.142*		−0.293*		−0.228**
		（−1.843）		（−1.843）		（−2.477）
NINV（−1）					0.162***	0.132***
					（4.820）	（3.118）
常数	0.519*	0.439	0.525*	−0.035	−0.231***	0.143
	（1.806）	（1.645）	（2.003）	（−0.109）	（−3.124）	（0.810）
YEAR	控制	控制	控制	控制	控制	控制
R-square	0.0923	0.1712	0.0862	0.2275		
AR（1）					0.0148	0.0049

被解释变量	NINV		NINV		NINV	
估计方法	OLS 方程 1		FE 方程 2		GMM 方程 3	
AR（2）					0.5738	0.7607
Sargan test					0.43	0.2611

①林业上市公司社会责任对投资效率的影响。

由表 6-15 可以看出，在 OLS、FE 和 GMM 三种方法下，方程 1、方程 2 和方程 3 显示林业上市公司社会责任履行对投资效率的影响系数分别为 0.034、0.210 和 0.233，但是在 OLS 和 FE 回归方法下并不显著，说明在外生性和考虑部分内生性视角下林业上市公司社会责任履行与投资效率并不相关；在采用 GMM 回归分析方法下通过了 1% 显著性检验，说明林业上市公司社会责任履行并不能对当期投资效率发挥积极影响。这一结论部分验证了假设 H3。

②林业上市公司社会责任对政府补助和投资效率的中介效应检验。

进一步地，按照温忠麟（2014）提出的中介效应检验法，对以企业社会责任（CSR）为中介变量的估计结果进行检验：对模型（5-24）、模型（5-25）和模型（5-26）分别进行回归的结果综合分析，由表 6-7、表 6-10 和表 6-15 可知，在 OLS 估计方法下政府补助和林业上市公司投资效率的系数均通过显著性检验，意味着可能存在部分中介效应。从数值上看，模型（5-24）回归结果显示政府补助对林业上市公司非效率投资的总效应显著为负（系数为 -0.126），模型（5-25）显示政府补助对林业上市公司社会责任履行有显著正向推动效应（系数为 0.251），模型（5-26）显示政府补助对林业上市公司非效率投资的效应依然显著为负（系数为 -0.135），a 和 b 异号，这意味着加入社会责任后政府补助的影响效应得到一定程度的加强。林业上市公司社会责任履行对非效率投资有正向影响（系数为 0.034），但是并不显著，因此，政府补助并不能通过林业上市公司承担和履行社会责任促进投资效率的提升，存在一定的"遮掩效应"。

采用 GMM 估计方法，由表 6-7、表 6-10 和表 6-15 可知，政府补助和林业上市公司投资效率的系数均通过显著性检验，同样意味着可能存在部分中介效应。从数值上看，模型（5-24）回归结果显示政府补助

对林业上市公司非效率投资的总效应显著为负（系数为 −0.145），模型（5−25）显示政府补助对林业上市公司社会责任履行有显著正向推动效应（系数为 0.200），模型（5−26）显示林业上市公司社会责任履行对非效率投资有显著正向影响（系数为 0.233），政府补助对林业上市公司非效率投资的效应依然显著为负（系数为 −0.205），a 和 b 异号，这意味着加入社会责任后政府补助的影响效应得到一定程度的加强。参考温忠麟（2014）的研究，如果系数 a 和 b 有一方不显著，应当用 Bootstrap 法代替 Sobel 法计算系数乘积 ab 的置信区间，由于在 GMM 估计方法下均显著，所以不需要运用 Bootstrap 检验 ab 的显著性，部分中介效应的效应量应当等于 $|ab/c'|$ 的值，等于 $|0.200*0.233/（−0.205）|=0.227$。可以看出，林业上市公司政府补助通过履行社会责任的正向中介效应反而加剧了非效率投资，存在一定的"遮掩效应"。与外生性视角下的估计结果相类似，政府补助对林业上市公司社会责任的影响是积极的，政府补助通过社会责任履行对投资效率却具有显著负向间接效应，即政府补助除了直接对投资效率有正向促进作用，还间接通过提升林业上市公司社会责任绩效，造成投资无效率现象。可见政府补助不会降低林业上市公司社会绩效，但是会通过社会责任这一路径间接引发投资不足或者投资过度等非效率投资问题。在当前政府干预和支持林业上市公司的背景下，政府增加补助依然不能提高林业上市公司社会责任履行对当期投资效率的作用效果，快速发挥其缓解信息不对称和解决委托代理问题的治理机制进行抑制非效率投资。

这一现象的产生可能有以下原因。第一，我国现阶段政治、文化和经济等外在宏观条件的特殊性，林业上市公司在资本市场和经济社会中，由于与生态环境有关的而具有特殊的经济性质和经济地位，所以需要承担和履行更多的生态环境责任或者道义上的责任，社会责任绩效水平上升无法使其投资支出有效，其正向作用机制失效，但是林业上市公司还必须继续承担包括环境责任在内的更多的社会责任，实现利益相关者的满足[108]。第二，政府补助通过林业上市公司社会责任的正向中介作用对投资效率的积极影响，短时间内难以体现，可能存在一定的滞后性或延迟性。增加 CSR 投入必然要增加成本支出，在这一阶段 CSR 的投入回报尚未体现出来。但是长期来看，企业积极履行社会责任必然会提升信任、增强合作、获得稀缺的资本和资源、赢得声誉效应，有利于企业的长期可持续发展。林业上市公司社会责任履行对投资效率的促进作用需要依靠政府补助的外力干预和介入才能够发挥其应有的效应，平衡各个利益相关者利益冲突，尤其缓解对环境责任的资金不足，进而促进包括生物资产在内的长期投资支出的有效性。在这一过程中，对各个林业上市公司补贴金额和数量、补贴对象以及补贴资金的用途需要合理的优化配置，投资效率的提升需要改变过去单纯依靠高投入高产出的增长模式，更多地依靠人力资源和科技进步的增长。综上，假设 H4 没有通过验证。

（2）滞后期企业社会责任对投资效率的影响

按照温忠麟（2014）的检验步骤，最后如果政府补助对投资效率的直接效应显著，也不排除存在其他中介变量的可能性，Zhao 等人（2010）建议在讨论部分对这种可能性或者原因予以说明。通过中介效应检验结果可知，在三种估计方法下林业上市公司当期社会责任履行对投资效率的影响均为负向，在 GMM 方法下显著，为了进一步检验假设 H3，探讨林业上市公司社会责任对投资效率的长期影响，解释上述"遮掩效应"产生的原因，构建模型（6-1）：

$$\text{NINV}_{i,\ t}=\beta_0+\beta_1\text{CSR}_{i,\ t\text{-}1}+\beta_2\text{CSR}_{i,\ t\text{-}2}+\sum\beta_jZ_{i,\ t}+\varepsilon_{i,\ t} \tag{6-1}$$

其中 $\text{NINV}_{i,\ t}$ 为非效率投资，$\text{CSR}_{i,\ t\text{-}1}$ 和 $\text{CSR}_{i,\ t\text{-}2}$ 为滞后两期值，其他控制变量同上。采用三种估计方法，对模型（6-1）进行估计，分析滞后期社会责任对投资效率的影响，取企业社会责任变量滞后两期值。结果如表 6-16 所示。

表 6-16 林业上市公司 CSR 与非效率投资的跨期作用

被解释变量	NINV		NINV		NINV	
估计方法	OLS 方程 1		FE 方程 2		GMM 方程 3	
CSR1（−1）	0.153	（1.214）	0.255	（1.699）	0.314***	（3.260）
CSR1（−2）	−0.114	（−1.400）	−0.106	（−1.512）	−0.156	（−1.577）
AGE	0.068	（0.718）	0.051	（0.076）	0.271	（1.592）
ROA	0.124	（1.590）	0.098	（1.060）	0.006	（0.107）
CASH	0.042	（0.621）	0.099	（0.780）	0.095	（0.889）
CFOPS	−0.082	（−1.135）	−0.079**	（−2.456）	−0.103***	（−3.129）

被解释变量	NINV		NINV		NINV	
估计方法	OLS 方程 1		FE 方程 2		GMM 方程 3	
ROT	0.102*	（1.920）	−0.157	（−0.751）	−0.167	（−1.462）
OZ	0.107	（1.027）	0.294*	（1.750）	0.201	（1.638）
GROWTH	−0.091	（−1.313）	−0.086	（−0.873）	−0.025	（−0.264）
NINV（−1）					0.101**	（2.743）
常数	0.034	（0.173）	−0.237	（−0.567）	−0.343**	（−2.283）
YEAR	控制		控制		控制	
R-square	0.1115		0.1325			
AR（1）					0.0162	
AR（2）					0.6339	
Sargan test					0.6997	

　　表 6-16 中，在三种估计方法下，林业上市公司滞后一期社会责任履行对非效率投资的影响依然是正向的，在 GMM 估计方法下显著，滞后两期均为负向作用，但是均缺乏显著性。林业上市公司社会责任对投资效率的跨期作用在滞后一期仍然是显著相降低的作用，正如学者们对于二者关系不一致的研究结论，林业上市公司当期承担社会责任不能立竿见影地提高投资绩效，对于有效减少和缓解各个利益相关方代理冲突和缓解信息不对称，在滞后两期才体现出来但是并不显著。说明林业上市公司社会责任的履行对未来投资效率的促进作用具备一定的长期性，随时间的增加而逐步积累、体现出来。林业行业社会责任与社区公共利益的方向长期来看是趋同的，注重生态责任和社会责任有利于提升社会公众的福利，同时也对林业上市公司本身投资效率的提升起到积极的促进作用 [21]。相对于发达国家，中国市场经济尚处于发展的阶段，随着政府对生态建设的持续重视，林业行业强调社会责任的承担也是刚刚起步，但是从短期来看，CSR 对企业的投资效率还不具有直接的促进作用，但这并不影响企业社会责任的跨期作用的缓释性、延迟性和长期性的预期 [2]。包括政府在内的各利益相关者应更多地将资源投资于社会责任履行较好的林业上市公司，帮助企业实现投入产出效率的提升，同时这种投资绩效的提高也使利益相关者得到风

险对价的保障，因为长期来看这是一种良性的循环。至此，假设 H3 得到全部验证。

6.6 对资源配置效率的进一步探讨

本研究的是林业上市公司的投资效率问题，投资活动不仅包括投资支出的有效性，还包括广义的资源配置效率，即全要素投入产出效率。

因此，为了检验林业上市公司政府补助、企业社会责任对资源配置效率的影响机制是否与二者对非效率投资的影响相同，构建模型（6-2）、模型（6-3）和模型（6-4），进行进一步探讨：

$$\text{TFP}_{i,\,t}=\beta_0+c\text{SUB}_{i,\,t}+\sum\beta_j Z_{i,\,t}+\varepsilon_{i,\,t} \qquad （6-2）$$

$$\text{CSR}_{i,\,t}=\beta_0+a\text{SUB}_{i,\,t}+\sum\beta_j Z_{i,\,t}+\varepsilon_{i,\,t} \qquad （6-3）$$

$$\text{TFP}_{i,\,t}=\beta_0+b\text{CSR}_{i,\,t}+c\text{SUB}_{i,\,t}+\sum\beta_j Z_{i,\,t}+\varepsilon_{i,\,t} \qquad （6-4）$$

其中，$\text{TFP}_{i,\,t}$ 表示第 i 家林业上市公司第 t 年的资源配置效率。本部分以在第 4 章林业上市公司投资效率测度中，计算的林业上市公司全要素生产效率（TFP）作为资源配置效率的替代变量，其值越大表示林业上市公司资源配置效率越高。政府补助（SUB）和企业社会责任（CSR）同上。控制变量选取成长能力（GROWTH）、公司规模（SIZE）、资本结构（LEV）和上市年限（AGE）。变量相关性分析如表 6-17 所示，可见相关系数绝对值均在 0.5 以下，不存在严重的共线性问题。按中介效应顺序依次进行检验，回归检验结果如表 6-18 所示。

表 6-17　变量相关性分析

	TFP	SUB	CSR	GROWTH	SIZE	LEV	AGE
TFP	1.000						
SUB	0.233***	1.000					
CSR	0.456***	0.208***	1.000				
GROWTH	0.200***	−0.057	0.409***	1.000			
SIZE	0.355***	0.668***	0.296***	0.035	1.000		
LEV	0.065	0.478***	−0.021	−0.140*	0.633***	1	
AGE	0.029	0.250***	−0.090	−0.122	0.374***	0.285***	1

表 6-18　林业上市公司企业社会责任对政府补助与资源配置效率的中介效应检验结果

被解释变量	TFP			CSR			TFP		
估计方法	OLS 方程 1	FE 方程 2	GMM 方程 3	OLS 方程 4	FE 方程 5	GMM 方程 6	OLS 方程 7	FE 方程 8	GMM 方程 9
CSR							0.048***	0.031*	0.024*
							(3.979)	(1.856)	(1.741)
SUB	0.036**	0.034**	0.039***	0.098*	0.039	0.182**	0.032**	0.030**	0.041***
	(2.477)	(2.173)	(4.294)	(1.945)	(1.489)	(2.453)	(2.135)	(2.041)	(3.732)
GROWTH	0.019*	0.015	0.027***	0.399***	0.415***	0.318***	-0.001	-0.003	0.020
	(1.911)	(1.384)	(3.908)	(6.464)	(9.354)	(12.934)	(-0.063)	(-0.217)	(1.610)
SIZE	0.062***	0.014	0.007	0.383***	0.077	0.407**	0.043**	0.017	-0.001
	(3.278)	(0.270)	(0.268)	(4.634)	(0.338)	(2.466)	(2.408)	(0.356)	(-0.040)
LEV	-0.024*	-0.049	-0.010	-0.187**	-0.096	0.006	-0.015	-0.045	-0.009
	(-1.706)	(-1.601)	(-0.422)	(-2.192)	(-0.871)	(0.061)	(-1.162)	(-1.514)	(-0.389)
AGE	-0.018*	0.149**	-0.024	-0.249***	-0.258	-0.231	-0.006	0.159**	-0.028
	(-1.834)	(2.209)	(-0.909)	(-3.721)	(-0.716)	(-1.522)	(-0.656)	(2.612)	(-1.063)
TFP (-1)			0.181**						0.202***
			(2.136)						(2.581)
CSR (-1)						0.338***			
						(3.968)			
常数	-0.017	0.073	0.023	-0.339***	-0.476***	-0.101	0.002	-0.006	-0.012
	(-0.776)	(1.692)	(0.966)	(-2.743)	(-2.766)	(-1.141)	(0.073)	(-0.315)	(-0.751)
YEAR	控制	控制	控制	控制	控制	控制	控制	控制	控制
R-square	0.2271	0.1848		0.504	0.6436		0.2917	0.1509	
AR (1)			0.0005			0.0015			0.0004
AR (2)			0.4318			0.3174			0.6565
Sargan test			0.5953			0.2764			0.7139

由表 6-18 回归分析结果可以看出，林业上市公司政府补助与资源配置效率在三种回归方法下均显著正相关，只是显著性有所区别。说明林业上市公司获得的政府补助不仅可以促进资源配置效率提升，对投入的长期资本、短期资本、营运资本和人力资本的产出效率优化配置；在替换控制变量后，在 OLS 和 GMM 回归方法下政府补助依然均能够发挥对林业上市公司社会责任履行的积极作用，助力林业上市公司利益相关者贡献。

中介效应检验结果显示，加入中介变量企业社会责任之后，企业社会责任显著正向影响林业上市公司资源配置效率，说明林业上市公司企业社会责任承担显著促进了当期资源配置效率，提升了全要素投入产出效率。政府补助和依然显著正向影响资源配置效率，同样意味着可能存在部分中介效应。

在 OLS 回归方法下，方程 1 显示政府补助对林业上市公司资源配置效率的总效应显著为正（系数为 0.036），方程 4 显示政府补助对林业上市公司社会责任履行有显著正向推动效应（系数为 0.039），方程 7 显示林业上市公司社会责任履行对资源配置效率有显著正向影响（系数为 0.048），政府补助对林业上市公司资源配置效率的效应依然显著为正（系数为 0.032），部分中介效应的效应量应当等于 $|ab/c'|$ 的值，等于 $|0.039*0.048/0.032|=0.059$。

在 GMM 回归方法下，方程 3 显示政府补助对林业上市公司资源配置效率的总效应显著为正（系数为 0.039），方程 6 显示政府补助对林业上市公司社会责任履行有显著正向推动效应（系数为 0.182），方程 9 显示林业上市公司社会责任履行对资源配置效率有显著正向影响（系数为 0.024），政府补助对林业上市公司资源配置效率的效应依然显著为正（系数为 0.041），部分中介效应的效应量应当等于 $|ab/c'|$ 的值，等于 $|0.182*0.024/0.041|=0.107$。

说明林业上市公司政府补助的资源补给效果优化了企业社会责任履行对资源配置效率的促进作用，在政府补助作用受限的情况下，企业社会责任履行对政府补助影响林业上市公司资源配置效率发挥部分中介效应。这一结论进一步验证了本研究的主要研究假设。

此外从控制变量来看，林业上市公司规模正向影响资源配置效率和企业社会责任履行，规模大的企业拥有更充足的资源，一般愿意承担更多的社会责任[20]，说明林业上市公司规模越大，企业社会责任履行也越好。意味着受到规模效应影响，林业上市公司总体处于规模递增阶段，随着规模的扩大，公司投入产出效率水平会有所上升。成长能力对非效率投资影响为负，但对资源配置效率影响为正，说明林业上市公司收入的增长能够带动投入产出效率，但是不会优化投资支出决策和投资行为。

资本结构负向影响林业上市公司资源配置效率和企业社会责任履行，说明林业上市公司目前的资本结构会产生投入产出效率下降。资本结构中负债率越高，越容易产生低效率投资。中国林业上市公司资产负债率平均为 46.2%，处于较低水平，但还是抑制了林业上市公司投入产出效率，目前的负债结构对履行和承担更多的社会责任也造成了约束。上市时间越长的林业上市公司反而资源配置效率越低下，越不愿意履行社会责任。

6.7 稳健性检验

为了使本研究的结果更具有说服力，重新对政府补助进行度量，采用政府补助与公司营业收入之比替换原有变量。参考王克敏等（2017）、钟马和徐光华（2017）以及李刚（2017）的研究，对投资效率采用 Biddle 等（2009）非效率投资残差模型进行重新计算[165]，如模型（6-5）所示。

$$Inv_{i,\,t} = \beta_0 + \beta_1 GROWTH_{i,\,t} + \sum Industry + \sum Year + \varepsilon_{i,\,t} \qquad (6\text{-}5)$$

其中 $Inv_{i,\,t}$ 为新增投资总额，其定义为（购建固定资产、无形资产和其他长期资产支付的现金 – 处置固定资产、无形资产和其他长期资产收回的现金净额）/ 总资产；$GROWTH_{i,\,t}$ 为第 t 年营业收入增长率，进行分年分行业回归所得残差项绝对值衡量林业上市公司投资效率。回归分析结果的残差 $NINV_{i,\,t}$ 代表非效率投资，取绝对之后该值越大，投资效率越低。同样采用 OLS、FE 和 GMM 三种方法对模型（5-24）、模型（5-25）和（5-26）重新进行回归。控制变量选取营业收入增长率（INCOME）、自由现金流量（FREE）、公司规模（SIZE）、资产负债率（LEV）和上市年限（AGE）。结果如表 6-19 所示。

表6-19 林业上市公司社会责任对政府补助和非效率投资中介效应稳健性检验

被解释变量 估计方法	NINV OLS方程1	FE 方程2	NINV GMM方程3	CSR OLS方程4	CSR FE方程5	CSR GMM方程6	NINV OLS方程7	NINV FE方程8	NINV GMM方程9
CSR							0.038	0.280	0.126
							(0.342)	(1.584)	(1.432)
SUB/YYSR	-0.148**	-0.113**	-0.144***	0.100**	0.081*	0.071*	-0.112	-0.063	-0.143***
	(-2.388)	(-2.247)	(-4.034)	(2.500)	(2.008)	(1.963)	(-1.564)	(-0.738)	(-4.017)
GROWTH	-0.039	-0.155*	-0.147***	0.372***	0.417***	0.315***	-0.053	-0.271**	-0.187***
	(-0.536)	(-1.797)	(-3.749)	(7.324)	(10.603)	(11.596)	(-0.726)	(-2.203)	(-4.081)
FREE	0.145*	0.107	0.094	0.330***	0.147**	-0.051	0.132*	0.066	0.100
	(1.835)	(1.430)	(1.351)	(4.518)	(2.423)	(-0.804)	(1.789)	(1.055)	(1.424)
SIZE	-0.037	-0.133	0.878***	0.423***	0.201*	0.299*	-0.053	-0.133	0.897***
	(-0.411)	(-0.387)	(5.640)	(5.530)	(1.792)	(1.922)	(-0.553)	(-0.388)	(5.341)
LEV	0.087	-0.048	-0.303***	-0.157*	-0.074	0.014	0.093	-0.027	-0.282***
	(-0.951)	(-0.363)	(-3.580)	(-1.973)	(-0.690)	(0.16)	(1.039)	(-0.199)	(-3.196)
AGE	-0.195	-0.762	0.089	-0.238***	-0.377	-0.375***	-0.185	-0.657	0.063
	(-1.651)	(-1.202)	(0.434)	(-3.848)	(-1.220)	(-2.854)	(-1.588)	(-1.092)	(0.307)
NINV (-1)			0.225***						0.221***
			(3.049)						(2.974)
CSR (-1)						0.315***			
						(3.327)			
常数	0.386	0.032	0.031	-0.230**	-0.483***	-0.066	0.395	0.167	0.058
	(1.384)	(0.078)	(0.214)	(-2.057)	(-3.217)	(-0.717)	(1.41)	(0.429)	(0.297)
YEAR	控制	控制	控制	控制	控制	控制	控制	控制	控制
R-square	0.1397	0.1944		0.5923	0.6626		0.1214	0.1746	
AR (1)			0.0067			0.0009			0.0063
AR (2)			0.2112			0.2776			0.2338
Sargan test			0.4615			0.1535			0.4261

从表 6-19 稳健性检验的实证效果来看，主要解释变量的系数没有出现作用方向的变化，只是在显著性方面有些许变化，比如林业上市公司社会责任对非效率投资的正向影响，在 OLS、FE 和 GMM 三种估计方法下检验结果均不显著，显著性的降低可能是由于本研究的样本量偏少的缘故，但并没有出现与前文中相悖的研究结论，故认为本研究的研究结论是稳健的 [60]。

6.8 本章小结

本章是林业上市公司政府补助、社会责任与投资效率关系的实证检验部分，依据前文研究假设、变量设计和模型构建，本章在对模型进行面板数据的单位根检验和协整检验的基础上，按照中介效应顺序依次进行检验。采用混合多元回归估计模型（OLS）、面板固定效应估计模型（FE）、系统广义矩估计模型（Sys-GMM）三种估计方法进行对比列示检验。林业上市公司政府补助对非效率投资具有显著抑制作用，不仅能缓解投资不足，且不会产生投资过度，国有公司作用显著大于非国有公司；政府补助对企业社会责任也发挥了积极作用，主要贡献于对政府、社区、员工和环境责任的履行，具有明显的"社会效果导向"，国有公司更加敏感；加入企业社会责任中介变量后，当期企业社会责任显著正向影响非效率投资，而政府补助依然可以显著抑制非效率投资，表现为"遮掩效应"，分析原因发现企业社会责任滞后期可以对非效率投资产生负向影响；进一步探讨发现，企业社会责任对政府补助和资源配置效率发挥了部分中介效应。本章的研究结论为优化政府补助资源配置效率、林业上市公司社会责任承担以及投资效率的改善对策和建议提供了理论依据。

7. 基于政府补助和社会责任的林业上市 公司投资效率提升策略

7.1 建立和完善政府补助驱动机制

本研究的实证研究证实，政府补助可促进林业上市公司经济和社会效果实现，为进一步完善林业上市公司政府补助的效果，分别从事前、事中和事后几个方面提出政策建议。

7.1.1 维持并加大政府补助的力度

7.1.1.1 优化政府补助资金的配置

在一些特定行业会由于财税扶持力度不够而导致政府补助的效果有限 [17]。实证分析发现，林业上市公司总体上政府补助力度大，但社会责任履行总体情况较差，政府补助的资源配置更多地倾向于林业上市公司政府、社会公益、员工以及环境等社会效益，而忽略对股东和债权人、伙伴以及消费者责任的贡献。而且林业上市公司投资效率仍然存在较大的提升空间。因此，在政府补助资金发放时，政府应当充分用好政府补助资金，应当合理进行补助资金的优化配置，并给予有需要的企业更多的政府补助，引导林业上市公司承担更多的企业社会责任，推动行业的健康可持续发展。

在补助对象上，不同上市公司投资效率差异较大，因此在确定政府补助对象和规模时要合理配置并格外慎重。在提供补贴前，就补助的对象和金额方面，应该对企业的情况进行深入了解，从林业上市公司的实际情况出发，充分考虑公司投资机会，结合企业微观特征的差异、内控制量、创新能力、公司的发展前景、成长性和财务状况等各方面综合情况进行补助。而不能单一地以企业是否为国有属性、政府关系的密切程度或者企业规模大小作为判定标准。并拉低政府补助的门槛，使更多的林业上市公司获得公平的补助待遇。对本身就存在过度投资的林业上市公司，慎重发放政府补贴，或者严格限制补贴用途。鉴于上市年限长、收益质量好和成长能力强的林业上市公司对于政府补贴的使用效率相对较高，因此在其他条件相同时，决策当局应向这样的公司适当倾斜，结合政府扶持政策的正确引导，帮助这类企业生产经营顺利进行，使政府"帮助之手"的作用更充分地发挥[76]。

不同上市公司社会责任履行情况不同，顺应我国新时期经济转型的总体趋势，对具有正外部性或产生良好生态环境效益的林业上市公司，积极参与社会公益活动、研发创新投入多、低污染排放等积极践行社会责任的于林业上市公司，政府应当加大扶持的力度。反之，对于污染排放不达标、低附加值的林业上市公司，减少甚至停止补贴资金，使政府财政扶持和补贴政策有效性得到真正充分的发挥。

7.1.1.2 建立一套完善的政府补助申请机制

在上述介绍林业上市公司主要的四类政府补助中，林业专项资金补贴和行业扶持补贴标准固定统一，而科研专项、创新奖励等项目补贴相对灵活，根据具体技术项目、研究项目发放，具有一定的针对性。固定统一的标准也常常暴露出一些问题，比如恶意骗取补贴的事件，我国每年都会有骗取林业补贴资金事件爆出，巨达公司骗取 150 万元国家林业贷款中央财政贴息资金，龙头企业河南程平林业公司假林权证骗取资金，等等。近年来证监会经常会将上市公司募集资金使用不当的情况给予通告。林业上市公司政府补助的受助企业受助金额参差不齐，差距也十分明显。目前，我国政府在发放补助时，大部分政府补助的审批和发放并不是特别严格的，政府也没有专门的监督机构来进行监管，使审批流程流于形式[26]。一些企业在没有明确补助的合理使用方案和用途之前，即可轻易地获。导致补助资金并没有得到有效利用，项目申请形同虚设、设备购置后出现闲置，很多财政补助款也同样没有落到实处。因此，降低政府补助过程中的信息不对称和风险成本，政府在发放补助时，建立完整和规范的申请机制，科学合理分配补助资金，是亟须考虑和解决的。

在补助申请阶段，企业在申请书中详细阐述原因、使用方案设计、获补后的经营目的等，然后提交相关政府部门审核。这就需要相关政府部门组建一支具有专业素养、具有丰富经验以及专业能力的人才队伍。政府应该建立多个层级的企业评价审查机制，政府在补助进行审核和发放时既要有政府技术部门的参与，同时也让第三方的鉴定机构参与这个过程中，这样政府补助在发放时会更加科学而且发放权不在某个部门手中，同时使得政府补助的内容更加细化以及标准，这样补助发放给企业时才能做到有法可依以及有据可循，在申请机制和实际考核双重标准下，确定补助的发放。

7.1.1.3 分产权性质政府补助的调整

本研究定量分析证实，国家对国有林业上市公司的补助力度远大于非国有属性公司，但国有林业上市公司社会责任履行总体上相较非国有公司较差，国有公司在生态环境责任方面负有主要义务，在上缴国家利税方面贡献程度大，其相对较低的社会责任绩效主要是由于经济方面的责任造成的。在实证分析中也证实国有公司获得政府补助后，对投资效率和对企业社会责任履行的正向作用均比非国有公司显著。因此，国家除了应当总体上继续加大对林业上市公司的补助，还应当分产权属性进行有所侧重并调整补助，以激励其履行更多更全面的社会责任，并提升整个行业的投资效率。政府应当明确不同产权性质对政府补贴效果的不同作用，并针对国有和非国有林业上市公司制定不同的综合性补贴方案，进而增加财政补贴效果。对不同产权性质林业上市公司提供补助时，政府应以社会资本的最优配置为出发点，不应有所偏重，不仅要考虑社会效益，也要兼顾经济效益。

一方面，针对国有林业上市公司，在维持原补助力度的前提下，保证一定的生态环境责任和国家贡献稳定，对补助方案进行调整，将补助资金的使用方向也投入于企业的研发创新和增加盈利能力的方面，刺激国有林业上市公司从根本上提升经营能力和投入产出最大化。政府可以通过增加对国有林业上市公司的财政贴息，增加生产流程革新和投资高盈利能力的项目的贴息力度。在国有林业上市公司贷款时，政府可以以直接拨付利息给企业或者向贷款银行拨付，为国有林业上市公司负担利息的补贴方式，而不是笼统地直接采用财政拨款且不规定使用用途，刺激国有林业上市公司进行生产研发能力的创新。对高额的前期费用投入，政府可采用增加政府对国有林业上市公司的政府采购等间接的其他非补贴方式予以弥补。

另一方面，针对非国有林业上市公司，在维持非国有公司经济方面和社会公益方面的责任履行的前提下，应当加大对生态环境责任和政府利税贡献的激励力度，在生态环境责任的投资方面，国家应当进一步深化非国有公司营林造林的鼓励政策，对响应国家产业政策实施"林板一体化"或"林纸一体化"的非国有公司，加大政府补助的力度，促进非国有公司更加全面的社会贡献，同时提升投入产出效率。在鼓励非国有林业上市公司营林造林方面，在政府补贴、贴息贷款和税收优惠以及物资供应等方面给予林业发展更多的优惠政策，减少间接支持政策的中间盘剥，直接注入政府补助增加林业上市公司的生物资产项目所需资金；我国应借鉴国外成功的经验，增加国家对恢复和发展森林资源的资金投入，进一步完善国家育林基金制度，取之于林用之于林，将从企业林业深加工产品收益中取得的税收等资金还之于林。此外，从实证分析来看，政府补助对非国有公司社会责任履行和投资效率同样发挥正向作用，而且林业上市公司中非国有属性所占比例大，在地方经济发展中发挥着重要的作用。因此，政府应当破除所有制限制、上市板块等壁垒，考虑向非国有林业上市公司适当倾斜，适当降低补助的门槛和放宽补助的条件。

7.1.2 提升政府补助的使用效率

林业上市公司近年来获得大额财政扶持，在取得这些补贴资金之后，企业必须竭力提升资金利用率，积极履行社会责任，树立企业的正面形象并提升投资效率 [147]。

首先，林业上市公司未来发展必须充分考虑财政补贴这个重要因素。最近几年，财政补贴对其健康发展发挥了重要作用。林业上市公司应该时刻关注政府对林业公司补助的新政策，尽可能多地获得补助，以此来取得弥补自身生产运营的资金。然而，对于一个企业而言，不可单纯依赖财政补助来维持，必须加快速度挖掘有利于自身发展或创新的路径，推动企业的快速发展 [179]。

其次，应该对政府补助有一个正确的认识，政府补助林业上市公司的目的多是基于林业基础型产业投资特点和拥有森林资源的生态效益，政府希望林业上市公司获得政府补助后履行更多的社会责任，并提升其长期的投入产出效率，而非短期绩效的改善 [94]。林业上市公司应当合理利用政府补助于林业上市公司社会责任投资。林业上市公司要加强与政府和银行等部门的沟通与联系，积极履行全面的社会责任，并在政府和社会公众面前树立良好的形象，争取获得后续的资金支持。

第三，林业上市公司应当继续保持政府补助对投资效率的正效应，在努力争取获得政府补助的同时，更要进一步科学合理地利用政府补助提供的资金，实施科学的投资决策。要将有限的自由现金用在可以实现林业上市公司战略发展目标的项目中，同时结合企业实际经营情况、财务情况和外界环境进行科学调整，以此来提升企业资金利用率。其一，要避免投资过度。林业上市公司要全面衡量投资项目与外界环境的合理性，建立科学高效的投资管理机制，合理运用各项财政补助。其二，政府所下拨的各项补助均应明确实际用途，企业对此必须严格遵守，不可另做他用。确保政府补贴政策落到实处，切实保障政府补助资金满足真正的资金需求，真正地缓解企业的资金不足问题，并真正促进企业的长久发展。其三，企业必须不断强化自身内控机制建设，全面发挥出内控的重要作用，由自身入手对财政补助的申请以及利用进行严格监督与管理。在财政补贴资金使用过程中，公司必须遵循相关政策制度，切不可为获取财政补助而对自身财务信息进行人为操纵，必须确保各项申请材料的准确性，不可弄虚作假。

7.1.3 加强对政府补助资金使用的监督

由于信息不对称的存在，政府补助资金难以实现最优配置。除了事前加大政府补助的力度和事中提升政府补助的使用效率，在林业上市公司接受政府补助后，还要进行严格的后续监督和披露。

首先，建立合理的补助效果反馈考察机制。政府在发放补助后，经常处于一种"无人监管、无人考核"的真空状态，导致因为得到充分的重视而影响政府补助的高效运用。因此，政府应在企业申领补助以后，将其列示在政府工作信息目录中予以公示补助信息，接受社会公众各方面的监督，增加透明度；建立政府补助档案明细，对所有获得补贴企业的资金用途和效果进行记录，按照企业提交的申请使用方案定期监督和审查；建立监督惩罚机制，让惩罚与鼓励机制双轨并行；对资金实际利用过程以及取得的成效按时进行披露，确保各项经济活动得到社会各界的严格监管。只有通过严格的补助使用反馈管理体制，企业才会更加珍惜获得的政府补助，反过来倒逼企业合理高效地使用补助资金，才能加大对林业上市公司承担社会责任的推动力，真正做到从始至终切实真正地监督企业投资项目，促进稀缺资源合理科学的分配和形成良性循环。

其次，完善企业会计准则对政府补助的披露。如前所述，会计准则对政府补助列报做了规定，但在对政府补助的类型与金额进行公开时，尚未出台相应的实施细则，从而造成一些上市企业实际披露环节模糊不清的情况。例如取得财政补助最多的晨鸣纸业只披露了补贴收入总额，对所取得的财政补贴的来源、类别以及投资项目均未公开进行披露。并且，上市企业并未就补贴对外披露的口径进行统一规定，导致无法进行有效对比。所以，完善会计准则中政府补助统一的披露规定，以此来保证对上市企业财政补贴情况进行严格管控。

7.2 积极履行企业社会责任

本研究的结论表明，从短期来看，企业社会责任的承担，可能看不出效果，甚至产生负面影响，但从长期来看，承担社会责任会产生一定的声誉以及社会资本，接下来才可以转变成相应的生产力以及市场竞争力。这一结论对于林业上市公司启示是：应当积极履行社会责任，充分发挥其在政府干预和企业效率之间的桥梁作用。

7.2.1 提升企业履行社会责任的意识

通过本研究，林业上市公司社会责任得分虽然呈上升趋势但得分较低，需要充分认识到企业社会责任的重要性，加强林业上市公司自身的社会责任意识。现如今，全球经济正逐渐朝一体化方向发展，林业上市公司必须从根本上树立起践行社会责任的意识，履行对股东和债权人、合作伙伴、消费者、政府、社区、员工和环境等各方面的利益相关者责任，摒弃企业社会责任只是公司可有可无的"附属品"的观念。这一观念的转变需要自上至下，从高管到员工融入企业的思想文化中，选拔具有社会责任价值观的高管，并建立企业社会责任战略，充分考虑利益攸关方的利益，提升企业社会责任执行至公司战略层面，实现企业社会责任实现与经营管理的有机结合[187]。

林业行业社会责任与社会公共利益的方向具有一定意义的趋同性，注重生态责任和社会责任有利于提升社会公众的福利，同时也对林业上市公司本身投资效率的提升起到积极的促进作用[21]。相对于发达国家，中国市场经济尚处于发展的阶段，随着政府对生态建设的持续重视，林业行业强调社会责任的承担也是刚刚起步，林业上市公司社会责任履行对投资效率的跨期作用具有一定的缓释性、延迟性和长期性的特点[171]。按照利益相关者理论，企业对各个利益相关者利益予以关注，并希望获得更多的资源回报。企业履行环境责任并非"无私奉献"，林业上市公司履行环境责任，希望获得经济效益和环境效益兼顾，并且实现环保投入达标和外部良好社会形象，以实现声誉效应，为公司长期的发展带来积极作用。各利益相关者应更多地将资源倾注于社会责任履行较好的林业上市公司，帮助企业实现投入产出效率的提升，同时这种投资绩效的提高也是利益相关者得到风险对价的保障，因为长期来看这是一种良性的循环。

7.2.2 制定企业社会责任实施战略

当前，社会责任履行已成为公司的软实力和社会地位的代表，林业上市公司本身具有一定的特殊性，不仅需要承担普通公司对利益相关者的各项责任，同时还必须履行生态环保的责任。因此，林业上市公司必须加强自身社会责任的履行，制定企业社会责任实施战略[180]。

管理是推进企业社会责任实现的途径，由分析、计划、执行、控制和评价各个环节构成，并配以健全的组织结构、完善的财务体系和丰富的人力资源作为保障。

企业社会责任战略管理是促进公司履行社会责任实现的一项重要途径，包括分析、计划、执行、控制以及评价等不同环节，其重要保障是完善的组织结构、丰富的人才储备、健全的财务体系。可在林业上市公司内部设立可持续发展的社会责任管理部门，专门负责社会责任事务，进行社会责任战略管理[187]。林业上市公司应当树立社会责任观念，增强社会责任意识，主动将社会责任纳入企业的战略发展和经营目标中去。在采购、生产以及营销等方面的行为均符合各项社会及道德准则，在公司生产运营以及各项经济活动之中嵌入社会责任意识。在承担自身社会责任的过程中充分考虑自身特征，对各个利益关联方的利益诉求予以兼顾和高度关注，实现林业经营社会效益、生态效益和经济效益的统一。在员工生产活动中，贯彻绿色生产和环保理念，积极研发和生产绿色产品并进行绿色营销。森林资源既是经济资源，也是环境资源，林业上市公司应注重森林资源的数量和质量，加强木材供应链的管理，进行技术创新，提高木质原材料的综合利用效率，定期发布企业社会责任报告等相关信息，增加信息透明度，实现经济利益的同时形成良好的社会环境效益。

7.2.3 加强对外社会责任信息披露

目前，林业上市公司社会责任履行的情况主要通过企业公开披露的年报、社会责任报告、企业网站以及媒体的报道信息等体现出来，外界通过这些信息了解企业仍然不够全面，具有一定的片面性，而且在绝大部分信息均不是主动进行公开的，所以对于外界来说，并未建立负责且勇于担责的优良形象。本研究样本林业上市公司有近一半企业没有进行企业社会责任报告或环境报告。本研究表明，企业社会责任履行本身具有丰富的信息含量，对当期资源配置效率提升和以后期非效率投资起到抑制作用。对于已经践诺社会责任的林业上市公司，更应当积极主动披露，这种信息公开性越大，披露越及时，就会越快地发挥信号传递作用，也就越能尽快提升投资效率，对企业价值提升起到关键作用。林业上市公司社会责任信息披露这一非财务信息，能够配合高质量的财务信息，对投资效率提升起到异曲同工之效。因此，林业上市公司应当主动向外界打开绿色信息披露平台，主动宣传公司绿色理念，加强信息披露制度建设。林业上市公司要建立科学高效的信息披露机制以及具有较强独立性的信息披露监管部门，对公司各项财务和非财务社会责任有关的信息及时予以披露，有效提升披露效率的同时降低自身违规风险和成本。在 2019 年我国开始对于上市公司强制披露其 ESG 信息的背景之下，林业上市公司更应当积极主动地加强社会责任信息披露建设[166]。

7.2.4 政府法制体系的完善

除了政府提供直接补助资本支持，还应该从以下几方面入手，促进林业上市公司社会责任承担。

首先，应当加快中国社会责任法律体系的建设，加强政府的管制，结合中国的国情，出台奖惩机制，为各林业行业企业社会责任的履行提供法

律保障。政府对企业社会责任的行为负有引导和监管的责任。政府应加大
对企业社会责任的宣传，对于企业必须履行的义务以强制性的法律形式予
以规范，而道义上的社会责任则采取授权型规范的形式予以明确。不能完
全寄希望于企业的自觉行为来履行林业企业的社会责任。除了上述通过财
政补贴、财政转移支付等多种渠道，给予林业产业投资方面更多的优惠和
照顾性政策，基于企业社会责任履行所具有的滞后性特征，政府应充分衡
量公司对不同利益相关者承担社会责任的滞后期，并以此为依据出台相应
的税收优惠政策（如延期纳税）[95]。此外，政府应加大对生态责任的监管
力度。环境监督体系的全员参与，信息反馈机制的完善，以及不承担生态
责任的处罚，都将增加其违法成本。特别是针对林业上市公司而言，履行
社会责任的关键是必须通过法律、法规的制定来遏制非法采伐。所以，在
木材采伐领域，森林资源管理体系的完善和建设应当加快，防止以生环境
破坏为代价的乱砍滥伐；在木材交易领域，为保证合法来源的木材才能进
入市场，相应的监管体系要予以完善[83]。

　　其次，应加快创建以政府为主体的具有较高权威性的社会责任信息披
露评级体系。政府需出台相应的奖惩机制来促使林业公司主动承担自身社
会责任，同时建立具有公认度的社会责任指标评估机制，引导公司主动承
担社会责任[40]。并将环境评估的有关指标归纳至评估机制内，按时对所辖
区域的公司展开考核，对考核不通过的公司约谈，要求限期整改，无法完
成整改任务的公司处以经济惩罚，对考核结果优良的公司则需进行额外奖
励。目前上市公司社会责任披露并没有相应的法律和规范，我国应当继续
深化企业社会责任信息披露，建立完善的社会责任评估机制，需借鉴已经
建立完善披露机制的西方国家的成功经验，大力促进第三方评级机构参与
评估，并由政府牵头创建 CSR 评级机制，以此来切实提高 CSR 披露的权
威性，促使各大公司主动履责。

　　第三，政府应加强企业履行社会责任的宣传。在企业、消费者和社会
公众对企业社会责任认知并不高的情况下，政府部门应当大力宣传社会责
任的含义及其对社会经济发展的重要作用。根据前述分析，企业社会责任
的承担和履行必须大力依靠政府干预，政府在这一过程中发挥至关重要的
作用，社会公众会在政府引导下参与到企业社会责任的建设和监督中去，
共同创造绿色和谐的社会发展环境[182]。要合理引导公司主动履行自身生态

责任，凭借给公司提供政策以及技术等方面的扶持来加快公司转型发展，避免对环境造成损害[183]。

7.2.5 引入其他利益相关者治理

林业上市公司应将履行社会责任深度融入至自身发展战略之中，创建和社会责任相匹配的合理的内部治理制度，和利益相关者共同达到长期可持续发展的目标。根据林业上市公司的实际运作情况吸纳其他利益相关者参与公司的治理，使得董事会或监事设计多元化和监督力度加大。比如职工进入董事会、债权人参与治理、设立消费者监事和环保董事，等等。除了政府、职工、债权人可以参与到公司治理中来，非股东利益相关者中公司客户、社区居民及环保人士或组织，也对约束和监督林业上市公司的经营和投资行为发挥重要作用。

独立于政府和企业以外的大众媒体可以有效监督和促进企业履行社会责任，其信息中介和监督导向作用应当被重视并使其充分发挥。为了使大众媒体的发声渠道受到法律的保护，政府应制定和完善有效的法律法规，营造宽松的媒体环境。同时促进媒体行业自身的自律性，媒体行业内部要增加对从业人员的教育培训投入，提高业务道德和素质水平，媒体行业之间要相互监督，形成良性竞争发展的氛围。林业上市公司要缓和与媒体之间的矛盾，利用好媒体的舆论导向功能，积极地向媒体传递企业社会责任信息，确保媒体的无偏报道。

对于林业上市公司而言，履行社会责任应以外部监督为主，消费者、员工、社区、供应商等利益相关者都是监督成员的一部分，都能影响林业企业社会责任行为。其中，通过购买林产品消费者直接对林业上市公司经济效益产生影响，是林业上市公司价值实现的过程，林业上市公司社会责任受到影响力度最大和最关键的一方就是消费者，客户素质提升并凭借对各项林业产品加强了解，拥有一定的辨识能力，使维权意识和能力得到提升。近年来，从频繁出现林产品质量低劣、危害消费者健康、污染环境等现象和问题，如"达芬奇"事件、"自如事件""广财甲醛事件"等，乱用胶粘剂、甲醛事件等都可以看出，在实践中践行林业企业社会责任还存在很多问题。消费者通过法律武器对自身合法权益的维护过程，就是对林业企业社会责任履行的监督的过程。在购买林产品时，优先选择社会责任意识强的林业企业的林产品或服务，使社会责任感比较强的林业公司得到社会和消费者的回馈，林业公司获得长远利益的同时其承担社会责任的动力也得到了激发[83]。

只有企业、政府、媒体和社会各方的协同努力，才能促进林业上市公司和整个社会的企业社会责任意识提升，实现各利益相关方的价值共享。

7.3 林业上市公司投资效率的内部提升策略

7.3.1 制定科学合理的投资策略

在进行投资决策时，决策前要充分准备，事前进行及时、全面和准确的资料收集和相关信息的处理，并在此基础之上制定投资目标和符合公司实际情况的方案。应结合公司自身的实际情况制定合适的投资策略，充分考虑公司的投资能力和投资项目的盈利性，评估项目的风险和收益。将有限的自由现金流，投资于对公司长远发展有利的项目上。方案评估选择之后要进行不断的讨论、改进和优化，并进一步进行方案的实施。在项目的实施过程中，也要根据公司自身的实际经营情况和财务状况以及外部环境的变化及时进行投资策略的调整，对投入的人、财、物等资源进行综合调配。这一过程中，要建立非效率投资内控制度，为实现对投资的事前、事中和事后的全过程监控，吸纳各个利益相关者参与，依据不断变化的内部环境，构建有效的风险识别、度量、应对和转嫁机制，以提高投资效率[35]。

林业上市公司应当认清当前所处成长阶段，依据不同成长阶段制定不同的投资策略，以保证公司持续健康发展。成长性强的公司，面临的投资机会往往较多，拥有优良的投资项目，在获得政府补助资金后，融资约束压力会减低，因此更应慎重选择投资项目，综合考虑宏观投资环境和微观投资项目，选择与自身实力相匹配的优质项目，避免一味地求快求大而选择一些与自身实力不相当的高风险项目，加剧后续资金断裂的风险。而对于成长性较弱的公司，由于能够选择的投资机会较少，因此更要合理利用政府补助资金，同时拓宽多种外部融资渠道，避免遇到好的投资项目时因资金匮乏而放弃投资机会。

此外，除了考虑林业上市公司自身的成长性情况和投资项目的预期收益之外，还应该考量整体的林业行业背景，分析企业所处的行业地位、整个行业的竞争程度等，不同产品市场竞争程度对公司投资决策具有重大影响。林业上市公司的投资具有其自身的特点，应当紧密围绕政府对林业相关的产业政策和提出的林业产业发展目标，审时度势进行投资，由传统林产品工业向现代可持续发展的森林培育、木材加工、家具和造纸林业产品工业转变，林产品深加工企业走"林板一体化""林纸一体化"道路，实现林产品工业与林业共同发展，这样才能更好地兼顾环境等在内的社会责任，与政府目标一致，同时提高林业上市公司投入产出效率和实现可持续发展。

7.3.2 提高公司内部技术创新与管理能力

林业上市公司的投资决策不仅仅是投资资金的获取和投资策略的选择，还需通过多方面手段支持其发展。充分发挥市场的积极作用，不仅仅依赖政府直接补助的资源。政府除了要正面引导林业上市公司正确投资，应当鼓励多种方式和手段刺激林业产业的发展壮大，政府发挥信号作用和声誉效应，鼓励资本市场和银行对林业上市公司的支持，其他多种税收优惠政策、人才培养政策的引入，保护基础性产业和弱质性行业的投入产出回报率，为林业上市公司发展创造良好的环境。

各级政府部门给予林业上市公司的高额补助和优惠政策倾斜等为企业创造了高速成长的机会。鉴于政府补助的"相机抉择"和不稳定性，林业上市公司还是应当继续努力提高自身的经营能力，不能单纯依赖政府政策支持，长期走单纯的规模扩张之路。在技术方面，林业上市公司应当引进先进的生产设备和进行新技术更新，加快林行业现代化进程，进行产品研发，增加专利研发投入和科研人员占比。林业上市公司应当从粗放型的规模扩张向集约型规模扩张转变，加大技术投入和研发创新，提升产品市场竞争能力的同时，能够增加对关乎企业生存发展命脉的利益相关者——消费者的贡献，提供消费者满意的高质量创新产品，并提升整个社会林产品创新价值，从而在激烈的市场竞争中保持核心竞争力，不能被市场所淘汰，最终促进林业上市公司真正走上高效率的发展之路。

林业上市公司的投入产出效率值与整个市场之间相比明显偏低，各企业间差距较大，说明在技术与管理方面还存在不足，劳动投入不合理，我国林业上市公司劳动投入可能存在冗余现象。我国目前正处于经济社会转型的关键时期，从可持续发展战略角度，林业上市公司应当加强创新意识，提升创新能力，切实把创新思想深入融合到企业文化之中。在员工方面，提高高素质员工所占比例，调整劳动力结构，加强人事方面的管理和在职员工教育培训支出，提高员工技术熟练程度和工作水平，提高员工劳动效率。在经营管理方面，经营管理人员中需要引入和培养具有资深知识理论和丰富管理经验的高层次人才，进行组织结构优化，促进管理与合作的协调统一，实现公司管理效率的提升。此外，加强林业"产学研"协同合作对产品生产的新材料、新设备和新技术进行研发。

7.3.3 加强公司营运资本和现金流量管理

林业上市公司营运资本投入存在不合理的现象，流动资产和流动负债没有实现良好的配置，资本运营效率差。因此，显示出林业上市公司营运资本策略可能过于保守，从统计数据可以看出，营运资本多数为大于零的，林业上市公司应当适当进行冒险型的营运资本策略，增加流动负债，利用负债治理机制，优化流动资产和流动负债的内部配置比例，增强周转效率。流动资产中的货币资金能够体现现金持有水平，一般情况下，公司投资行为受到现金持有水平的影响，二者应当呈反比，即现金持有量越少，投资支出水平越高，因为公司会将所持有的现金用于投资，目的是获利，现金持有过多说明公司造成了资源闲置和浪费。实证分析结果证实林业上市公司经营活动现金流量与投资支出正相关，说明内部现金量充足的情况下，林业上市公司偿债能力、抗风险能力和投资能力越强，能够选择的 NPV>0 的投资机会也越多。

首先，林业上市公司的经营管理者应当重视现有资金的管理和运营，寻求绝佳的投资机会，充分利用内部持有的现有货币资金，平衡投资机会成本与现金持有成本，合理控制现金持有水平。其次，林业上市公司增加内部现金流量，加强现金流量使用的效率管理。在随着政府补助的加入导致内部现金流量过大时，非效率投资行为也会产生。林业上市公司应当凭借过去的财务状况、宏观的经济周期以及林业行业市场的发展前景，综合考虑确定最佳现金持有量，并进行有效的监管，防止资金闲置造成投资不足或者无节制的投资过度行为，提升林业上市公司的投资效率。

7.3.4 完善公司内部治理机制

对于林业产业而言，企业本身才是政府财政资助和优惠政策的直接和最终受益者，因此，为了更好地发挥各利益相关者作用和政府补助激励公司投资效率提升的作用，企业必须首要从林业上市公司自身内部治理环境入手进行完善和改进，只有这样才能从根本上有效解决政府激励政策无效、无视利益相关者利益和投资效率低下问题。

股权结构的完善可以让利益相关者有机会参与公司治理并使其表达受到重视，有效监督控股股东或大股东，促进社会责任履行。实证结果证明，林业上市公司股权制衡度可以抑制非效率投资，并对企业社会责任产生正向影响。应当进一步深化林业上市公司股权改革，适当削减第一大股东持股比例，控制股权过度集中问题，改革公司治理体制，盘活经营效率。林业上市公司应当建立多元化的法人持股结构，与中小投资者投机行为所带来的不稳定性相比，法人持股和机构投资者更注重长期业绩，入市资金量大，持股时间长，并有足够的信息研究和分析的能力积极参与公司治理。应当充分发挥机构投资者治理作用并减少其短期投资行为。机构投资者会因短期投资行为的印花税费而长期投资行为的税收优惠鼓励，减少短期投机行为，实现与公司长远利益挂钩，促使机构投资者有效发挥治理作用[117]。

总之，上述直接影响林业上市公司投资项目效果的内部治理状况的完善，能够解决委托代理问题，对管理层低效率的投资行为进行约束。一方面加强股东权利保护制度和高层管理者激励机制，另一方面建立不同的管理者重大投资决策方面的监督机制，从而降低公司的治理成本，提高风险识别能力，提升公司经营效率。从公司内部各方面的监督与管控入手，根治非效率投资问题。林业上市公司只有内部关系维护好了，并注重自身政治及社会资本的积累，才能合理安排包括政府补助在内的所有资源，关注利益相关者利益，提升投资效率。

7.4 本章小结

本章是林业上市公司基于政府补助、社会责任的投资效率提升策略研究。通过实证研究发现，政府补助不仅对林业上市公司投资效率产生直接正向影响，而且通过企业社会责任履行间接对投资效率发挥正效应，故林业上市公司投资效率的提升需要同时考虑外部和内部因素，按照"从外到内"的中介效应路径从三个方面采取改进策略。第一步，应从事前、事中和事后三个角度建立完善的政府补助驱动机制；第二步，林业上市公司应提升履行企业社会责任履行的意识、制定企业社会责任实施战略、加强企业社会责任信息披露、完善相关法规并引入其他利益相关者治理，才能实现企业社会责任履行，发挥对政府补助和投资效率的传导和中介效应；最后传导至林业上市公司内部，本书主要研究林业上市公司投资效率问题，制定科学合理的投资决策、提高公司内部技术创新与管理、加强公司营运资本和现金流量管理、完善公司内部治理机制，从公司自身角度降低非效率投资，提高投入产出效率是核心和关键。本章按照建立完善的政府补助驱动机制—积极履行社会责任—投资效率的内部提升策略的顺序提出了三个方面具体的政策建议，在政府、社会和企业之间建立完善的互动机制，为相关政府部门和林业上市公司提供一定的借鉴与参考。

结　论

本研究以沪深两市的林业上市公司为研究对象，以信息不对称理论、委托代理理论、利益相关者理论等主要理论为支撑，借鉴国内外已有文献的研究成果，以林业上市公司财务和非财务数据以及其他背景资料作为依据，紧紧围绕林业上市公司投资效率展开研究，按照"政府补助—企业社会责任—投资效率"的作用路径进行中介效应分析，以定性和定量分析方法为主要研究手段，理论与实践有机结合，对林业上市公司政府补助对投资效率的直接影响、政府补助通过企业社会责任对投资效率的间接影响和投资效率提升的对策进行了理论和实证分析，为相关政府部门和微观企业提供一定的政策指导与借鉴。本研究的主要工作及创新性结论如下。

（1）基于林业上市公司政府补助、社会责任与投资效率的现状，以及林业产业投资的特点和国家投入资金的主导地位、政府介入林业产业发展的必要性，对林业上市公司政府补助和企业社会责任协同对投资效率的影响机理进行分析，构建了"政府补助—企业社会责任—投资效率"的中介效应作用路径。

（2）确定了林业上市公司投资效率的政府补助和社会责任外部影响因素。基于林业企业社会责任内涵和特殊性，构建了一套适用于林业上市公司社会责任的评价指标体系，并有效应用熵值法（TOPSIS）进行客观评价；直接引入政府补助这一宏观影响因素，克服绩效本身受到政府补助影响的缺陷；对投资效率概念进行重新界定和选择科学的方法，有效应用于投资支出有效性和资源配置效率两方面的全面评价，深入剖析投资效率的内部制约因素；内部与外部因素相结合，深入剖析林业上市公司投资效率问题。

（3）创新性地发现了政府、社会和企业关系连接的关键要素——企业社会责任履行，并证实了林业产业所特有的经济现象背后的运行规律——政府补助产生的资源补给效果可以优化企业社会责任履行对投资效率的积极影响，即在林业企业政府补助直接影响投资效率受限的情况下，企业社会责任履行对政府补助影响投资效率发挥中介效应，为从外部影响因素入手，维持并加大政府补助力度、积极履行社会责任以提升投资效率提供了理论依据。

（4）基于实证分析，提出了建立完善的政府补助驱动机制、积极履行社会责任和投资效率的内部提升策略三位一体的方案体系，构建了政府、社会和企业之间完善的互动机制。林业上市公司投资效率的提升需要同时考虑外部和内部因素，按照"从外到内"的中介效应路径从三个方面采取改进策略。

本书的实证研究对林业产业龙头企业林业上市公司投资效率问题进行了比较全面、深入和系统的分析，从外部和内部找出了其影响因素，直接引入政府补助这一宏观外部因素分析当前林业企业社会责任和投资效率问题，克服企业绩效指标本身受政府补助影响的严重缺陷，为政府、社会和企业之间建立完善的互动机制，以及相关政府部门和微观企业提供一定政策指导与借鉴。但是由于三者关系研究的空白，分析三者关系机理与作用路径是本研究的难点；林业相关研究严重匮乏，加之本人能力有限，在投资效率、企业社会责任以及政府补助变量的测度以及指标的选取上，可能存在一定的片面性。宏观经济政策的影响可能不仅仅体现在政府补助这一经济活动的资源分配上，社会责任是企业在长期的经营和发展过程中所形成的综合体现，林业上市公司投资效率的高低和社会责任履行也会受到政府干预政策、区域软环境、市场化进程、行业/产品竞争程度、金融环境、融资约束以及媒体监督等众多外部治理因素的影响，这也是今后进一步深入研究的方向。

参考文献

[1]Agyei FK,Adjei POW.Representation without accountability in forestry:experiences from the Social Responsibility Agreement in Ghana.Forest policy and economics[J],2017,80（07）:34–43.

[2]Colaço R,Simão J.Disclosure of corporate social responsibility in the forestry sector of the Congo Basin. Forest policy and economics[J],2018,92（07）:136–147.

[3]Matilainen A.M.Forest companies,corporate social responsibility,and company stakeholders in the Russian forest sector.Forest Policy and Economics[J],2013,31:44 – 49.

[4]Myers S.C.Determinants of Corporate Borrowing[J].Journal of Financial Economics,1977,（2）:147–175.

[5]Faccio M.Politically connected firms[J].The American economic review,2006,96（1）:369–386.

[6] 林毅夫 , 李志 . 政策性负担、道德风险与预算软约束 [J]. 经济研究 ,2004（2）:17–27.

[7]Hung M,Shi J,Wang Y.The Effect of Mandatory CSR Disclosure On Information Asymmetry:Evidence From a Quasi–natural Experiment in China[R].University of Southern California,2013.

[8]Sitorus RR,Murwaningsari E.Do Quality of Financial Reporting and Tax Incentives Effect on Corporate Investment Efficiency with Good Corporate Governance as Moderating Variables?[R],Journal of Accounting,Business and Finance Research, Scientific Publishing Institute,2019,06（01）:27–35.

[9]Kahveci E,Wolfs B.Family Business,Firm Efficiency and Corporate Governance Relation:The Case of Corporate Governance Index Firms in Turkey[J].Academy of Strategic Management Journal,2019,18（01）:1–12.

[10] 唐安宝, 李凤云 . 融资约束、政府补贴与新能源企业投资效率——基于异质性双边随机前沿模型 [J]. 工业技术经济 ,2016,35（08）:145-153.

[11] 王燕娜, 王娟 . 政府补助的行业特征研究 [J]. 沿海企业与科技 ,2007（09）:56-58.

[12] 王蓉 . 政企关系、政府补助动机及其实施效果文献综述 [J]. 财会通讯 ,2011（09）:98-99+116.

[13] 吕久琴 . 政府补助影响因素的行业和企业特征 [J]. 上海管理科学 ,2010,32（04）:104-110.

[14]Almus M,Czarnitzki D.The Effects of Public R&D Subsidies on Firms' Innovation Activities:The Case of Eastern Germany[J].Journal of Business & Economic Statistics,2003,21（2）:226-236

[15]Yu F,Guo Y,Le-Nguyen K,et al.The impact of government subsidies and enterprises'R&D investment:A panel data study from renewable energy in China[J]. Energy Policy,2016,89:106-113

[16] 邹彩芬, 张惠, 李静, 张燎 . 政府补助的动机、实质及其影响因素研究——基于传统与新兴产业的对比分析 [J]. 中国注册会计师 ,2014（02）:58-64.

[17] 李小娟, 张倩 . 财税扶持对高新技术企业的影响研究——从社会责任角度出发 [J]. 经济研究导刊 ,2019（16）:11-12.

[18] 江新峰, 张敦力 . 企业寻租与政府补助利用效率——来自企业投资活动的经验证据 [J]. 投资研究 ,2017,36（03）:4-18.

[19] 胡诗仪 . 政府补助对电力行业上市公司投资效率影响的实证研究 [D]. 华北电力大学（北京）,2019.

[20]Cherry,T.L.,Kallbekken,S.,Kroll,S..The Acceptability of Efficiency-enhancing Environmental Taxes,Subsidies and Regulation:An Experimental Investigation[J]. Environmental Science & Policy,2012,16（2）:90-96.

[21]Dawkins,C.,Fraas,J.W..Coming Clean:The Impact of Environmental Performance and Visibility on Corporate Climate Change Disclosure[J].Journal of Business Ethics,2011,100（2）:303-322.

[22] 郭微微, 孙泽厚 . 政府与企业生态责任的演化博弈分析 [J]. 武汉理工大学学报（信息与管理工程版）,2018,40（06）:610-614.

[23] 王鹏 . 地方政府监管、政府补助对企业社会责任的影响研究 [D]. 重庆理工大学 ,2014.

[24]Aharony,J.,C.W.J.Lee and T.J.Wong.Financial Packaging of IPO Firms in China[J].Journal of Accounting Research,2000,38（1）:103–126.

[25]Shleifer A,Vishny R.Politicians and firms[J].Quarterly Journal of Economics,1994,109:995–1025.

[26] 黄翔 , 黄鹏翔 . 政府补助企业的主要动机研究——基于我国 A 股上市公司面板数据的实证检验 [J]. 西部论坛 ,2017,27（03）:106–116.

[27] 唐清泉 , 罗党论 . 政府补贴动机及其效果的实证研究——来自中国上市公司的经验证据 [J]. 金融研究 ,2007

[28]JenkinsJ C,Leicht K T,Jaynes A.Do high technology policies work?High technology industry employment growth in US metropolitan areas,1988–1998[J]. Social Forces,2006,85:267–296.

[29]Eckaus R.China's exports,subsidies to state–owned enterprises and the WTO[J].China Economic R eview,2006,17:1–13.

[30] 吴成颂 , 黄送钦 . 基于企业社会责任视角的政府补贴效果研究——来自中国沪市 A 股制造业的经验证据 [J]. 南京审计学院学报 ,2015,12（02）:92–103.

[31]Lin Yifu,Cai Fang,Li Zhou. Competition,policy burdens,and state–owned enterprise reform[J].American Economic R eview,1998,5,422–427.

[32]Girma S,Gorg H,Strobl E.The Effect of Government Grants on Plant Level Productivity[J].Economics Letters,2007,94（03）:439–444

[33] 张天舒 , 黄俊 , 崔鸶 . 股权性质、市场化进程与政府补助——基于 ST 公司的经验证据 [J]. 投资研究 ,2014,33（01）:35–45.

[34] 冯韵竹 . 我国上市钢铁企业政府补助与社会责任的相关性研究 [D]. 西南科技大学 ,2015.

[35] 张力群 . 政府关系、财政优惠与上市公司投资效率的实证研究 [D]. 对外经济贸易大学 ,2016.

[36] 姜雪娜 . 政府补助与企业社会责任 [D]. 西南交通大学 ,2014.

[37] 唐鑫 , 陈永丽 . 财税补贴与企业社会责任履行——基于沪市 A 股农业上市公司的经验证据 [J]. 财会月刊 ,2016（03）:50–54.

[38] 邹汝嫦 . 企业社会责任披露对政府补贴的影响研究 [D]. 湖南大学 ,2017.

[39] 邓娟 . 高新技术企业财税支持与企业社会责任的相关性研究 [D]. 湖南大学 ,2018.

[40] 曾繁荣 , 吴蓓蓓 . 政府补助的社会与经济绩效研究 [J]. 财会通讯 ,2018（24）:121-128.

[41] 韩超 . 战略性新兴产业政策依赖性探析——来自地方政府补贴视角的实证检验 [J]. 经济理论与经济管理 ,2014,（11）:57-71.

[42] 肖兴志 , 王伊攀 . 政府补贴与企业社会资本投资决策——来自战略性新兴产业的经验证据 [J]. 中国工业经济 ,2014,（9）:148-160.

[43] 王红建 , 李青原 , 邢斐 .2014. 金融危机、政府补贴与盈余操纵——来自中国上市公司的经验证据 [J]. 管理世界（7）:157-167.

[44] 胡旭阳 . 企业家政治身份"代际接力"与企业的社会责任担当——来自我国上市家族企业的经验证据 [J]. 经济社会体制比较 ,2020（02）:100-108.

[45] 罗党论 , 唐清泉 . 政治关系、社会资本与政策资源获取 : 来自中国民营上市公司的经验证据 [J]. 世界经济 ,2009.

[46] 郭剑花 , 杜兴强 . 政治联系、预算软约束与政府补助的配置效率——基于中国民营上市公司的经验研究 [J]. 金融研究 ,2011（02）:114-128.

[47]Lee J W.Government Interventions and Productivity Growth[J].Journal of Economic Growth,1996,1（3）:391-414.

[48]Tongeren F W V.Microsimulation of Corporate Response to Investment Subsidies[J].1998,20（1）:55-75.

[49]Colombo M G,Croce A,Guerini M.The effect of public subsidies on firms' investment-cash flow sensitivity:Transient or persistent?[J].Research Policy,2013,42（9）:1605-1623.

[50]Tzelepis D,Skuras D.The effects of regional capital subsidies on firm performance:an empirical study[J].Journal of Small Business and Enterprise Development,2004:121-129.

[51]Duch-Brown,Perraudin W.Real options and premption under incomplete information[J].Journal of Economic Dynamics and Control,2009,（4）:61-69.

[52]Bergstrom F.Capital Subsidies and the Performance of Firms[J].Small Business Economics,2000,14（3）:183-193.

[53]Liu D Y,Shieh L F.The effects of government subsidy measures on corporate R&D expenditure:a case study of the leading product development program[J].International Journal of Product Development,2005,4（3）:2b5-281.

[54]Wallsten,S.The Effects of Government-industry R&D Programs on Private R&D:The Case of the Small Business Innovation Research Program[J]. Rand Journal of Economic,2000,31（1）：82-100.

[55]Gorg,H.E:Strobl.The Effect of R&D Subsidies on Private R&D[J]. Economica,2007,74（294）:215-234.

[56]Bernini C,Pellegrini G.How are growth and productivity in private firms affected by public subsidy?Evidence from a regional policy[J].Regional Science and Urban Economics,2011,41:253-265.

[57]Butler,Neuhoff.Managerial optimism and corporate finance[J].Financial Management,2008,（55）:33-45.

[58] 许罡 . 政府补助与公司投资行为——基于中国上市公司的数据 [J]. 南京审计学院学报 ,2014,11（06）:11-19.

[59] 吴静 . 政府补助能提升文化企业的投资效率吗 ?——基于我国文化产业上市公司的经验证据 [J]. 财会通讯 ,2017（06）:109-112.

[60] 杨昭远 . 政府财务资助与企业非效率投资的关系研究 [D]. 合肥工业大学 ,2015.

[61] 王婷 , 张力 . 政治关联、社会责任与企业绩效 [J]. 财会通讯 ,2018（21）:45-48.

[62] 王艳丽 , 杨帆 . 政策冲击下的新能源企业投资效率研究——基于财政补贴与税收优惠比较的视角 [J]. 煤炭经济研究 ,2019,39（10）:30-40.

[63] 余珍 , 韩金红 . "丝绸之路核心区" 财税政策对投资效率的影响——基于 A 股新疆上市公司的经验证据 [J]. 财会月刊 ,2017（24）:112-117.

[64] 李传宪 , 干胜道 . 政治关联、补贴收入与上市公司研发创新 [J]. 科技进步与对策 ,2013,30（13）:102-105.

[65] 王克敏 , 刘静 , 李晓溪 . 产业政策、政府支持与公司投资效率研究 [J]. 管理世界 ,2017（03）:113-124+145+188.

[66] 赵栓文, 赵晨琳. 政府补助与上市公司投资效率研究——基于外部环境视角 [J]. 商业会计,2016（13）:69-72.

[67] 周玲芝. 战略新兴产业政府补贴与投资效率关系研究 [D]. 中国石油大学（北京）,2018.

[68] 管纯一. 财政补贴与税收优惠对战略性新兴产业非效率投资的影响研究 [D]. 南京财经大学,2018.

[69] 张中华, 杜丹. 政府补贴提高了战略性新兴产业的企业投资效率吗?——基于我国 A 股上市公司的经验证据 [J]. 投资研究,2014,33（11）:16-25.

[70] 叶宏庆, 刘坤, 董新兴. 政策性补贴、融资价格歧视与企业过度投资 [J]. 产业经济评论（山东大学）,2015,14（02）:91-106.

[71] 黄健柏, 徐震. 有色金属上市企业投资效率及影响因素研究 [J]. 中南大学学报（社会科学版）,2016,22（05）:60-68.

[72] 黄新建, 黄能丽. 财政政策、政府干预与政府财政补贴有效性分析——来自我国民营上市公司的经验数据 [J]. 会计之友,2014（28）:88-93.

[73] 蒋丽迁. 政府补助、非效率投资与公司价值相关性研究 [D]. 云南财经大学,2016.

[74] 柯润润. 政府补助与中小上市企业投资效率的实证研究 [D]. 浙江工商大学,2016.

[75] 刘进, 殷燕楠, 王雷. 政府补助、机构投资者与投资效率 [J]. 财会月刊,2019（07）:28-37.

[76] 汪健, 汤畅. 政府补助、投资效率与企业经营风险 [J]. 郑州航空工业管理学院学报,2019,37（02）:68-80.

[77] 李刚, 侯青川, 张瑾. 政府补助与公司投资效率——基于中国制度背景的实证分析 [J]. 审计与经济研究,2017,32（04）:74-82.

[78] 申香华. 成长空间、盈亏状况与营利性组织财政补贴绩效——基于 2003-2006 年河南省和江苏省上市公司的比较研究 [J]. 财贸经济,2010（9）:64-69.

[79] 黄志雄, 赵晓亮. 财政分权、政府补助与企业过度投资—基于宏观视角与微观数据的实证分析 [J]. 现代财经（天津财经大学学报）,2015（10）:3-11.

[80] 吴春雅, 吴照云. 政府补贴、过度投资与新能源产能过剩—以光伏和风能上市企业为例 [J]. 云南社会科学,2015,（02）:59-63

[81] 陈静. 企业获得的政府资源与研发投资效率——基于异质性随机前沿模型的研究 [J]. 财会月刊,2017（02）:66-72.

[82] 李燃, 王安圆. 政府补助、不确定性与公司投资效率 [J]. 财会通讯,2018（15）:47-51+129.

[83] 吴训彬. 政府补贴与企业投资研究 [D]. 厦门大学,2017.

[84] 胡雯君. 政府补助对能源企业投资效率的影响研究 [D]. 华南理工大学,2019.

[85] 徐卓亚. 政府补助和上市公司投资效率 [D]. 厦门大学,2018.

[86]Harris K D,Cuypers R,Scheibe P,et al.Large Amplitude Light-induced Motion in High Elastic Modulus Polymer Actuators[J].Journal of Materials Chemistry,2005,15（47）:5043-5048.

[87] 孔东民, 李天赏. 政府补贴是否提升了公司绩效与社会责任 ?[J]. 证券市场导报,2014（06）:26-31+62.

[88]Brandt,Land Li,H.Bank Discrimination in Transition Economies:Ideology,Information.or Incentives?[J].Journal of Comparative Economics.2007,31（3）:387-413.

[89]Nicolini M,Tavoni M.Are renewable energy subsidies effective?Evidence from Europe[J].Renewable & Sustainable Energy Reviews,2017:412-423.

[90]Marcus,N.,Howard P,Industrial Policy in an Era of Globalization:Lessons Asia[J].Working paper,Institute for International Economics,2003

[91] 徐文超, 李登明. 政府补助对新能源企业的影响分析及政策建议——以协鑫集成为例 [J]. 经济研究导刊,2019,（08）:18-21

[92] 董淑兰, 吴钰. 政府补助、所有权性质与企业财务绩效以新能源汽车行业为例 [[J]. 现代经济信息,2018,（04）:381

[93] 邵敏, 包群. 地方政府补贴企业行为分析 : 扶持强者还是保护弱者 ?[J]. 世界经济文汇,2011（01）:56-72.

[94] 李敬轩. 政府补助对农业上市公司投资策略的影响研究 [D]. 华中师范大学,2018.

[95] 刘岚, 王倩. 企业社会责任、政治关联与非效率投资——基于企业

社会责任的治理效应 [J]. 中国管理科学 ,2016,24（S1）:398–404.

[96]Clarke,J.,and M.Gibson–Sweet.The use of corporate social disclosures in management of reputation and legitimacy:a cross sectoral analysis of UK Top the 100 Companies[J].Business Ethics:A European Review,1999,8（1）:5–13

[97]Carmelo Reverte.Determinants of Corporate Social Responsibility Disclosure Ratings by Spanish Listed Firms[J].Journal of Business Ethics 2009（88）:351–366

[98]Bushman R M,Piotroski J D,Smith A J.What Determines Corporate Transparency?[J].Journal of Accounting Research,2004（42）:207–252

[99]Jeremy Moon and Jette Steen Knudsen. Corporate Social Responsibility and Government[J].Proceedings,2018,96（08）:113–126.

[100]Albareda, L.,Lozano,J.M.&Ysa,T.Public Policies on Corporate Social Responsibility:The Role of Governments in Europe[J].Journal of Bus Ethics,2007:74,391–407.

[101]Fernandez–Feijoo,B.,Romero,S.,Ruiz,S. Effect of Stakeholders' Pressure on Framework of Sustainability Reports within the GRI[J].Journal of Business Transparency Ethics,2014,122（1）:53–63.

[102]Egri C P,Yu J S. The influence of stakeholder pressures on corporate social responsibility in East Asia[C]. IACMR conference,2012.

[103]Ye, F., Zhao, X., Prahinski, C., Li, Y The Impact of Institutional Pressures, Top Managers' Posture and Reverse Logistics on Performance–Evidence from China[J]. International Journal of Production Economics, 2013, 143（1）: 132–143.

[104]Crane, A., Matten, D., McWilliams, A., Moon, J., Siegel, D., Moon, J., & Vogel, D.. Corporate Social Responsibility, Government, and Civil Society In The Oxford Handbook of Corporate Social Responsibility[J]. Oxford University Press, 2020,（03）:455–476.

[105] 宋迎法 , 施卓君 . 论政府与企业协同履行社会责任的关系和作用 [J]. 湖南行政学院学报 ,2015（04）:5–10.

[106] 贾兴平 , 刘益 . 外部环境、内部资源与企业社会责任 [[J]. 南开管理评论 ,2014,17（6）:13–18.

[107] 姜雨峰 , 田虹 . 利益相关者压力对企业社会责任影响研究——一个调节中介效应模型 [J]. 苏州大学学报 (哲学社会科学版),2015,36(02):110–118.

[108]Koski H.,Pajarinen M..The Role of Business Subsidies in Job Creation of Start– ups,Gazelles and Incumbents[J].Small Business Economics,2012（1）:877–901.

[109]Cerqua,Pellegrinig·Do Subsidies to Private Capital Boost Firms' Growth?A Multiple Regression Discontinuity Design Approach[J].Journal of Public Economics,2014,109（1）:114–126 .

[110] 彭昊 , 魏凤 . 制造业企业政府补助与企业社会责任相关性实证研究 [J]. 财会通讯 ,2013（36）:68–70.

[111]Godfrey P C.The relationship between corporate philanthropy and shareholder wealth:A risk management perspective[J].Academy of Management Review,2005,30（4）:777–798.

[112] 陈永强 , 潘奇 . 国际化经营对企业履行社会责任的影响——以慈善捐赠为例的上市公司实证研究 [J]. 杭州师范大学学报（社会科学版）,2016,38（03）:128–136.

[113]Egels–Zanden,N.TNC Motives for Signing International Framework Agreements:A Continuous Bargaining Model of Stakeholder Pressure[J].Journal of Business Ethics,2009,84（4）:529–547.

[114]Wolf,J The Relationship Between Sustainable Supply Chain Management,Stakeholder Pressure and Corporate Sustainability Performance[J]. Journal of Business Ethics,2014,119（3）:317–328.

[115]Carter,C.R.,Jennings,M.M.Social Responsibility and Supply Chain Relationships[J].Transportation Research,2002,38（1）:37–52.

[116]Faisal Shahzad,Ijaz Ur Rehman,Faisal Nawaz,Noman Nawab.Does family control explain why corporate social responsibility affects investment efficiency?[J]. Corporate social responsibility and environmental management,2018,25(05):880–888

[117]Hoje Jo,Maretno A.Harjoto.The Causal Effect of Corporate Governance on Corporate Social Responsibility[J].Journal of Business Ethics.2012,106,53–72.

[118]Cao Y,Yu L.Government control,corporate social responsibility and investment efficiency:samples of the listed companies during 2009–2011[J].

Reform,2013（07）:127-135.

[119]Zhong M.,Gao L..Does corporate social responsibility disclosure improve firm investment efficiency?[J].Review of Accounting and Finance,2017,16（03）:348-365.

[120]Marwa Samet,Anis Jarboui.How does corporate social responsibility contribute to investment efficiency?[J].Journal of Multinational Financial Management,2017,40（06）: 33-46.

[121]Avishek Bhandari,David Javakhadze.Corporate social responsibility and capital allocation efficiency[J].Journal of Corporate Finance,2017,43（04）:354-377.

[122]M Benlemlih,M Bitar.Corporate Social Responsibility and Investment Efficiency[J].Journal of Business Ethics,2016,148（01）:647‐671.

[123]Kirsten A.Cook,Andrea M.Romi,Daniela Sánchez,Juan Manuel Sánchez.The influence of corporate social responsibility on investment efficiency and innovation[J].Journal of Business,2019,46（3-4）:494-537.

[124] 曹亚勇 , 于丽丽 . 政府控制、社会责任与投资效率：2009 ～ 2011 年上市公司样本 [J]. 改革 ,2013,07：127-135.

[125] 谢赤 , 杨茂勇 . 企业社会责任对非效率投资的影响——基于随机前沿分析方法 [J]. 经济与管理研究 ,2013,05：92-98.

[126] 郑阳 . 企业社会责任履行与非效率投资研究 [D]. 东北财经大学 ,2016.

[127] 方沙 . 社会责任信息披露对投资效率的影响研究 [D]. 中国矿业大学 ,2016.

[128] 钟马 , 徐光华 . 社会责任信息披露、财务信息质量与投资效率—基于"强制披露时代"中国上市公司的证据 [J]. 管理评论 .2017,29（2）:234-244.

[129] 孙彤 , 刘璐 , 沈小秀 . 从社会责任角度评价文化创意企业投资效率 [J]. 财会月刊 ,2016（24）:29-33.

[130] 喻婷 . 食品饮料行业企业社会责任与投资效率相关性研究 [D]. 武汉理工大学 ,2013.

[131] 张利 . 社会责任信息披露对公司投资效率的影响研究 [J]. 现代商

贸工业 ,2014,（20）:24—25.

[132] 任晓园 . 企业社会责任与非效率投资的相关性研究 [D]. 北京交通大学 ,2015.

[133] 张洁 . 社会责任信息披露、融资约束与企业投资效率 [D]. 东北财经大学 ,2016.

[134] 董维佳 , 吕鑫 . 能源企业社会责任与投资效率研究 [J]. 中国能源 ,2018,40（01）:41–46.

[135]Zhilan Huang,Xine Zhao.Corporate Social Responsibility,Corporate Governance and Investment Efficiency—Based on the empirical data of listed company on GEM[J].International Conference on Management Science and Innovative Education,2016,10:2352–5398

[136]Ming–Te Lee.Corporate Social Responsibility and Investment Efficiency:Evidence from an Emerging Asian Market[J].Business & Economics Review,2020,29（2）:1–16.

[137]Becchetti,L.,Trovato,G.Corporate social responsibility and firm efficiency:a latent class stochastic frontier analysis[J].Journal of Productivity Analysis,2011（36）:231–246.

[138]Sun,L.,Stuebs,M.Corporate Social Responsibility and Firm Productivity:Evidence from the Chemical Industry in the United States[J].Journal of Bus Ethics,2013（118）:251–263.

[139]Hasan,I.,Kobeissi,N.,Liu,L.et al.Corporate Social Responsibility and Firm Financial Performance:The Mediating Role of Productivity[J].Journal of Bus Ethics 2018（149）:671–688.

[140] 苏蕊芯 , 仲伟周 , 刘尚鑫 . 企业社会责任与企业效率关联性分析——以深市上市公司为例 [J]. 山西财经大学学报 ,2010,32（11）:75–85.

[141] 李晟婷 , 周晓唯 . 基于 GMM 的企业社会责任对生产效率的影响研究——以陕西省为例 [J]. 西南政法大学学报 ,2018,20（04）:127–135.

[142] 苏冬蔚 , 贺星星 . 社会责任与企业效率：基于新制度经济学的理论与经验分析 [J]. 世界经济 ,2011,34（09）:138–159.

[143] 丁一兵 , 付林 . 中美大型企业社会责任对其企业效率的影响机制研究——基于 DEA–Tobit 两步法的分析 [J]. 产业经济研究 ,2015（06）:21–31.

[144] 杨静 . 国有企业效率考量——基于公益性社会责任视角 [J]. 河北经贸大学学报 ,2015,36（04）:63–67.

[145] 姚骥 , 俞小平 . 中国林业上市企业社会责任评价研究 [J]. 林业经济问题 ,2016,36（01）:58–64.

[146] 李琳 , 田思雨 . 林业企业文化、社会责任与财务绩效关系研究 [J]. 林业经济 ,2018,40（10）:81–87.

[147] 聂帅 . 生物医药行业上市公司的政府补助、社会责任与企业绩效 [D]. 重庆工商大学 ,2018.

[148] 王成秋 . 对投资效率的界定 [J]. 生产力研究 ,2006（09）:38–39+50.

[149] 许珺 . 中国农业上市公司投资效率研究 [D]. 吉林农业大学 ,2013.

[150]S Richardson.Over–investment of free cash flow[J].Review of accounting studies,2006（11）:159–189.

[151] 张胜荣 . 论林业企业的社会责任 [J]. 西部经济管理论坛 ,2013,24（03）:32–34+47.

[152]Anna–Maija,Matilainen.Forest companies,corporate social responsibility,and company stakeholders in the Russian forest sector[J].Forest Policy and Economics,2011,31（07）:44–49:8–21.

[153]Jane Lister.2011.Corporate Social Responsibility and the State International Approaches to Forest Co–Regulation[M].Canada：UBC Press,2011.

[154]Platonova E,Asutay M,Dixon R,et al.The Impact of Corporate Social Responsibility Disclosure on Financial Performance:Evidence from the GCC Islamic Banking Sector[J].Journal of Business Ethics,2016,（01）:1–21.

[155]Jensen M C.Agency costs of free cash flow,corporate finance,and takeovers[J].American Economic Review,1986（76）:323–329.

[156]Josep A.Tribo,Ownership Structure and Inventory Policy[J].International Journal of Production Economics.2007,213–220.

[157] 连玉君 , 苏治 . 融资约束、不确定性与上市公司投资效率 [J]. 管理评论 ,2009,01:19–26.

[158]Shihong Zeng,Yujia Qin,Guowang Zeng.Impact of Corporate Environmental Responsibility on Investment Efficiency:The Moderating Roles of the Institutional Environment and Consumer Environmental Awareness[J].

Sustainability 2019,11（17），4512

[159]S Chen,Z Sun,S Tang,D Wu.Government intervention and investment efficiency:Evidence from China[J].Journal of Corporate Finance,2011,17（02）:259-271

[160]Huili Zhang,Ran An,Qinlin Zhong,Anti-corruption,government subsidies,and investment efficiency China Journal of Accounting Research[J],China Journal of Accounting Research,2019,12（01）:113-133.

[161] 薛爽 , 肖星 . 捐赠 : 民营企业强化政治关联的手段？[J]. 财经研究 ,2011（11）:102-112.

[162] 温忠麟 , 叶宝娟 . 中介效应分析 : 方法和模型发展 [J]. 心理科学进展 ,2014,22（05）:731-745.

[163] 林煜恩 , 李敏 , 池祥萱 . 董事会特征对公司决策的影响——基于企业社会责任的调节作用 [J]. 华东经济管理 ,2018,32（10）:128-140.

[164]H Zhang,R An,Q Zhong,Anti-corruption,government subsidies,and investment efficiency[J].China Journal of Accounting Research.2019,12（01）:113-133.

[165]Biddle,G,G Hilary.Accounting Quality and Firm-level Capital Investment[J].The Accounting Review,2006,81（5）: 963-982.

[166]Dhaliwal,D.S,O.Z.Li,A.Tsang and YG.Yang.Voluntary Nonfinancial Disclosure and the Cost of Equity Capital:The Initiation of Corporate Social Responsibility Reporting[J].The Accounting Review,2011（86）:59-100.

[167]Richardson,Welker,Hutchinson,Managing capital market reaction to corporate social responsibility [J].International Journal of management Reviews,1999（1）:17-43.

[168]Atreya Chakraborty,Lucia Silva Gao,Shahbaz Sheikh. Managerial Risk Taking Incentives,Corporate Social Responsibility and Firm Risk[J].Journal of Economics and Business,2019:1311-1324.

[169]Luciano Fanti,Domenico Buccella. Corporate Social Responsibility and Managerial Bonus Systems[J].Italian Economic Journal,2018,4（2）:687-699.

[170]Duygu Turker,Y.Serkan Ozmen.Grounding managerial values towards social responsibility on an ideological framework[J].Social Responsibility

Journal,2018,14（3）:1024-1044.

[171]Helena Ranängen,Thomas Zobel.Revisiting the 'how' of corporate social responsibility in extractive industries and forestry[J].Journal of Cleaner Production,2014,84（02）:299-312:79-96.

[172]Lei Wang,Heikki Juslin.Corporate Social Responsibility in the Chinese Forest Industry:Understanding Multiple Stakeholder Perceptions[J].Corporate Social Responsibility and Environmental Management,2013,20（03）:129-145.

[173]Juha Nasi,Salme Nasi,Nelson Phillips,Stelios Zyglidopoulos.The Evolution of Corporate Social Responsiveness：An Exploratory Study of Finnish and Canadian Forestry Companies[J].Business & Society,1997,36（03）:296-321.

[174]Marc T.Jones.Missing the Forest for the Trees:A Critique of the Social Responsibility Concept and Discourse[J].Business & Society,1996,35（01）:7-41.

[175]Lober,Douglas J.Evaluating the Environmental Performance of Corporations[J].Journal of Managerial Issues,1996（08）:2-12.

[176] 黄群慧,彭华岗,钟宏武,张蒽.中国 100 强企业社会责任发展状况评价 [J].中国工业经济,2009（10）:23-35.

[177] 白睿洁.基于三重底线的林业企业绩效评价研究 [D].北京林业大学,2013.

[178] 郑淑琴.建筑业企业社会责任与竞争力关系研究 [D].重庆大学,2017.

[179]Jiang Deqi Tian Zhiwei.Study on Social Responsibility about Forestry Enterprises in China [J].Forestry Economics,2011,（08）:75-78.

[180] 程宝栋,许恒.林业企业社会责任及其研究方法:述评与展望 [J].林业经济,2018,40（01）:50-55.

[181] 隋爽,张卫民.林业企业社会责任框架研究 [J].北京林业大学学报（社会科学版）,2012,11（04）:108-113.

[182] 刘梦瑶,张卫民.基于熵权 TOPSIS 法的林业企业社会责任评价实证研究 [J].林业经济,2015,37（08）:116-121.

[183] 季凯文,孔凡斌.中国生物农业上市公司技术效率测度及提升路径——基于三阶段 DEA 模型的分析 [J].中国农村经济,2014（08）:42-57+75..

[184]Levin,Andrew,Lin,Chien-Fu and Chia-Shang James Chu.Unit Root

Tests in Panel Data:Asymptotic and Finite Sample Properties[J].Journal of Econometrics,2002,（108）:1-24.

[185]]Pesaran M.H., Simth V., and Yamagata T. Panel Unit Root Tests in the Presence of a Multifactor Error Structure[J].Journal of Econometrics, 2013,175（02）:94-115.

[186] 赵奥琳 , 耿玉德 . 林业上市公司社会责任信息披露研究 [J]. 林业经济 ,2016,38（11）:108-112.

[187]Lin Lin,Pi-Hsia Hung,De-Wai Chou,Christine W.Lai.Financial performance and corporate social responsibility:Empirical evidence from Taiwan [J]. Asia Pacific Management Review,2018（09）:356-360.

[188] 乔小勇 , 李泽怡 . 世界主要国家和地区对华实施反补贴调查的形势及应对举措 [J]. 国际商务研究 ,2017,38（06）:26-37.

[189] 刘方 . 中国遭遇国外反补贴调查的原因及对策分析 [J]. 东方企业文化 ,2015（17）:289.

[190] 兰草 . 截面、面板数据分析与 STATA 应用 [M]. 武汉：武汉大学出版社 ,2012.04.

[191] 刘雯雯 , 赵远 , 管乐 . 中国林业企业社会责任评价实证研究——基于利益相关者视角 [J]. 林业经济 ,2013（08）:60-64+79.

[192]Hoje Jo,Maretno A.Harjoto.Corporate Governance and Firm Value:The Impact of Corporate Social Responsibility[J].Journal of Business Ethics,2011,103（03）:351–383

[193]CJ Huang.Corporate governance, corporate social responsibility and corporate performance[J].Journal of management & organization,2010,16（05）:641-655

[194]Kao,C.1999.Spurious regression and residual-based tests for cointegration in panel data[J].Journal of Econometrics,90,1-44.

[195] 宋俊荣 . 应对气候变化补贴与 SCM 协定 [J]. 世界贸易组织动态与研究 ,2011,18（04）:57-63.

[196]Wintoki M B,Linck J S,Netter J M.Endogeneity and the dynamics of internal corporate governance[J].Journal of Financial Economics,2012,105:581-606.

[197] 周翼翔 . 董事会结构与公司绩效关系的再探索——基于动态内生性视角的实证 [J]. 科学学与科学技术管理 ,2011,32（09）:131-137.

[198] 高冲 , 张敏 . 农业上市公司投资效率及其影响因素分析——基于随机前沿 SFA 方法 [J]. 财会月刊 ,2015（29）:21-25.

[199] 任优生 , 邱晓东 . 政府补贴和企业 R&D 投入会促进战略性新兴产业生产率提升吗 [J]. 山西财经大学学报 ,2017,39（01）:55-69.

[200] 张瑜 . 资本市场与林业产业发展关系研究 [D]. 北京林业大学博士论文 ,2009.

附 录

基于利益相关方视角的林业上市公司社会责任指标来源

利益相关者	CSR 指标	来源	
		文献	报告或指南
股东和债权人	企业盈利情况（每股收益 / 净资产收益率）及收益的稳定性（净利润增长率）	隋爽等（2012）	√
	资本成长性（资本积累率）	喻婷（2013）；	√
	完备股东回报机制，股利支付情况（股利支付率）	隋爽等（2012）	√
	利息支付的能力（利息保障倍数）	喻婷（2013）；耿玉德等（2011）	√
伙伴	供应商款项的支付状况 / 按期及时付款（应付账款周转率），对供应商诚实守信，严格遵守并履行合同（合同履约率）	张胜荣（2013）；赵奥琳（2017）；耿玉德等（2011）；姚骥等（2016）；Juha Nasi（1997）	√
	保障存货周转（存货周转率）	赵奥琳（2017）	√
	为分销商或客户的业务增加价值（应收账款周转率）	喻婷（2013）；耿玉德等（2011）	√
	持续稳定的货物供应和市场占有率（营业收入增长率）	耿玉德等（2011）；	√
政府	照章纳税情况，对政府的税收贡献程度（主营业务纳税率、上缴的税费净额、纳税总额、资产税费率 / 资产纳税率、税收比率 / 净利润纳税率、税收贡献率）	姚骥等（2016）；耿玉德等（2011）；赵奥琳（2017）	√
	遵守法律法规，未因违法而受到行政处罚或司法诉讼（罚款支出比率）	姚骥等（2016）；刘雯雯等（2013）；耿玉德等（2011）	√

续表

利益相关者	CSR 指标	来源	
		文献	报告或指南
社区	促进社区和林农就业，就业机会优先照顾当地社区（就业人数增加率/就业贡献率）	赵奥琳（2017）；Marc T（1996）；Lober et al.（1996）；Agyei FK（2017）；Helena et al.（2014）；	√
	捐赠的相关制度与政策，公益捐赠的金额、金额占净利润比重（对外捐赠率/捐赠总额/社会捐赠率/净利润捐赠率/资助社区公共事业资金/企业收入总额）	耿玉德等（2011）；赵奥琳（2017）；张胜荣（2013）；刘雯雯等（2013）；Anna-Maija et al.（2013）	√
员工	合理的报酬和福利，提高员工薪酬水平（在职员工年均收入/支付给员工的现金比率/员工薪酬率/工资付现率；员工薪酬增长率/人均工资增长率）	张胜荣（2013）姚骥等（2016）；刘雯雯等（2013）；耿玉德等（2011）；Lei Wang 和 Heikki Juslin（2013）	√
	生产效率高，注重员工培训与发展（劳动生产率和人均教育所得/员工人均所得/人均年教育所得）	隋爽等（2012）；刘雯雯等（2013）；耿玉德等（2011）	√
消费者	消费者对林产品的认可，产品质量好（销售收到现金比率）	刘梦瑶（2015）；姚骥等（2016）；耿玉德等（2011）；刘雯雯等（2014）	√
	坚持对技术创新和林产品开发的高投入（研发投入强度/研发人员构成强度/专利拥有数）	孙彤（2016）	√
	林产品质量保证，降低木制品中甲醛等有害挥发物的制度、措施（ISO9001质量体系认证）	隋爽等（2012）；张胜荣（2013）；Juha Nasi et al.（1997）	√
环境	森林资源的培育，建立企业的原料林基地（企业拥有的林地面积、生物资产金额、林业投资完成额）	Jane Lister（2011）、隋爽等（2012）；姚骥等（2016）；白睿洁（2013）	√
	通过森林认证	Anna-Maija et al.（2013）；姚骥等（2016）；Lober et al.（1996）	√
	进行环境管理体系认证 ISO 14000 环境管理认证	张胜荣（2013）；刘梦瑶等（2015）；	√